Society for
Sociology of
Warfare

戦争社会学研究

vol. 4

特集1
軍事研究と大学とわたしたち

特集2
井上義和著『未来の戦死に向き合うためのノート』をめぐって

特集2
戦争社会学研究会――これまでの10年と今後のあり方

軍事研究と大学とわたしたち

戦争社会学研究会編

Mizuki
Shorin

目次

特集1 軍事研究と大学とわたしたち

特集2 井上義和著『未来の戦死に向き合うためのノート』をめぐって

特集3

戦争社会学研究会——これまでの10年と今後のあり方

特集1　軍事研究と大学とわたしたち

軍事研究と大学とわたしたち

（第一〇回研究大会記念シンポジウム）

日時　二〇一九年四月二〇日
場所　関西学院大学上ヶ原キャンパス

司会　**西村　明**（東京大学）
蘭（あららぎ）　信三（上智大学）
報告者　**井野瀬久美恵**（甲南大学）
喜多千草（関西大学［当時］）
山本昭宏（神戸市外国語大学）
石原　俊（明治学院大学）
討論者　**伊藤公雄**（京都産業大学）
荻野昌弘（関西学院大学）

はじめに――「軍事研究と大学」をめぐって

西村明（以下、西村）　東京大学の西村明と申します。よろしくお願いいたします。今日は蘭信三さんと一緒に司会をさせていただきます。この戦争社会学研究会というのは二〇〇九年に発足しまして、「戦争社会学」という看板を上げています。実際の会員は社会学だけではなく、歴史学や、宗教学、あるいは人類学とか、関連する人文社会科学系の他分野にわたる研究者の集まりです。広く戦争と社会の関係を考えています。それも、日本の近代の戦争だけではなく、古今東西を視野に入れております。先ほど申し上げましたとおり二〇〇九年に発足しまして、ちょうど今年で丸一〇年になります。

今回は第一〇回の記念シンポジウムです。戦争社会学だけでなく、広く人文社会科学系の学問、あるいは大学の研究というものに直結している問題である、軍事研究というテーマを正面にすえたいとおもいます。そして、多様な角度からこの問題に関心をお持ちの、あるいは今まで研究の中でこの問題に取り組まれこられた方々、あるいは様々な形で関わっておられる先生方にご登壇いただきまして、シンポジウムを開催したいと思っております。

後ほど蘭先生から趣旨説明をしていただきますけども、後半にはなるべくフロアからも発言していただきたいと思っておりますのでこの会が活発な議論の場となるようにご協力いただければと思います。簡単ですけどもご挨拶にかえさせていただきます。よろしくお願いいたします。

蘭信三（以下、蘭）上智大学の蘭と申します。このシンポジウムは、「軍事研究と大学とわたしたち」という非常に堅いタイトルなんですけども、なぜ今開催するのかということに関して、その経緯と趣旨の説明、そして最後に、このシンポジウムをどういう風に進めていくかというスケジュール、その三つに関して簡単に説明していきたいと思います。

今回登壇していただきます井野瀬さんとは古くからの知合いなんですけども、井野瀬さんたちが日本学術会議で軍事研究に対しどういうスタンスをとっていくのかという声明（「軍事的安全保障研究に関する声明」）を出されたのが二〇一七年三月二四日です。その時に私自身も少なからず衝撃を受けて、このことをどういう風に考えていくのかということをずっと考えていました。昨年、井野瀬さんと話をする機会がありまして、この声明に関連するシンポジウムを開催したい、ということを相談しました。本研究会は戦争と社会を研究する場ですから、その中で、学術会議が出した声明というものを中心として、きちんと議論をやってみたいと私は思いました。それが本シンポジウムの率直な問題意識です。

というのは、私自身は、戦後早い時期（一九五四年）に生まれて、現在六四歳なんですけども、父親は復員兵でした。「復員兵のつくった家族」という中で育ってきたという経緯があります。今、この戦争社会学研究会にいらっしゃる人たちというのは、もっと若い三〇代、四〇代の人です。そして特にこの研究会を担っていく人たちは五〇代の人たちなんですけども、私とは世代的にずいぶん違ってきています。

私自身が経験してきたこと、あるいは、父親との関係の中で様々に思ってきたものと、本研究会のメンバーの若い人たちとはやはり、かなり距離があるかもしれない。あるいは、違うかもしれないということを考えました。その違いを意識しながらも、いろんな場で、何らかの形で、対話をしていきたい、と思うようになりました。

そのきっかけは、数年前（二〇一六年四月二三日、埼玉大学に本研究会で開催されたシンポジウム（「ポスト『戦後七〇年』と戦争社会学の新展開」）でした。帝京大学の井上義和さんが知覧特攻記念館に関する研究を紹介される際に、これまでの歴史的な経験とはまったく違った文脈で報告され、知覧に行って若者が「活入れ」されるという研究をされておられて、私は衝撃を受けました。そして私は井上さんに激しく質問やコメント、というか「叱責」をしたことがあります。

なんであそこまで激しく僕は言ったのか、ということを思いました。その後、井上さんとは何回か話をしました。やはり、世代間の違いというのは当然ながらあるし、そのことは当たり前なんだと。それを踏まえながら、でも話をしていくということが大事なんだと。（井上さん自身の記憶では、私のコメントは「穏やかだった」というものでしたので、私自身がそのことを振り返るなかで「叱責」したという構築された記憶を形成していったのでしょうが、それは私のなかでは重要なことです）

それと同じように、やっぱりこの場においても、軍事研究というのは、今後、日本の社会でこれを考えないで、反戦平和だけを言っていてはどうしようもない、そういう時代になっているという認識を持っています。そこで、このテーマをどう考えるかということを、きちんと議論したほうがいいのではないかと思いました。

それに、ここに私の先輩である伊藤公雄さんがいらっしゃいます。伊藤さんとは、「何で戦争研究をするのか、何で軍事研究をするのか」ということについて、かつて話をしたことがあります。すると伊藤さんは、「いっぺん、毒を飲まなくちゃダメなんだよ。毒を飲んで、そこから次にどうするかということを考えないといけないんだ」ということを言われて、私は至極納得しました。ですから、今回は伊藤さんにも登壇していいただきます。そして、みなさん、若い世代の人たちに伊藤さんの話をぜひ聞いてもらえればと思います。そのような経緯でもって本シンポジウムを企画し、西村さんと各登壇者の皆様とでプログラムを練りあげました。

シンポジウムのタイトルは「軍事研究と大学とわたしたち」です。最初は「軍事研究と大学」というものだったんです。あるいは、「軍事研究と研究者」というテーマだったんですけども、それはちょっと堅いということで、「わたしたち」という言葉を入れました。それは、井野瀬さんの報告タイトルが「軍事研究とわたしたち」となっておりますが、それを受けてちょっと広げ、かつ自分たちの問題として受け止めるという視点を入れてみようと思いました。

このタイトルで登壇していただく方々ですが、まずは甲南大学の井野瀬久美恵先生。「軍事研究とわたしたち」というタイトルで報告していただきます。第二報告者は関西大学の喜多千草先生。「米国での情報技術の発展と軍からの研究予算」というタイトルです。第三報告者は神戸市外国語大学の山本昭宏先生。「戦後民主主義と軍事研究」についてです。

この三つをまず基調報告として、報告していただきます。各三〇分くらい報告していただいて、その後いったん休憩の時間をとります。その後、三人のコメンテータの方たちに、コメントをしていただきます。コメンテータの方々は、明治学院大学の石原俊先生、京都産業大学の伊藤公雄先生、関西学院大学の荻野昌弘先生です。およそ一〇分から一五分くらいのコメントをしていただきまして、その後は、登壇者の方々からのリプライの時間を取ります。それから、総合討論に入っていきたいと思っております。

アカデミックな議論がかなり蓄積されているテーマは、いろいろあります。しかし、今回のシンポジウムが扱う問題に関しては、むしろ、ほとんどまだ研究されていない、あるいは意識はしていても、掘り下げてこられたことのないような人たちがフロアの中には大半を占めると思います。ですので、率直な質疑を行ってもらえればと思っております。まずは最初の三人の方々が非常に貴重な報告をしてくださいます。そこで、みなさんで情報を共有化していく。そして、討論者の方々にその中から問題をこじ開けていっていただいて、その補助線にもとづいて、私たちも議論を進めていくという形にしていきたいと思います。

では井野瀬先生、よろしくお願いいたします。

「軍事研究とわたしたち」（井野瀬久美恵）

井野瀬久美恵（以下、井野瀬）　皆様、こんにちは。甲南大学の井野瀬と申します。先ほど蘭先生の問題提起にもありましたように、蘭先生から、学術会議の声明がどのように発され、何がどう議論され、あるいは何がどう議論されなかったのか。

そのような話を学会のシンポジウムでしてほしいと言われ、喜んでお引受けいたしました。

声明を出した意味を一言で表現すれば、「対話をつなげる」ことだと思っています。特に若い世代とは、互いに互いの語彙や言葉の意味を確認しながら、対話を続けたいと思います。この問題は世代を越えて考えていくべき課題であるというのが私の認識です。

と同時に、私の報告でも触れますが、軍事研究の問題は、大学という場、わけても大学が標榜してきた学問の自由や自立性・自律性と深く関わっています。軍事研究は、単純にそれ自体が善い／悪いというものではなく、大学における教育・研究のありかたや、その方針がどこで決められるのかという問題とも絡んで、奥行きがかなり深い。このことをまずは理解すべきです。

もうひとつ、これは親しいある記者の方がこっそり耳打ちしてくれた話なのですが、「なぜ今、日本政府は軍事費の拡大、防衛強化を進めているのか」という記者の質問に対して、政府高官の某氏が、「それは、そうしたことが許容される政治・社会状況になってきたからだ。かつての大学だったら絶対にあり得ない話だが、今は容易だ」といった趣旨の言葉を漏らしたそうです。記者の方から、「そんなことを言われていいんですか」と問われた私は、言葉に詰まりました。大学が「国家と社会の軍事化」に警鐘を鳴らす存在でなくなり、いつのまにか大学自体が「学術の軍事化」に馴らされてしまった……ということでしょうか。もちろん、いいはずがありません。

これからお話しさせていただく学術会議の議論も、善い悪いという単純な話ではありません。私たち大学人が今しっかりとこの問題を見つめ直し、考えていかなければ、いろんなことがなし崩し的に既成事実化されてしまうのではないかという強い危機感が私にあります。

とはいえ、私自身は軍事研究の専門家ではございません。私は、イギリスが七つの海、五つの大陸にその支配を広げた一九世紀から二〇世紀にかけての「帝国の時代」を中心に、その時空間を、文化、ジェンダー、そして帝国各地に張りめぐらされた知のネットワークなどの視点から分析してきました。ポストコロニアニズムやフェミニズム、そして「言語論的転回」以来、歴史学がさまざまに経験してきた「転回(turn)」の議論や理論に寄りかかりながら、過去との対話を続けてきた歴史研究者です。

日本学術会議副会長の経験

しかしながら、数年前、この国の大学が抱えている諸問題をこれまで以上に意識せざるを得ないようになりました。二〇一四年一〇月から二〇一七年九月末までの三年間、日本学術会議の副会長を務めたことがその契機です。それまでは、基本的に一研究者であり、自分の研究と関わる学術政策に関心がなかったわけではないにしても、さほど深く、また時間的にも長く、学術や高等教育の政策と向き合うことは求められていませんでした。その状況が一変したのです。役職柄、引き受けなければならない役割、直面しなければならない課題がいくつも出てきました。

そのひとつが、二〇一六年五月に設立された「学術と安全保障に関する検討委員会」（任期は二〇一七年九月末まで）の委員という役割です。この委員会から出された「声明　軍事的安全保障研究をめぐる声明」は、二〇一七年三月二四日の学術会議幹事会で承認、公表され、二週間後に行われた四月総会で、同名の「報告」とともに披露されました。「声明」は、A4一枚という非常に簡潔なものであり、その内容が誤解されないように、解釈、理解を明文化したのが「報告」です。このふたつが二〇一七年四月に公開されて、大学関係者のみならず、多くの市民やメディアの注目を集めました。

さらには、「人文社会科学の役割とその振興に関する分科会」という学術会議第一部（人文社会科学系）附置の会合に加わって、「学術の総合的発展を目指して」という提言（二〇一七年六月一日公表）を出しました。これは、二〇一五年六月八日付の文部科学大臣通知、通称「6・8通知」に対応として発出されたものです。「6・8通知」は、「人文社会科学系の学部・大学院の統合・廃止」を含めて、国立大学の組織改編を促した文書であり、「文系不要論」などの物議を醸したことは、まだ記憶に新しいと思います。当時私は、「国際科学会議」（本部パリ）の三大委員会のひとつ、「科学研究における自由と責任に関する委員会（Committee on Freedom and Responsibility in the conduct of Science、CFRS）」の委員に選ばれたところで、初めて出席したパリでの会議で、議事次第に「6・8通知」が明記されていたことに、とても驚きました。世界各地の高等教育研究機関で人文学、社会科学を軽んじる政策は今も続いています。

それと関わって、大学評価の問題も深刻です。みなさんは、ＲＯＩという言葉をご存じでしょうか。Return On Investment、投資対効果のことです。大学での学びが、投資すなわち授業料に見合ったものかを数字で示したものであり、オバマ政権下のアメリカで実施され、大学ランキングも公表されています。かくのごとく、新自由主義が浸透した昨今の大学では、さまざまな事柄が経営概念で考えられ、実践されるようになっています。大学改革に、教育研究以上に、大学経営の観点が優先されているように感じるのは、私だけではないでしょう。山口裕之さんの『大学改革という病』（明石書店、二〇一七年）というタイトルは、的を射たものといえますね。

現在私は、人文学、社会科学系の学協会を横につなぎ、ジェンダー平等、ジェンダー公正を考える団体、「人文社会科学系学協会男女共同参画推進連絡会（Gender Equality Association for the Humanities and Social Sciences, GEAHSS）」、通称ギースの委員長を務めています。人文社会科学系の学協会には、理工系の学協会と比べて女性会員の姿が多く見られ、男女平等が実現され、多様性が保たれているように思われがちですが、学協会の理事会・役員会の男女比率に明らかなように、実態はそうとも言えません。なぜジェンダー平等がなかなか実現しないのか、連携して考えようとするこの組織も、学術会議の第一部附置分科会が母体となっています。

ほかにも、ＳＴＡＰ細胞問題で前景化した研究不正をめぐって、不正防止の研究倫理をはじめ、研究公正性を考える委員会の委員など、日本の学術が直面するいくつかの現実に気づかせてくれたのが、日本学術会議という場であり、副会長という仕事でした。

日本学術会議とは

日本学術会議とは何か。実は私も、二〇〇八年に連携会員になるまでは、その活動をほとんど知りませんでした（笑）。組織としては内閣府の中に位置づけられていますが、「日本学術会議法」には、政府とは距離を置き、「独立して職務を行う」（同法第3条）ことが定められています。

日本学術会議法の公布は一九四八年七月一〇日。言い換えれば、敗戦後の「学術の民主化」の中で、学術会議は立ち上がったといえます。翌一九四九年一月に第一回総会を行い、その翌年、一九五〇年四月、「戦争を目的とする科学の研究には絶対に従わない」という声明を出しました。同じ趣旨の二回目の声明は一九六七年一〇月であり、よって、二〇一七年三月の声明は、軍事研究をめぐる三回目の声明となります。

その間、日本学術会議は、二〇〇五年に大きな組織改編を行い、創設以来七部制（文学・法学・経済学・理学・工学・農学・医学）だった組織は、現在の三部制（第一部は人文社会科学系、第二部は医学・生命科学系、第三部は理・工学系）に再編されました。同時に、会員選出基準も大きく変わりました。それまではもっぱら、学術会議の加盟学協会の代表が会員に選出されていたのですが、二〇〇五年の改編以降、会員選出には個人の学術的業績や貢献が重視されるようになったのです。詳細については、日本学術会議のホームページをご覧ください。それが女性会員の比率向上にもつながりました。

その一方で、組織改編以後も、創設以来の重要な特徴は維持されています。ナショナル・アカデミーとしては極めて珍しく、人文学、社会科学系が当初から加わっていることです。学術会議関連の国際会議で、歴史研究者であると自己紹介すると、まずは不思議がられ、続いてとても歓迎されます（笑）。異なる専門分野の人間が加わることで確保される多様性は、いまや世界の常識です。なお、会員数は設立以来二一〇名で変わっていませんが、改編で連携会員制度が新たに発足し、現在、会員以外に二〇〇〇名ほどの連携会員がいます。

日本学術会議の目的は、一九四九年一月二二日、第一回総会時に発出された「日本学術会議の発足にあたって科学者としての決意の表明（声明）」にすでに明らかです。「これまでわが国の科学者がとりきたった態度について強く反省し」と、戦争に科学者や学者が関与したことへの「反省」が明記されているのです。それは、「巻き込まれた」という消極的なものではなく、むしろ科学者が率先して戦争へ向かう道を準備・先導したことへの猛省と受け取るべきでしょう。さらにそこには、戦後の「学術の民主化」と絡んで、日本国憲法が保障する三つの自由（思想と良心の自由、学問の自由、言論の自由）の確保が謳われるとともに、「人類の平和」への寄与が刻まれています。

三回目の声明へ向けた議論の始動

日本学術会議は、一九五〇年、六七年に続いて、なぜ二〇一七年に三回目の声明を出すことになったのでしょうか。直接のきっかけは、二〇一六年四月の学術会議総会における会長報告が巻き起こした波紋にあります。

学術会議には、三つの部それぞれに行われる会合や三つの部に渡る各種委員会、専門分野別委員会・分科会というように、議論の場が多様に存在します。それもあってでしょう、総会は各々の年次活動共有のための全体報告会という色彩が強く、近年「揉める」ことはほとんどなかったのですが、二〇一六年四月の総会は違いました。

前年の二〇一五年、防衛省の外局として防衛装備庁が設置され、「安全保障技術研究推進制度」という委託研究の公募がすでに始まっていました。この委託研究公募については学術会議にも事前に説明があり、会長は活動報告でそのことに言及されました。そのなかで、「災害派遣などを通じて、国民の大半は自衛隊を認めている」との発言があり、これが物議を醸したのです。この会長発言に対して、「自衛隊を、災害派遣という観点から見るのと、海外派兵という観点から見るのとでは、相当温度差があるのではないか」と質したのが、学術会議の現会長、山極寿一さんでした。京都大学総長であり、国立大学協会の会長も務められる彼の発言をきっかけに総会の議論は沸騰し、学術会議として軍事研究を再考すべきであることが合意されたのです。一九六七年以後半世紀間、この問題を議論してこなかった反省を含めて、この総会の翌月、二〇一六年五月に「安全保障と学術に関する検討委員会」が設置されました。一九五〇年と六七年のふたつの声明に明記された「戦争を目的とする科学の研究」という言葉も、この問題を議論する際によく用いられる「軍事研究」という言葉も、委員会の名称から巧みに回避されていることにご注意下さい。

「安全保障と学術に関する検討委員会」は月に一度の割合で開催され、年が明けた二〇一七年一月からは、「声明」をまとめるための議論と作業に入りました。近年の学術会議では珍しく、毎回速記者が入って詳細な議事録が作成され、審議のために準備された膨大な資料や関連新聞記事とともに、すべてウェブ上で公開されました。委員会も全て公開で行われたことと合わせると、議論の透明性・公開性はしっかり担保されていたと考えます。毎回、一〇社以上のメディア、五〇人を超える市民の傍聴を集め、さほど広くない会議室が熱気であふれていたことを今も記憶しています。声明発出の一カ月余り前、二〇一七年二月四日に学術会議講堂で行われた公開フォーラムにも、数多くの市民の参加を得ました。そして三月二四日の幹事会で承認、公開された「声明」が、その解説となる「提言」とともに、二〇一七年四月の総会で報告されたことはすでに述べたとおりです。

ふたつの声明を「継承」する

二〇一七年の「軍事的安全保障研究に関する声明」は、既出のふたつの声明同様、きわめて簡潔な文章構成になっています。手短に紹介していきます。

最初のパラグラフでは、この声明が一九五〇年、六七年のふたつの声明を「継承する」ことを明言しています。「堅持」ではなく、「継承」という言葉を使ったのは、時代状況の変化を加味するとともに、ふたつの声明発出との「時代差」ばかりが前景化されることへの危惧もあったと考えます。すなわち、二〇一七年声明は、ふたつの声明の精神を継承するということであり、声明を発出せざるをえなくなった事態への懸念を同じくしているということです。私自身は、軍事研究の問題を再び、いや三度、議論せざるを得なくなった事態、学術と軍事とが接近する「学術の軍事化」への危機感を込めて、「継承」という言葉を捉えています。

この点から、先行するふたつの声明について、もう少し詳しく見ておきたいと思います。

一九五〇年声明について今記憶すべきこと

最初の声明、一九五〇年四月二八日の声明「戦争を目的とする科学の研究には絶対従わない決意の表明」(ネット検索で簡単に見られます)には、一九四九年一月の学術会議創立総会時に出された決意表明を引き継ぎ、「これまで日本の科学者がとりきたった態度について強く反省する」という言葉があります。その上で、軍事研究を行わない理由として、「科学者としての節操を守る」という言葉で、科学者の倫理的責任に言及しています。われわれが今再び記憶しなければならないことは、このふたつ、科学者の「反省」と「節操」であり、それは時代の差を超えるものだと考えます。

もうひとつ、一九五〇年声明に関して今注目すべきは、声明案を議論する学術会議総会において、声明案の一節、以下の一段落が削除されたという事実です。

> しかるに内外の推移を見るに、ヨーロッパでは、今年を戦争と平和の決議の年であると規定して警告を発しているように、日本の科学者も再び戦争の危機を感知せざるを得ない情勢に立ち至っている。

総会速記録を読むと、削除の理由は「ここに書かれた危機は根拠不明」ということのようですが、はたしてそうだったのでしょうか。前後の時代的文脈を確認したいと思います。

一九四八年七月、学術会議法公布のわずか三日後、「平和のために社会科学者はかく訴える——戦争をひきおこす喫緊の原因に関して、ユネスコの八人の社会科学者によってなされた声明」（詳細は岩波『世界』一九四九年一月号掲載）が発表されました。ユネスコから戦争原因解明の依頼を受けた八人の中にはハンガリーの社会科学者も入っており、この声明と声明のための会議が、東西冷戦が深刻化する中での「対話の試み」でもあったことがうかがえます。同じ一九四八年一二月、ユネスコから出された「世界人権宣言」はあまりにも有名でしょう。その後、一九五〇年三月には、核兵器禁止を求める「ストックホルム・アピール」が出されました。このアピールを受けて、同年四月一日から六月三〇日までの三カ月間、世界各地で、もちろん日本でも、平和擁護世界大会委員会からの要請で、署名活動が大々的に展開されました。

こうした状況を加味すれば、一九五〇年四月二八日に出された学術会議声明「戦争を目的とする科学の研究には絶対に従わない決意の表明」をめぐる議論が、まさしく世界規模で戦争勃発の危機が共有され、科学者や研究者が主導する平和運動の真っただ中にあったことが確認されます。そこに、同声明発出の二カ月後、一九五〇年六月二五日に朝鮮戦争が勃発し、八月には自衛隊の前身である警察予備隊が創設されるという事実を合わせれば、一九五〇年の学術会議声明が実にきわどいタイミングで出されたことも浮き彫りになります。削除された文章にあったように、戦争の脅威は再び日本に忍び寄っていたのです。

見方を変えれば、最初の声明は、一九五〇年四月の学術会議総会でなければ出せなかった、といえるかもしれません。

一九六七年声明の「終わらない現実」

一九六七年一〇月二〇日の学術会議総会で出された二度目の声明「軍事目的のための科学研究を行わない声明」は、科学者を取り巻く生々しい現実をより濃厚に反映しています。

声明の中に、「現在は、科学者自身の意図の如何に拘らず科学の成果が戦争に役立たされる危険性を常に内蔵している」という一文があります。科学研究の成果をどう使うかは科学者とは別のところで、別の人間によって決まるという、今に続く科学研究の現実を示唆する言葉です。この声明を出さざるを得なくなった背景には、日本物理学会が主催する国際半導体会議（一九六六年九月、京都にて開催）に対して「米陸軍極東研究開発局」から資金援助があったことを朝日新聞がスクープしたこと（一九六七年五月五日）があります。当時、ベトナム戦争に対する反戦運動が世界各地で高まっていたことも、声明発出の大きな外圧になったと思います。

もちろん時代的な文脈もあるのですが、問題の本質は、それから半世紀たった今なお変わっていないように見えます。たとえば、二〇一七年二月八日の『毎日新聞』には、「米空軍、研究者に八億円」という大きな見出しとともに、延べ一二八人の科学者への研究費の提供実態が暴露されました。同日の『朝日新聞』は、その内訳を具体的な大学名と金額をリスト化して掲載するとともに、翌二月九日にも、「米軍マネー、透ける軍事応用」という特集を組んでいます。まさしく、一九六七年声明発出時の再現であり、声明作成の最終段階にあった私にとって、鮮烈なデジャヴでした。

このデジャヴから、私は、『人文学宣言』(ナカニシヤ出版、二〇一九年三月刊行)に寄せたエッセイに、「軍事研究は軍服を着ていない」というタイトルをつけました。一九六七年五月、『朝日新聞』のスクープで、米軍からの資金援助が広く知られつつあったころの『朝日ジャーナル』(一九六七年六月四日号)には、「米軍のカネと日本の頭脳」と題する興味深い記事があります。そのなかに、一九六六年九月の国際半導体会議の募金委員長で、米陸軍極東研究開発局から補助金八〇〇〇ドルの援助を橋渡しした茅誠司先生の談話が紹介されています。茅先生は、学術会議会長や東大総長を歴任された高名な物理学者です。茅先生は、資金援助は、あるカクテルパーティで会ったアメリカ人の「小さな親切」がきっかけだったと述べておられます。まさしく、「軍事研究は軍服を着ていない」のです。

軍服を着た人間からの申し出であれば、もっと身構えたかもしれませんが、科学者が軍事研究とつながるきっかけは、それほどわかりやすいものではないのです。だからこそ、科学者は、「小さな親切」にも慎重であらねばならない。それは今も変わっていないと思います。

二〇一七年声明の読み方

二〇一七年声明のタイトルともなっている「軍事的安全保障研究」という聞きなれない言葉については、声明の捕捉となる「報告」で定義しています。

一般に「軍事研究」と呼ばれるものには、本当に軍服を着ているもの、すなわち「軍事利用を直接目的とする研究」もあれば、「研究資金が軍事関連機関」であるがゆえにそう呼ばれるものもあります。研究者の意図とは関係なく、「研究成果が軍事利用される可能性のある研究」もあるでしょう。

また「研究者の意図」も、国際的な共同研究や産官学連携などにあっては、必ずしも一枚岩とはいかないでしょう。学術と軍事の結びつき自体が、多様化、複雑化、複層化しているのです。

その問題性を指摘したのが、二〇一七年声明の第二パラグラフです。そこには、学術の健全な発展に不可欠である研究の自主性・自律性、そして研究成果の公開性を、軍事的安全保障研究が損なう危惧が示されています。その典型例として、第三パラグラフでは防衛装備庁の「安全保障技術研究推進制度」をとりあげ、問題点が多いことを明示しました。検討委員会には防衛装備庁担当者にもお越しいただき、研究の「秘密性」や「公表制限」などに関して意見交換しました。声明発出後、二〇一七年度の募集において、それらに改善が認められたと聞いております。対話は重要ですね。

ただし、安倍政権では軍事研究予算が増大しており、この研究推進制度予算も、六億円から一一〇億円（二〇一七年度。二〇一八年度は約一〇一億円）に激増したことは、依然として問題です。研究資金不足に悩む理工系の研究者が軍事研究に申請せざるをえない状況のなかで、軍事研究への申請が常態化することにより、研究の健全性、学問の自由が損なわれることが危惧されます。

軍事研究についてよく指摘される「デュアル・ユース」については後の議論に委ねたいと思いますが、一言だけ申しておきます。

「軍事利用」と「民生利用」という分類に、いずれにも区分しづらいグレーゾーンが存在することはよく知られています。「善い科学」と「悪い科学」と言われる方もいますが、この場合の「善悪」を誰がどんな基準で決めるのか、という問題がたえずつきまといます。さらには、「自衛・防衛」と「攻撃」というデュアルもありますし、「基礎研究」と「応用研究」もあります。自衛隊を念頭に置いて、「軍事」と「防災」をデュアルと捉える意見もあるようです。

デュアル概念を検討委員会で議論するなかでわかってきたのは、科学者の研究成果がどのような目的で利用、使用されるのか、科学者自身がこの「出口」を全面的に管理することは難しい、いや不可能に近いということです。だからこそ、二〇一七年声明の第四パラグラフでは、名宛人となる研究機関をもっぱら「大学等の研究機関」に限定したうえで、「入口」でのチェックを重視し、そのための「技術的・倫理的な審査制度の設置」や設置自体の検討を各大学に提案しています。海外の研究者や留学生らの存在を含めて、大学における「学問の自由」がどう確保されるのか、教育の質とその公開も論点のひとつです。

もっとも、この名宛人の限定については、「大学だけが軍事研究に手を染めなければいいのか」「研究者がいるのは大学だけではない」といった批判が、とりわけ工学系の研究者から寄せられています。確かにそうです。しかしながら、検討委員会が問題視したのは、従来軍事研究とは距離を置いてきたはずの大学等の研究機関に軍事的安全保障研究が拡大している現実でした（報告1―7）。検討委員会ですべてが議論されたわけではありません。

実際、「日本の科学者八八万人の構成」（文部科学省統計要覧二〇一七年、二〇一五年三月末時点での集計）で、研究者の組織別割合（大学、企業、行政）を専門分野別に見てみると、工学系は企業に所属する研究者が全体の八割強を占めています。同じ八割強が大学に所属している人文・社会科学系の現状とは、極めて対照的です。研究者の実態に関する情報から日本の学術状況への理解を深めながら、今後も議論を続けていく必要があります。「大学だけが軍事研究をしなければいい」というわけではけっしてないのです。

二〇一七年声明の最後、第五パラグラフで強調しているのもその点、議論の継続です。そのひとつの場として学術会議が機能すべきだと私自身強く願い、その使命感を声明の最後のパラグラフに滲ませました。

議論の継続とその障壁

この問題に関して、学術会議の検討委員会で議論できなかったことは他にも数多くあると思います。われわれは考えつづけ、発言しつづけねばなりません。

その大きな理由は、二〇一七年声明が向き合わねばならない現実のひとつとして、大学という場の激変があるからです。特に、軍事研究批判の屋台骨ともいうべき「学問の自由」に関して、われわれは、ふたつの声明の発出時とは全く異なる研究・教育環境を生きています。たとえば、十数年前になりますが、二〇〇五年六月、学術会議（学術と社会常置委員会）から「現代社会における学問の自由」という報告書が出されています。その「作成の背景」（要旨）に、次の一文があります。

戦後半世紀以上経過した今日、学問の自由にかかわる問題は、権力や権威に対する緊張関係を超えて、科学者コミュニティ内部の諸問題にまで広がりをもつに至っている。その背景には、一方におけるそれ自身科学の発展の所産である技術革新のめざましい進展が、他方における社会の大衆社会化と大衆民主主義のいちじるしい進展がある。

民主主義の何がどう失われつつあるかの議論は他所に譲るにしても、研究者にとって、「学問の自由」は今なお研究活動の基本です。だからこそ、二〇一七年声明の基盤ともなりえたのです。

また、軍事研究をめぐって、学術会議内部に専門分野による温度差が存在する状況は、一九五〇年も二〇一七年も変わりません。検討委員会で私が感じたデジャヴについては、「軍事研究とアカデミズム――日本学術会議は何を『反省』してきたのか？」（『世界』岩波書店、二〇一六年二月号）にまとめましたのでご覧ください。一九五〇年声明案の議論においても、第三部（理学）と第五部（工学）では、この問題に対する危機感がまったく異なっていました。三回目の声明に向かう検討委員会でも、工学系の委員からは、「軍事転用の技術開発がなぜだめなのか」「米軍からの資金援助でも何ら拘束はない」「そこしか研究資金が開かれていない現状ではしかたない」といった意見がありました。それも工学研究を取り巻くひとつの現実なのでしょう。

専門分野が異なっても、研究者として互いに敬意を払いながら、背後にある経験の差にも思いをはせつつ、学問の自由や科学者の責任を対話することは、とても難しいことです。議論には参加せず、投票になると「軍事研究支持」に投じるサイレント・マジョリティもいるでしょう。対話が難しいことをわかったうえで、それでも粘り強く議論を求める努力のひとつが、本日のようなシンポジウムの開催だと思うのです。

二〇一七年声明の「その後」

声明発出から一年半ほど後の昨年、二〇一八年九月二二日、二〇一七年声明の「その後」を考えるシンポジウムが学術会議講堂で行われました。披露されたアンケート調査（学術会議ＨＰに掲載）によると、軍事的安全保障研究に対応するためのガイドラインの作成、審査委員会の設置などを実施した大学は、声明後に急増しています。と同時に、「学内から防衛省等との研究協力という事案があがってくる可能性が低いために対応の必要がない」と考える大学が全体の六割ほどを占めることが気になります。審査制度を設けているのは、実質的には大学等研究機関の三割ほどに留まり、国立研究開発法人ではガイドラインなどの必要性を認めないところがほとんどです。

二〇一七年声明の評価については、発出直後は「評価する／ある程度評価する」と回答した大学が多かったと思います。『毎日新聞』（二〇一七年四月一二日）によると、「評価する」が五七％、「評価しない」が四％、「わからない」が二六％、「無回答・その他」が一三％、です。防衛装備庁の研究推進制度への応募件数も、大学からの応募数は確実に減っていきます。ただし、企業からの応募数は四九件から七三件に増えました。大学に推奨されている産学連携を考えると、軍産学複合体が増えているともいえそうです。すでに述べたように、軍事研究を考える視点はますます複雑になっているのです。

軍事研究に向ける複雑なまなざしは学協会も同じです。二〇一九年三月一六日、日本天文学会が、軍事研究はしないという内容の声明を出しましたが、防衛装備庁の研究推進制度に対しては世代差があることを、学会員へのアンケート調査から明らかにしています。二〇代と三〇代の若手研究者、特に二〇代の若手には「軍事研究の何がいけないのか」という意見が多く、六〇代、七〇代——五〇代も含めていいでしょう——の研究者との間に対話が成立しづらくなっているようです。この問題以外にも、「世代差を何によってつなぐか」という悩みを抱えている学協会は多いのではないでしょうか。

もうひとつご紹介したいのは、二〇一七年七月、日本パグウォッシュ会議と連携して東京工業大学で行われた刺激的なシンポジウムです。「「防衛／先端技術と大学——現代科学技術研究のあり方を考える」というタイトルで行われたこのシンポジウムの基調講演者、レーザー技術の専門家でマサチューセッツ工科大学のゴシュロイ（Subrata Ghoshroy）氏によれば、冷戦体制崩壊後、アメリカの最先端技術システムは、一九八〇年代半ばの防衛構想（ＳＤＩ構想、いわゆるスターウォーズ計画）以降、請負業者に依存した、科学としては不必要で高価で税金を浪費するものに変質し、科学研究の質を低下させており、機密性を理由にピアレビューがほとんど行われないまま、「巨額の資金が投じられる安全保障のための大型プロジェクトが、実は安全保障の砦となり得ていない」とのことです。軍事研究が科学研究の質自体を低下させている可能性に目を向け、もっと具体的に議論する必要があると思われます。

　そろそろ時間となりました。現在、若者人口の減少予想にもかかわらず、増えつづけてきた私立大学では、その約四割が定員割れを起こしています。大学は現代社会において、いったいどのような場なのでしょうか。この空間ゆえに主張できた「学問の自由」は、今後どうなっていくのでしょうか。軍事研究の抑止力であったはずの「学問の自由」「大学の自律性・自立性」は、二一世紀に入って、じわじわと浸蝕されてきたことが、徐々に明らかになりつつあります。今軍事研究を、軍事的安全保障研究の問題を考えることは、「大学とは何か」を問うことでもあるのです。だからこそ、学術会議声明との対話をどう継続するのかが重要なのです。

　一九五〇年声明に明記された科学者の戦争協力に対する「反省」は、驚くほど早く風化し、一九六七年に二度目の声明となりました。ふたつの声明と関わる世代が数を減らすなか、私たちは、その「反省」の記憶にどのような現代的脈略を与えれば、次の世代との対話が可能になるでしょうか。大学という場で学ぶ「知の原資・語彙」が異なる若い世代との対話を、私自身今後も試行錯誤していきたいと思っています。

　本日はこのようなことを考える場、議論の場を設けてくださり、ありがとうございました。

西村　井野瀬先生、どうもありがとうございました。力のこもった報告でした。次は、関西大学の喜多千草先生から「米国での情報技術の発展と軍からの研究予算」という報告をお願いしたいと思います。

「アメリカとデュアル・ユース」（喜多千草）

喜多千草（以下、喜多）　それでは、第二報告に移らせていただきます。私は米国での事情をご紹介することで、論点をいくつか示したいと考えています。私も歴史が専門でして、技術史と呼ばれる分野に属する領域をやっております。私が専門に研究しましたのは、インターネットという技術がどのようにしてできあがってきたのかや、パーソナルコンピュータというものがどのように、あのような形になって生まれてきたのかを、社会と技術の関わりの中から歴史的に研究してまいりました。
　先ほどの井野瀬先生のご報告にもありましたデュアル・ユース問題というのが今いろいろと取り上げられ問題化して

おります。この時のデュアル・ユースというのは、特に防衛装備庁の研究募集にあったような、民生技術でありながら、軍事的にも応用が可能であるという技術について、防衛省のほうから研究予算を出すとなったときに、それを受けるべきか否かということで、先ほどのご報告にあったようないろいろな反応があったわけです。そういう時にデュアル・ユースという言葉が、日本の中では、どちらかというと「研究を軍用に転用する、悪用する」というようなニュアンスがあり、そのように多く語られると思うのですが、アメリカにおいては、ポスト冷戦時代の好ましい助成対象のあり方としてデュアル・ユースというものがクローズアップされてきたということがあります。それが、今日、私が出したい論点のひとつです。

このことに触れている先行研究としては、『兵器と大学』という岩波ブックレットの中でふたりの方が少し言及されています。特に西川純子さんが「米・『軍産複合体』と科学者」という論考の中で、次のようなことを指摘されています。

一九九三年からのクリントン政権のもとでデュアル・ユースを推し進める政策というものが進みました。なぜデュアル・ユースかというと、研究者を軍産複合体につなぎとめることができたのは、デュアル・ユースという魔法の言葉のおかげだったと西川さんは書いてらっしゃいます。冷戦構造が終わったところで軍からお金をもらうとか、軍による、原子力の開発も含めての国立研究所が行ってきた研究のやり方と今後の方向性ということを検討した本などが出ています。

デュアル・ユースの「成功例」

これは議会のテクノロジー・アセスメントの委員会が一九九三年に出した『Defense Conversion』という本ですけれども、この中で三つの非常に巨大な軍事予算を使ってきた国立研究所の冷戦後のあり方をどうするかという問題を論じた後に、どのようにデュアル・ユースの技術が育てられてきたのか、という章が設けられていました。デュアル・ユース・エージェンシーとして非常に優れた成果を出した組織は、ARPA（高等研究計画局、Advanced Research Projects Agency）だということになっているのですが、このARPAについて、『Defense Conversion』には次のように書かれています。

「国防総省予算のごく一部しか得ていないのにもかかわらず、ARPAはその三五年の歴史で国防にも貢献しつつ産業的にも成功を収めた多くの技術等を支援してきた。最先端のコンピュータ設計、パケット通信ネットワーク、軽量合金などは、ＡＲＰＡの支援に由来する、世の中で広く使われている技術の例である」と。ちなみに人工知能の技術、自動翻訳の技術も、ＡＲＰＡが非常に力を入れて支援しています。ですので、この本が今書かれるとすると、ここには大きく「人工知能」と書かれると思うんですけども、ＡＲＰＡという組織が、デュアル・ユース・エージェンシーであるということで、お手本として取り上げられているということです。

先ほど申し上げましたように、私は、まさにこのＡＲＰＡの中に情報処理技術部というものができて、そこがインターネットの前身になる技術を作ってきたわけですけども、その経緯をずっと研究してきましたので、このように、ＡＲＰＡが後から評価されているのを「なるほどな」と思いながら読みました。時代によって評価の仕方が変わっていくんだなというふうに読んだわけです。

後で申しますけれども、ＡＲＰＡの中にＩＰＴＯ（情報処理技術部）ができた時は、特にデュアル・ユースという言葉を使っていないんですね。私は、デュアル・ユースという語の利用自体が、どのように、いつから使われるようになったかということを調べてみたことがあって、それを論文にも書きました。

当初はデュアル・ユースという言葉は使われていなかったのですが、後から、それが価値あるものとなった時に、振り返ってみたところ、「ここが頑張っている」ということで名指されて、お手本になったわけです。このように、私のこれまでの研究から、デュアル・ユースについて考える視点を引き出すことができると思います。

アメリカの文脈においては、「デュアル・ユース＝悪用」というような視点があるわけではない。あるいは、軍事利用が、研究を悪いほうへ転用しているというニュアンスが、必ずしもあるわけではない、ということ。それが第一の論点です。

ヴァネヴァー・ブッシュと「エンドレス・フロンティア」

二点目は、米国の事情です。アメリカでは、日本でいうところの文科省の科研費の予算というのは、ＮＳＦ（National Science Foundation、全米科学財団）から行われています。ＮＳＦのウェブサイトにいくと、ＮＳＦヒストリーといいまして、この組織がどのように受け入れられたかということとをまとめたページがあります。そこには、ヴァネヴァー・

ブッシュ（Vannevar Bush）が取り上げられています。ＯＳＲＤという組織が、第二次世界大戦中の軍事動員、研究動員を担ったのですが、その組織の長だったのが、このブッシュです。

戦争中は、錚々たる大学の元総長とか著名科学者が、大統領の科学顧問として、戦争を支えたわけなのです。日本では敗戦後、軍事研究に戦時中に取り込まれたことに反対し、「もうしない」という立場の声明を出しているのとは異なり、アメリカの場合は、それを科学の成果として誇ってきたわけです。

戦時動員の中心であったブッシュは、戦後も、戦時中の動員で重要だった技術について共同研究と応用研究を進めます。ブッシュは、そういった研究を国の礎として続けていくための「エンドレス・フロンティア」という大統領宛の報告書を書いておりまして、その中で、「平時の科学助成」というものをする組織を作っていかなければいけないと訴えたわけです。エリート主義の軍事動員を行っていたということに反発する他の筋から対案が出され、そういうエリート主義の重点的な予算配分ではなく、広く大学に予算配分する形の財団にすべきだという「キルゴア案」とのふたつで、かなり長い議論がなされました。

そのため、「エンドレス・フロンティア」という報告書が四五年に出されていたにもかかわらず、ＮＳＦが成立したのは五〇年なんです。その空白の五年間の間に、先に大学への研究助成を始めたのが、例えばＯＮＲ（海軍研究所、Office of Naval Research）です。軍の研究支援組織が、一九四六年から、助成を始めていきました。

科学者たちはレーダーを作ったとか、原爆を作ったという軍事協力を、恥じているわけではありません。したがって、米国の科学者については様ざまな資料が残っています。科学者が戦時動員をされた時に、その応用研究が非常に潤沢な資金のもとに行われました。私が調べたハーバード大学の心理音響研究所で行われた戦時研究には、たとえば次のようなものがありました。ヘルメットをかぶって操縦士が飛行機を操縦している時に、どういう音で通信をしたら、爆音の中でちゃんと相手の声が聞き取れるのか、というような研究です。どのレベルまでディストーションを起こした音でも、人間の声として聴き取れるかという研究をしているわけです。その研究に関わった実験心理学者は、戦後、人間の聴覚に関する基礎研究を一流の学会誌に発表し、音響学会長になったりしています。

この例のように、軍事研究に関わった科学者たちは、戦後、自分たちの基礎研究の部分を成果公開し、それが世界をリードする研究成果になっていったことに満足していました。したがって、ONRができて、その他、海軍の研究所だけではなく、陸軍、そして後からできた空軍からも資金が出るということについて非常に喜んで受け入れていったわけです。

そういった事情があり、国からの予算をもらう時に、軍を通じてお金をもらうという体制が、アメリカでは定着していきます。今もアメリカでは、軍を通じての国家予算の割合が非常に高い。そして八〇年代のピークでは、六九％になっていたということも記録に残っています。ですので、アメリカの事情の場合、国からの研究予算をもらうときに軍を入り口にするということが普通に存在するというか、むしろ大きく存在するという事情があります。

二番目の視点は、「だから良い」といっているのではなく、そういう事情だということです。しかし、それに対する反発というものが出てくる時期があるのですが、それが三点目になります。

デュアル・ユースのジレンマと日本

三つ目の視点なのですが、技術の軍事利用がアメリカの社会でも反戦のほうに傾く。軍からの資金をもらうのをよしとしない議論が非常に高まる時期があります。それはベトナム戦争期です。

その時には、ティーチインといって、各大学で軍事研究費をもらっていることに対する意見交換会がかなり加熱して、オーバーヒート状態になり、学内に停められている車に火がつけられたりしたこともあるほど、いわゆる反戦運動が非常に盛り上がった時期でした。第二次世界大戦に関しては、大義ある戦争を技術戦によって勝ったという誇りを持っていた研究者コミュニティも、ベトナム戦争には否定的になっていきました。

これは、日本が第二次世界大戦後、日本の科学者が戦争協力に反省をする、平和主義のほうに大きく傾くというのと、アメリカの第二次世界大戦後は違ったというところの比較も面白いと思います。一方、ベトナム戦争というアメリカにとって泥沼化した戦争のさなかでは、戦争協力に関する否定的意見が非常に大きくなったということも興味深いことだと思います。

また、軍事利用が必ずしも悪行でないということは、例えば輸出規制を併せて考えた時に非常に分かりやすくなると思います。アメリカは軍事研究に予算を潤沢に与えているわけですが、その研究成果が公開されて敵国にも行ってしまったのでは意味がないわけです。そうなりますと、技術が敵国側に渡らない、つまり冷戦時代であれば、西側から東側にその開発した技術が移転されないという、貿易上の安全保障というものを組み合わせることになります。そうした措置をとって、初めて軍事研究にお金を出すということが、自分の国の利益になるわけです。ですからこの安全保障貿易という考え方は、戦略的に非常に重要になります。

近年、話題になったデュアル・ユースのジレンマとして、次のような問題がありました。鳥インフルエンザの研究の成果をそのまま本当に公開し、公知のものとしてしまった場合、テロリストが戦争では禁止されている生物兵器を作ってしまうかもしれないという危機に直面し、その公開を制限するかどうかという議論です。生命科学系の研究者たちは、殺戮兵器に悪用される可能性があるという判断があった場合は、その成果公開を控えるという方向で、話し合いを進めました。これは日本にも渡ってきて、デュアル・ユースジレンマということで、それこそ日本学術会議のほうからも、それに対する行動規範が出されました。

その中でデュアル・ユースというのは両義性というふうに訳すことが提案されています。悪用されるかもしれないという両義性があり、それがジレンマであると捉えられたわけです。これの場合、軍事技術に当たるものが、国の研究助成から生まれたとして、それをテロリストが悪用したら困ったことになるという意味で、ジレンマがあるという事例になるわけです。冷戦時ならば、敵国側が悪用するかもしれないというジレンマ、さらには近年ならば、テロリストが使ったら困る、というジレンマがあるわけです。なので、同じ技術で、しかも軍事転用同士であっても、自国の軍隊が使う場合は国益にかなっている。他国の軍隊が使う場合には、悪用であるというような、立場の違い。誰が何を軍事利用するのかによっても、評価が変わるということがあります。日本の場合は、軍備を持っていないという国になっておりますので、形式上は、自国利用はないわけです。

ですので、日本の場合は、軍事利用される場合は「悪用」という以外ない。しかし、そういう建前が、実際は軍事産業があり、この後の報告にあると思いますが、核の平和利用という形で軍事利用できる機微技術、要するに、作ろうと思えば核兵器を作れる力を持つための政策という側面がある核開発においても、平和利用という建前を持ってきた。そういうことから、日本の場合は、これは、自国のために使うということはない前提の議論になっています。そこがアメリカと違っています。そうでない場合には、軍事利用イコール悪用とはならない観点があり得るんだということをひとつ、提示できたと思います。

情報技術とＡＲＰＡ

ここからが、情報技術についてのやや詳しい話をいたします。一九四〇年代は、戦時動員による研究が進んでいったわけですが、そこに巨費、戦時のお金が投入されています。一九五〇年代から六〇年代始めにかけては、平時における軍からの研究資金提供というものが盛んに社会に定着します。その後、五〇年にＮＳＦができて、並行していくわけです。

軍事研究の流れということでいいますと、一九六〇年代の半ば過ぎに、先ほどいったベトナム戦争を背景とした軍からの研究資金への反発というものが起こるのですが、六〇年代から七〇年代の初頭に、戦費がかさむ中で、別の議論も実は起こりました。

そもそも、ベトナム戦争を背景にした反発というのは大学の側の反発でした。主に若い研究者や大学生などが、ベトナム反戦の流れから軍からの研究資金への反発を起こしたわけです。他方で、議会のほうでは「戦費がかさんでいるのに基礎研究にあげているお金はない」という議論が同時に起こっています。ここで、軍事ミッションのない研究に予算を割かないというマンスフィールド修正条項というものが出たわけですが、逆に言いますと、それまで、五〇年代から六〇年代にかけての部分は、むしろ基礎研究にお金をかなり使っていたということの裏返しになります。

一度、ベトナム戦争の時に、研究費の受入れが二〇%くらいまで落ち込んだ大学もありました。それくらい、研究費の受け入れをしなくなった時期があるのです。ただし、その後どんどんまた戻りまして、八〇年代にはむしろピークを経験する。戻ってしまうわけです。

それから、冷戦が終結すると、もう軍の予算を研究に割くということに合理性がなくなります。そこで、民間技術として使われ、かつ、軍事利用もできるという技術に予算を割くんだということで、それなら、研究者としては、まあ協力してもいいと思えるものとしてのデュアル・ユースというものが提案されるようになる、そういった流れがあります。

その中に情報技術の歴史がどのようにはまっているのかということを、まさにデュアル・ユースのお手本とされたＡＲＰＡという組織がどのように情報技術を育てたかということを、以下、簡単に説明していきます。ＡＲＰＡは、スプートニク・ショックへのアイゼンハワー大統領の対応としてできた組織です。ご存じのとおり一九五七年一〇月にロシアが先に人工衛星を上げることに成功します。

そもそも、大陸間弾道ミサイルは、人工衛星の技術を前提にしています。人工衛星が、大気圏に再突入して目的に当たると、ミサイルになりますので。したがって、人工衛星を打ち上げることができるということは、ミサイルが飛ばせるということにつながる可能性が大いにあるということです。

デュアル・ユースということ、科学技術の軍事転用が悪であるというふうに考えた場合、こういった技術をどう見るのかといったことが非常に難しくなるというのが、私の率直な感想です。それが、理工系の先生たちが「何で悪いんだ」と言う時の基本になる考え方だと思います。

とにかく、人工衛星が飛んだということで、それまでアメリカは原子力においても優位を持っていると思っていた。しかしその後、ソ連の核実験の成功ということで、冷戦構造の両側が、核を持ち、そのうち持ちすぎになって、結局使えないけれど、それで均衡を保つという方向にいったわけです。核の技術においても追いつかれ、宇宙開発においては先んじられたということは、西側にとってのショックでした。スプートニク・ショックと呼ばれる所以です。

アイゼンハワー大統領は、迅速な対応をとりました。陸軍も海軍も、戦後には空軍もできましたので、それらがそれぞれに宇宙開発を手がけているのではダメだということになりました。そして、大統領に直属の、要するにペンタゴン、国防総省の中でも大統領に近い、高い位置に局を設けて、そこが宇宙開発の統括をすることにしたのです。

これが、ケネディ政権に移った時に、宇宙は民間の力で開発し、軍事利用はしないということになって、ＮＡＳＡに宇宙開発の中心が移っていきました。大きく割いた予算がごそっと持っていかれて、弾道ミサイルの研究予算が一番大きくなりました。さらに、残りの予算を他の分野にも振り分けようということになるわけです。その時に考えられたのが、「情報技術も何か役に立たないか」ということで、ＩＤＡという組織にアセスメントをしてもらうわけです。

そこで考えられたのが、指揮統制システムの自動化でした。通信と、指揮系統のシステムで、場合によっては情報を集めてそのシステム自身が戦略を判断するというものになります。それを自動化していくことにコンピュータは使えないかということを調査したわけです。

その時には、新しい研究分野として、パターン認識やデータ構築基礎概念が生まれました。戦略の判断というのは要するに、状況を判断してどういう攻撃をするかとかという決定をシステム自体にやらせるということです。この先に人工知能があります。あと、通信制御などがあげられているわけです。

いわば、ここからインターネットが生れたともいえるのですけども、この、新助成分野としての情報技術の最初に考えられたものの中には、次のようなものが挙げられています。

たとえば、「ここを育てたらデュアル・ユースになるから良い」ということは一言も書かれていません。当初、設立された時に、デュアル・ユースという語は使われていないのですけども、このような分野をできるのであれば情報技術もいいんじゃないかということでひとつ小さな部が作られたんです。この部は、ミサイルの部門と比べると、一％にもならないほどのものすごく少額で、オマケのように作られた部局だったわけです。最初の集まりの時に、最初の所長となったJ・C・R・リックライダーの資料が残っています。助成先に決めたごく少数の人々と意識合わせするためのミーティングの資料です。

実はリックライダーは、次のような人でした。戦後最大の軍事システムに、全米防空システム（Semi-Automatic Ground Environment, SAGE）というものがありました。彼は、それを念頭に、あるアイディアを持ったんです。それはどういうものかというと、この全米防空システムというのは、まだ大陸間弾道ミサイルはできていませんので、ソ連が核開発に成功した以上、人間が操縦した飛行機による爆撃がくる可能性がある。核爆弾の攻撃がくる可能性があるということから、全米に防空網を張らなければいけないということで、北米大陸を防空する目的でレーダー網をしいたんです。そのレーダー網の連絡系統というのを指令センターというところに巨大なコンピュータを二台、それこそデュアルで入れまして、片っ方が落ちても片っ方が稼働し続けられるようにということで、ビル全体がひとつのコンピュータというような、当時の巨大なコンピュータを置いて通信制御するというシステムがあったんです。リックライダーはこれにちょっと関わったりしていた、実験心理学者だったんです。

彼は、情報技術部長に最初になった人なのですが、この人が情報技術部長になる前に持っていたアイディアというのがTruly SAGE Systemといいまして、これでソ連に対して持っている科学の優位をより堅固なものにするシステムを作ろうという提案をしていたんです。その本当に賢いSAGEシステムを使ってどういうものを作るかというと、図書館システムのようなものです。図書館連携システムのようなものを作って、例えば化学センター、物理学センターといったものがあり、そこに過去の論文が蓄積され、必要な科学計算のプログラムなども入っていて、それが利用できるというようなネットワークを作ったら、科学的に強くなるからこういうものを作ってほしいという提案を空軍に出したりしていたんです。

ARPANETの誕生とインターネット

リックライダーはこのような構想を持っていて、その後の責任者らが、それぞれにいろいろな発想をして、実際にネットワークが作られることになったのが、ARPANETです。それがインターネットの基礎となったものです。この時にも、軍事利用というよりも、これはスピンオンではなく、スピンオフなんです。SAGE Systemを見て、これを民事転用したらいいものができる。それを科学者のために使えば、科学の優位が保たれるので国益にもかなうという言い方で、軍のお金をとって科学のための通信網を作りたいという構想を持っていたのです。このすぐ後にスプートニクが打ち上がって、これどころではなくなるのですけども、この人自身は自分が持っていた科学者としての、自分が使いたい科学者の思考支援システムを何度も作ろうとしていくわけです。

この間、確かに、いろいろな書類を見ると、「軍にも遠い将来役に立つ」とか、「科学が強くなれば国益にかなう」といった表現が出てきます。軍のお金を取る場合に、そういう書き方をするわけです。それを、デュアル・ユース、要するに軍事転用をしようとしていたと考えるのか、どうなのか、ということが問題になると思います。科学者たちが、「自分たちがやりたいことをするために、上手な作文をして、軍からお金を取ろう」と考えてやっていたと見ることも不可能ではありません。

この後、ＡＲＰＡＮＥＴはＩＭＰという、今のルーターに当たる技術ができたことで、研究開発が先に進んでいくんです。それを東海岸ともつなぐようになります。最初はごく少ない研究拠点をつなぎます。そして研究拠点の人々を交流させることで、より高い研究成果を目指していきます。拠点をつなぐ連絡網として、このようなものを作りたいということを、強く主張してお金をとってできていったのが、このネットワークです。この時点で軍事応用ということはほとんど書かれていませんし、実際にほとんどないのです。ただ、もちろんこういう通信経路ができれば、軍事施設も使うようになります。それが、一九八三年に、ＡＲＰＡＮＥＴの通信プロトコルが公開されるので、その時にＭＩＬＮＥＴという軍の情報通信システムが独立するのです。ここで初めて軍の事務連絡網が独立したことからもわかるように、ＡＲＰＡＮＥＴは軍事ミッションは持っていなかったわけです。

このことは、たとえば『Funding a Revolution』という本に書かれています。この情報処理技術部は六〇年代が黄金期だったと記述されています。そもそも、軍のお金がコンピュータの技術というのをどのように支援してきたかといいますと、この本にも書かれていることですし、歴史を研究していたら誰でもが分かることなんですが、五〇年頃までは、軍の資金で最先端のコンピュータができています。ペンシルバニア大学から陸軍の兵器の研究所に移りましたＥＮＩＡＣというコンピュータもそうですし、いくつかの最先端のコンピュータは実装に巨額な予算が必要でしたので、軍が支援しないと実装できなかったのです。軍のお金があって初めて最先端のハードウェアができるという状態でした。史上初のコンピュータは、軍の支援によってできていたのです。

その後の時期は、五〇年代から徐々に民間のコンピュータ製造会社ができ、そちらに技術が移転していくわけです。その場合、最先端の開発を支えてきた軍は、むしろ民間の企業ができた時に、そこからの調達を行う側に回っていくというようにシフトしていくのです。それであわせて、コンピュータ分野全体で、四分の三が政府の資金で支えられていたといわれています。ところが先ほどの「マンスフィールド修正条項」がベトナム戦争を背景に出て、軍の研究予算が逼迫してきて、ミッションのある研究を支援することになりました。しかし、こうした規制自体は長続きしなかったのですが、研究者コミュニティに強いシグナルが送られて軍事的に意義あることを提案に書くとか、成果に盛り込むとか、そんなことをしなければいけないとみんなが思うようになりました。

結局プロジェクトマネージャーは、「応用ができますと書き換える」という対応をした人も多かったし、そんなものだったかもしれないけども、雰囲気が変わっていきました。それからミッションオリエンテッドになると、何年もかかる基礎研究に予算がつきにくくなりますので、研究の助成のスパンが短くなりました。長い目で研究を育てるということがなくなっていったのです。

この修正以前までがARPA、情報処理技術部の黄金期と呼ばれています。先ほどの、九三年になってからテクノロジー・アセスメントで「これからはデュアル・ユースだ」となった時に、情報処理技術部の一番大きな成果というのは、このようなミッションオリエンテッドになる前のところの成果だったとされていることが、読めば分かります。戦後間もなくから六〇年代にかけて、自由に研究成果も公開させていました。

この時の研究マネージャーにインタビューすると、「すべて機密指定にはしていない」と言われました。ただ、その人のファイルも、実際の国立のアーカイブに行きますと、箱全体が機密扱いになってしまっていて、その中にARPAのファイルはクラシファイドになっていないはずなのですが、それも見せてもらえないということがいくつもあります。でも、成果公開をさせておりまして、この頃のコンピュータ・サイエンスの全国大会といいますか、一番大きな大会、Joint Computer Conferenceというものから、AFIPSとなった、国内では最も大きいコンピュータ・サイエンスの学会では、ARPAの研究成果が花形でした。それをみた他の研究者たちが、そういう研究をしたい。それなら助成金をとれるということで、通信の研究などが非常に発展したわけです。ですので、成果公開が非常に盛んに行われていました。この黄金期と呼ばれる頃はそのような様子だったということです。

軍事予算との関係

ちなみにARPAですが、マンスフィールド修正条項後の七二年に名称変更が行われていきます。Defenseという言葉が頭につくのでDARPAです。今はまたDARPAになっていますが、いったん九三年にARPAに戻り、その後またDARPAに戻りました。コンピュータ・サイエンスという分野は、DARPAのお金がなくなったら途絶えたのかというと、そうではありませんでした。逆にNSFの予算が七〇年代に倍増します。これで大学のコンピュータ・サイエンスには機密指定のDARPAのお金もくるし、一般の研究予算としてNSFのお金も入ってくることで成り立つようになりました。

ちなみに、インターネットのもとになったARPANET自体が、軍事ミッションでなかった、つまりミッションオリエンテッドではなかったということが、逆に示されているのが次の事実です。七七年のパケット無線の実験というのは、軍事応用をはっきりと謳ってネットワークが移動体通信でも行えることを示す実験を、パケット通信のパケットのサイズを変えてやっています。そういう研究が七七年に出ており、ちなみにこれは、今のモバイルなどにも使われる移動体通信の技術です。逆に言うとそれより前の、一般的なネットワークを作っていた時には、軍事応用ということは特に謳う必要がなかったということです。ベトナム反戦で軍事費受け入れ反対というものが大きくなったのですが、八〇年代に、また六〇年代のパターンに戻っていきます。八〇年代の後半にピークを迎えて、研究予算の六九%が軍から来ているという話をしましたが、分野によって偏りがあります。電子工学などは八二%が軍事予算でした。要するに、工学系は非常に偏って、軍事予算の占める割合が大きくなっています。

最後にひとつエピソードをお話しします。今日はたくさん言いたいことがあったのですが、すごく短くしました。レーガン政権下のスターウォーズ構想に反対したことで知られるCPSR（Computer Professionals for Social Responsibility）という、コンピュータ専門家の社会的責任を考える会というものがありました。それの初期メンバー、テリー・ウィノグラードさんという方は、コンピュータ・サイエンス、特に人工知能で目覚ましい成果を上げた人です。CPSRがやったのは、ちょうど先ほど井野瀬さんがおっしゃったように、対話を求めるということです。ひとつの考え方を押しつけることはしませんでした。「ミサイル防衛に巨額の予算が使われるということをコンピュータ・サイエンティストとして受け入れがたいということをみんなで話し合おう、これにお金を使っていいのか考えよう」ということを呼びかけたのです。それのニューズレターの中に、「some thought on military funding」というものがあり、興味深く象徴的なものだと考えたので、最後に紹介して終わりたいと思います。

これは、テリー・ウィノグラードさんのそれまでの生き方、たどってきた道を考えたものです。大学院生期と、教員になって間もなくは、ＡＲＰＡの資金をもらって潤沢な研究費でどんどん成果を上げた。しかし自分は、七五年からは軍事研究費を受けずに生活をしてきていると。これを書いたのは、八四年です。もう一〇年くらい軍からの研究費を受けないできたと。この人は人工知能の研究者で、非常に目覚ましい成果を上げていたのですが、大学の学部からは「あなたの分野の研究なら、軍事研究費はとれるだろう。そうすると学部にも予算が入ることになる。どうして学部に貢献しないのか」と言われたようです。また、他の研究資金に応募すると、「あなたの研究なら軍からお金がもらえるでしょう。私たちは軍からもらえない人に出したいんだから来ないでください」と言われて、お金がとれなかったということもあったそうです。そのぐらい、軍事研究費を受けないで研究をしようとすると、アメリカでは異端的な立場となり、過ごしにくいということです。特に情報学者としては過ごしにくかったようです。だけど、その時にいろいろな人と対話をして、気づいたことがある、と述べています。

軍事研究費を受ける人の論点。「何であなたは受けるんですか」と対話をすると、「武器の開発はしたくないが基礎研究ならいい」と思っている人が、まずいると。次に多い議論が「自分が予算をとらなくても、どうせ軍事予算として執行されるお金なんだから、もらって何が悪いんだ」という議論。それから、ＮＳＦの助成金はいろいろと手続きが面倒だが、ＡＲＰＡのお金は使いやすく、額も大きいということで、受けたいということでした。だけどテリー・ウィノグラードさんが考えたのは、軍から資金をもらっていれば、やはり軍のやることに批判的になりにくいということ。そして、これは軍産複合体の議論からずっと警鐘が鳴らされていたことですが、アメリカの社会自体が軍事予算にあまりにも頼る構造になっていくと、軍産複合体というものが非常に強い力を持つので、よろしくないということでした。軍の研究費が当たり前になる社会というのは、よくないと思うということで、彼はこの人たちと対話をしたということなんです。

ただ、ウィノグラードさんが言っていたのは、ジュニアな立場の研究者であれば軍からの予算を拒否できない。そうでないと、ちゃんとした成果が上げられないので、若い研究者にも自分と同じようにやれとは言えないし、自分がそれをできるようになったのは、テニュアがとれてからだと。大学での立場がしっかりしたものになったから軍事研究費は受けないということができているけども、若い人にそれを押しつけることは難しいと思う、ということを書いています。

最後に、こうして論点をあげたけれども、自分も答えを持ち合わせていない。だけれども、すべての軍事研究費はダメだと言ったり、逆に、軍事研究費にまつわる問題点は無視だ、となるのもマズいと。なので、何らかのクリエイティブな形で解決していかなくてはならないのではないかと思うと、この時に書いています。

軍事研究費が社会の大きな部分を占め、軍からお金が出て軍事産業が栄えれば、それに連なって生活する人もたくさんできてきます。そうすると、それを批判することはできないという構造になる。そういうことを、軍産複合体が社会の中で大きくなることの問題点としてあげる人が多いにも関わらず、いったんそうなったら、抜けられないアメリカの社会を見るにつけ、私は、「軍事研究予算が悪用だ」とかそういう議論よりも、軍事研究費が大きくなる社会になぜならなければいけないのか。アメリカは、それから抜け出したくても抜け出せない。何とかしたいと言ったりした人たちがいる中で、抜けられずに今に至っているのに、どうして、そうでない社会である日本が、そちらの方向に向かっていかないといけないのか。そういう、社会の仕組みのベーシックな部分を考えようというように討論できたらいいのではないかと思っています。

ちなみにこの方が、どういうクリエイティブな方法を考えついたかといいますと、実はテリー・ウィノグラードさんの研究室からグーグルの創始者のひとりが出ています。このテリー・ウィノグラードさんの研究室からは、非常に多くの起業家が生まれています。例えばテリー・ウィノグラードさんは、夏学期、グーグルの顧問として研究したりしていました。

そのように、民間と組む。初期の議論にもあったのですが、国からお金をもらうことそのものが、研究の自由を侵害するという議論がアメリカでは初期にはあったのです。日本でいえば、科研費だってマズい。要するに、国からお金をもらったらダメなんだというぐらいなので、アメリカの場合、軍事研究費をもらうということだけではなく、国からお金をもらったら科学が腐るという議論もあったぐらいなのです。この人の場合も、軍事研究費を排除するということをやりながら、民間のお金を研究に使っていくということを始めたのです。

これに関する論文を書いて、この間、「あなたについて書いた論文が公刊されました」と彼にそれを見せに行ったら、

「今、グーグルが大変なことになっている」と。グーグルが軍に協力するとか、機密情報を渡すとか、そういった軍事協力をするかどうかで、この間、大議論になりました。結局、「民間の研究にも同じような問題がでてきた」というように言っていました。この人が考えたクリエイティブな方法というのは、そういう民間の企業と組んで研究をするということでしたが、それも、社会全体の構造の中でまた壁にぶつかったという話です。これで私の報告は終わらせていただきます。

西村 興味深いお話でした。次は山本さんよろしくお願いいたします。

「戦後民主主義と原子力研究開発体制」

（山本昭宏）

山本昭宏（以下、山本） 山本でございます。私は、日本人の核に関する意識について研究してきました。ちょうど一〇年前、この研究会の第一回の大会の時に、個人報告で今日お話しするような内容を報告しました。一九五〇年代初頭の科学者たち、あるいはジャーナリズムが、この問題をどう報じていたのか。また、原爆の記憶と核開発の問題がどう結びついていたのかということが、一〇年前の私の報告の内容でした。そしてまた一〇年後に、この話で登壇させていただけて、大変光栄に、また感慨深く思っております。

私の報告は、話が五〇年代前半にまで戻ってしまいます。五〇年代前半の核開発、原子力開発をめぐる科学者たちの議論が、どうして現代の問題に関係があるかと思われるかもしれませんが、その関係性は二点指摘できると思います。

一九五〇年代なかば、主権回復に伴って、新たに原子力研究開発体制を、しかも軍事転用は絶対しないという形で立ち上げるという、そんな前例のない問題に科学者たちは直面していました。そこで「軍事利用」というと、当時は、「原爆を作る」という、ある意味では分かりやすく、シンボリックな「軍事利用」を誰もが思い浮かべました。したがって、「軍事利用」に公式に賛成した科学者は全くおりません。アメリカの「ひも付き」に危惧を表明したうえで、「軍事利用」にいかに歯止めをかけるかという議論に終始しました。その点は現代に似ているところもあるのかと思います。

そういった五〇年代前半の特殊的な問題とは別に、先ほどの井野瀬先生、喜多先生のご報告にもありましたように、軍事と民事の間にどこまで線を引けるのかという、「境界線問題」がこの時期から存在しています。この場合は、軍事転用に歯止めをかけるという線引きなので、分かりやすい話です。ただ一般的な線引き問題というのは、おふたりのお話にもありましたように、現代では極めて重要なものになってきています。

長くなりますが、もう少し前提の部分を話させてください。先ほど、グーグルのお話が出てきましたけれども、CIAがIn-Q-Telという非営利のITベンチャービジネス支援機構というものを作っています。どういうところに投資をしているかというと、ドローン技術や3Dプリンタ、3Dマッピングなどだという論考を読みました。3Dマッピングの技術は、「ポケモンGO」などのコンテンツにも使われているそうです。「ポケモンGO」をやっている子供たちを見て、「軍事技術だから」とか、「カネの出所がCIAだから」とか言っても、なかなか説得力を得られないところがあります。資本と人々の娯楽に密接に結びついていく。あるいは、後でお話ししますが人々のセキュリティに結びついていく情報技術、資本という問題が、現代のデュアル・ユースの難しいところです。さらに遡れば、衛星放送なども、同じ問題領域にあると言えるでしょう。これらは、今日の私の核エネルギーの話とは直接の関係はないのですが、問題意識として言及しておきたいと思いました。

また、現代において導入を検討すべき視点として、「戦時」と「平時」というポイントがあるとも考えています。「戦時」と「平時」を分ける線を引きにくくなってくるというのは、他方で、戦争と呼ばれる国家同士の争いというものが国家連合とテロとの争いに変わっていき、どこが戦場になるか分からないというような、戦争そのものの変容というものとパラレルの関係にあるだろうと考えられます。「新しい戦争」と呼ぶかどうかは別として、戦争のあり方が変わってきている現代という問題と、そこに資本が入り込んでいくこと。たとえば、セキュリティを高める必要があって、そこに情報技術が求められる、という話などですね。では「戦時」と「平時」が溶け合うような状況で、軍事と民事を分けられるのかということが、極めて難しい問題になってくるのだと考えられます。

ここまでが話題提供といいますか、問題意識です。いずれにしましても、軍事と民事をどこまではっきり分けられるのかという問題は、今のところ、社会が決めていくしかないわけです。では、その社会の議論をリードしていく科学者たちというのが、一九五〇年代にどういう議論をしていて、なぜそれが一定程度の成果を得たのか。成果といいますのは、軍事転用を禁じる法律として、原子力基本法というものが五五年に制定され、そこに科学者たちの議論が一部投影されたということです。そういった形で歯止めの議論を起こし得た五〇年代初頭の科学者たち、あるいは、それを見守った社会というものを、今日は見ていこうと思っています。そこから何か、生産的な議論ができたらいいと思います。

日本学術会議と科学者たちの存在感

その話をしていく上で、日本学術会議の成立過程まで遡ってお話ししていこうと思います。どうして遡らなければいけないのかというと、成立過程をみることで、五〇年代初頭の科学者たちの議論が一定程度の存在感を示した理由がみえてくるからです。どういうことかというと、戦争が終わった後に占領軍がやって来て、様々な占領改革を行いますが、その一環として新しい学術体制を作るという話が始まりました。旧学術三団体と呼ばれる日本学士院・学術研究会議・日本学術振興会が独自に案を練りましたが、なかなか答えが出ませんでした。

他方で、民科、つまり民主主義科学者協会。こちらの中心はマルクス主義者ですが、それ以外にも湯川秀樹とか朝永振一郎が入っていて、あるいは丸山眞男も発起人に名前を連ねていた会議ができました。こういった形で、いくつかの科学団体や学術団体が、独自に新しい体制を作っていこうという議論を始めていたのが四六年後半ぐらいなのです。

それらの団体をうまくGHQに橋渡しする役割を期待されていた科学渉外連絡委員会という組織がありました。ところが、科学渉外連絡委員会は、「私たちではまとめられません。何を言っても反対されてしまいます」ということで、さじを投げました。その後、学術会議にどうつながっていくかといいますと、日本学術会議を作るための議論をする委員（学術体制刷新委員会）を選ぼうという話になり、そのメンバーを選挙で選びました。その選挙は公開のものではなく、それでは意味がないではないか、といった議論を呼びました。そして、民科の若手研究者たちが陳情をして、そこに民科のメンバーを加えることに成功しました。

そして、学術体制刷新委員会の名簿がそろって、この人たちが日本学術会議を作っていったわけです。民科は、のちには政治的に学術会議を振り回したとして批判されることもありましたが、民科からは約二〇人が学術会議に最初に入っていたわけで、大きな影響力を持っていたことは間違いありません。

学術会議に至るまでにも興味深い話がありました。学術会議が発足する前から、テクノクラート的な理系の工学者、あるいは一部の理学者と、社会科学者たちの考え方というものが既に対立していたのです。テクノクラートというのは、政府などと渡り合って制度を作っていくような行政管理的な役割をする科学者たちのことを指してそう呼んでおります。そういった人たちと、人文系科学者たちとの対立が表面化していくわけです。理由は、「政治に近づきすぎると良くない」、あるいは、「ある程度は近づかないと何もできない」といった議論です。現代にもつながる問題です。こういった議論を抱えたまま、学術会議というものが発足していくわけです。

そして、一回目の選挙をするのですが、大方の予想を覆して、選挙結果は意外と「民主的」でした。たとえば、私大関係者が多く、東大関係者は思ったより少なかったのです。民科からも二〇名以上の当選者を出しました。要は、反米・反資本主義の民科系の人たち、つまりマルクス主義系の人たちと、人文科学系の会員たちと、そして理学部系の基礎科学系の会員たちが、学術会議にそれなりの数を占めたということです。ちなみに、理学部系の基礎科学系の会員たちとは、湯川、朝永を代表として、武谷三男や坂田昌一らが所属していたグループのことです。考え方も思想信条も違うのだけども、三者が一致したのは応用研究に偏重することへの危惧でした。テクノクラート的な工学者や理学者が政・官と仲良く研究制度を作っていくことに、警鐘を鳴らそうという点でした。

また、先ほど井野瀬先生が言われたように、「戦争を目的とする科学の研究には絶対従わない決意の表明」という声明がありました。第六回総会でまとめられたものです。この声明自体に関しても紆余曲折あったという先ほどのお話でしたが、これ以降、同種の声明を決議すると、否決や棄権が続きました。議事録を読んでいると反対意見とか声明案への賛成意見が多いのですけども、投票すると否決されてしまう、ということが続きました。「すでに第六回総会で、軍事目的の研究はしないと誓ったのだから、何もわざわざもう一回やる必要はないではないか」という論理で否決されたのです。これが前史であります。

原子力研究の体制をめぐる議論

ここからが本題になります。占領終結主権回復に伴いまして、原子力研究が解禁されます。主権回復前後から、政治家なら中曽根康弘たちが動いていたり、科学者であれば嵯峨根遼吉がアメリカに行って動いていたり、というようないくつかの伏流がありました。そして、学術会議主導によって研究開発体制を作っていき、その中では軍事研究を行わないというガイドラインも作っていく、という課題が学術会議に課せられることとなったわけです。

先ほどからテクノクラートという言葉を使っていますけど、要は政府主導で、あるいは政府とうまく渡りをつけて早く大型予算を確保し、原子力平和利用の研究を進めていくべきだと考えていた人たちを指しています。茅誠司や伏見康治といった学者がその代表です。他方で、彼らの議論に一生懸命歯止めをかけていく慎重派が存在しました。慎重派の主張を強引に要約しますと、「今は吉田自由党政権で、その背景にアメリカにがいる。だから今の段階で慌てて研究開発体制を作る必要はない」という意見だったと言えるでしょう。

広範な議論が巻き起こっていくのですが、その特徴を二点にまとめることができます。

第一に、武谷三男の存在です。武谷三男は、いちはやく、「こういうふうに明確な線引きをすればよろしい」ということを言っています。「日本で行う原子力研究の一切は公表すべきである。また日本で行う原子力研究には、外国の秘密の知識は一切教わらない。また外国と秘密な関係は一切結ばない。日本の原子力研究所のいかなる場所にも、いかなる人の出入りも拒否しない。また研究のためいかなる人がそこで研究することを申し込んでも拒否しない。以上のことを法的に確認してから出発すべきである」と、『改造』に書いているのです。

今の私たちからすると意外なくらい、この時期には総合雑誌や科学雑誌に学術会議の動向が報じられていました。『改造』もそうですし、『中央公論』にも坂田昌一が書いたりしています。当時の総合雑誌を読んでいると、社会と学術会議の距離が近かったんだなあと、感じざるを得ません。

話を武谷三男に戻しますと、これは、学術会議の外で、ジャーナリズム上での提言だったのですが、彼の提言は、紆余曲折を経て形を変え、原子力基本法まで受け継がれていきます。もちろん武谷三男の名前は早々に消えて、他の人の提案という形、例えば伏見康治の提案という形で通ったりしていきます。この時期、科学者たちがいろんな場所で会合を持っていましたので、それらの会合のなかでの議論を、武谷三男が上手くまとめたのかもしれません。いずれにせよ、武谷三男の名前でジャーナリズム上に発表され、それがのちの議論の前提になったという意味で、武谷の先駆性をここで確認しておきたいというのが一点です。

そして二点目は、簡単に言うと広範な議論が行われていたということです。

ここで確認しておきたいのは先ほどから重々申し上げている民科の人たちです。先ほど、京大素粒子論グループという言葉を使いましたが、湯川、朝永を筆頭に、坂田昌一や武谷三男といった人たちによる、思想信条は微妙に違うけれども同じ場所で研究し、同じ釜の飯を食べていくという研究者集団があったわけです。武谷三男が川端署に捕まっていた時に、湯川秀樹が身元引受人で行ったというような話が残っています。彼らは、特に若手の物理研究者たちからすると、ものすごく影響力を行使する偉大な先輩であって、武谷三男がこのように学術会議の外でジャーナリスティックに活動することが、議論の土台を作っていくわけです。

政府主導で大きな予算をつけて、原子力平和利用をしていこうというテクノクラート的研究者に対して「今は時期尚早だ。今の体制ではダメだ」といういわゆる左翼側が反対していくという構図は、それはそれで分かりやすくて、ある意味当然だろうという感じがします。しかし実はこの時期、反米保守の人たちもテクノクラートたちの研究の方向性に噛みついていくわけです。例えば、三村剛昂は自分の被爆体験を述べながら、背後にいるアメリカの存在を挙げて、「一夜にして原発が原爆に変わるんだ」ということを主張しました。そもそも、今の体制下で始めると、平和利用など絶対に無理であって、いつアメリカに何を言われるか分からないというような反対の仕方をするのです。

原子力予算の成立から原子力三原則まで

反米保守の人たちも反対論に一気に流れ込んでいくことで、学術会議の議論は基本的には慎重派の「今、行うべきではない」という意見に向かっていくことになりました。ここからは有名な話ですが、そういった議論に業を煮やした政治家側が、先に原子力予算をつけてしまいます。一九五四年三月冒頭のことです。そういった形で慌てて学術会議側が何らかの提言をしないといけなくなるという状況がやって来ます。原子力予算が成立した以上、どうやって学術会議側から有効な歯止め、つまり「軍事研究を絶対にしない」という歯止めをしていくのだという話になりました。そこで、先ほどから名前が挙がっているような人たちがそれぞれ草案、あるいは法案を練り上げていきます。一九五四年四月の段階で武谷三男が言っていたようなことを踏襲して、政府に対して「公開」「民主」「自主」の三原則を訴えることになりました。これが原子力三原則といわれるものです。

私が面白いと思いますのは、学術会議のメンバーが原子力基本法の法案を、自分たちで作ろうといって議論しているということです。よくこんなことをしたなと思いますが、法規委員会というものを作って、立法化に向けて議論をし、法案を練り始めます。それを学術会議総会で諮るんですが、この時は法律家のメンバーから、草案の文言について技術的な意見がいろいろ出て、結果的には、学術会議が政府に法案を申し入れるということは見送られました。ただ、ほとんど同じ内容の「提言」を行っています。では五五年の原子力基本法は誰が作るんだというと、やっぱり政治主導で作っていきます。

ここに、現代の私たちからすると考えるべきだと私が思う要素があります。報告のタイトルに「戦後民主主義」という言葉を入れたねらいも、そこにあります。

原子力基本法の草案作りは超党派で行われていまして、当時日本民主党の中曽根と、自由党の前田正男、左派社会党の志村茂治、右派社会党の松前重義の四名が関わっています。そして、その草案の段階で、既に学術会議の原子力三原則が取り入れられているのです。つまり、学術会議が直接法案を作ったわけではないけれども、法案を作るところまではいっていて、政治の側も学術会議が掲げた三原則を取り入れていくことになったということです。私はこれをもって、学術会議の提言が原子力平和利用の研究開発体制にそれなりに関与したと理解し、評価しております。

その後、日米原子力協定という二国間協定で、アメリカから日本へ研究用の濃縮ウランを貸与するという話になるんですけれど、アメリカ国内の原子力法で濃縮ウランや核物質に関わる秘密協定というものがありました。濃縮ウランを日本に渡すときにどうやって運んでいるのかということや、コンテナはどうやって作っているのかとか、そういったことは機密事項に当たるわけです。それが、原子力三原則に抵触するのかどうかという議論も、この時期になされています。本報告にとって、原子力基本法の意義は原子力平和利用の道を開いた点にあるというよりは、世界で初めて、国内法で核の「軍事転用」を禁じた法律になったというところです。そういった空気を作っていったのが学術会議のパワーだったと評価しています。

学術会議だけではなくて、先ほど武谷三男のところで言いましたように、ジャーナリズムが学術会議の議事録を載せていたということ。中央公論社が出していた『自然』という科学雑誌に議事録がそのまま転載されたりしていました。そして読者欄で若い学者がそれに対して異議申し立てをしたりしている、そういった学術会議とその周辺の議論が有機的に結びついていたのです。その一環に、民科という組織があったわけで、それを含めて戦後民主主義と呼んでおります。そういった議論の雰囲気が有効な歯止めを作ることになった要因だろうと思っています。

五〇年代の議論から引き出す現代的視座

どうして学術会議の議論が、有効な歯止めとして機能したのか、それが政治的にも取り入れられて法律に結実したのかという点について、整理しておきたいと思います。先ほどから申し上げておりますように、既に学術会議発足前から存在感を持っていた集団があったということ。それは、素粒子論グループであり、民科でもあったわけです。あるいは、保守的な人たちにも反米保守ということで、彼らに一定の理解を示した人たちがいたということ。加えて、ジャーナリズムあるいは知識人たちの活動によって、学術会議の距離が近くて、広範な議論を巻き起こすことができたというのも一点です。さらに、どうしてなのかはわかりませんが、社会党の議員が草案の要綱を執筆することになったということも大きかったと思います。そして、わざわざ言うまでもないのかもしれませんし、議事録などにも別に出てきませんが、やっぱり戦後民主主義などといわれているような思想信条の土台にある厭戦感情や反軍意識があったことは、指摘しておかねばならないだろうと思います。

そこから導き出すことができる、現代のデュアル・ユースや境界線問題の視座というのはどういったものがあるんだろうと私なりに考えてみました。最後は提言になります。私は先ほどから原子力の平和利用と軍事利用を切り分けて軍事利用を禁止するような形で日本の原子力平和利用体制が出発したことをポジティブに捉えていましたけれども、それはあくまでも条件付きのポジティブです。そもそも原子力に手を出してしまうということは、先ほど喜多先生もフォローしてくださいましたが、潜在的核保有のオプションとして利用されることにもなるわけです。IAEAが一生懸命日本を監視するというのもそういった理由からです。だから私の報告では軍事と民事にきれいに切り分けて原子力平和利用体制が始まったというように思われるかもしれないけれど、今言ったような核保有のオプションなんかを考えると、実際には明確な線引きはこの問題でも困難だと思います。線引き、あるいは境界線問題というのは、科学と社会がいつも抱え込む、古くて新しい問題であるのだろうと思います。

そうはいっても、先ほどから言っている原子力三原則が有効な歯止めになってきたこともやはり事実だろうと思います。原子力三原則というのは、少なくとも学術会議が提示したわけで、この三原則が持っているような高度な、ここでいう意味は崇高の高度ですが、強い倫理性と理念を想起せざるを得ないです。当然の結論としてはその都度そういった理念に即して、境界線を引いていくという話にならざるを得ないのですが、そのための、そもそもの土台や共通認識の作り方、あるいはあり方、それが五〇年代と現代とで異なる点もあるし、同じ点もある。異なるのは、民科的な組織がまったくないということです。評価は人それぞれで、事実として申し上げています。

何らかの歯止めとなるような理念の共有や、土台の共有というものが求められていると思います。善くも悪くもこの五〇年代初頭の議論の時は、テクノクラート的な科学者と、それ以外の人たちが共同戦線を作れるような土台があったということです。善いか悪いかは別として、例えば反米、そして戦後民主主義、そういった共通の土台があったんだろうなということが、今から思うと余計に感じるところです。

大変早口で駆け足になりましたが、ご静聴ありがとうございました。

西村 山本さん、短い時間に濃い内容をありがとうございました。

討論者によるコメント

西村 続いて、三名のコメンテータから、短くコメントをいただきまして、その後、できるだけフロアの方たちに発言していただきたいと思います。

第一コメンテータは明治学院大学の石原俊先生、第二コメンテータは京都産業大学の伊藤公雄先生、第三コメンテータは関西学院大学の荻野昌弘先生です。三人の方々にコメントしていただきまして、その後の登壇者によるリプライはなしで、フロアの方々に振ります。フロアの中で発言したい方もかなりいらっしゃると思いますので、それぞれ手短に発言していただき、できるだけ多くの方に議論に参加していただきたいと思います。

では、石原先生、よろしくお願いいたします。

コメント1（石原俊）

石原俊（以下、石原）こんにちは。明治学院大学の石原俊と申します。私は、小笠原群島や硫黄島など、日本の南方離島における帝国経験、戦争経験、そして冷戦経験などの歴史社会学的な調査研究をしております。最近、『硫黄島――国策に翻弄された130年』という新書（中公新書）を上梓しました。硫黄島は現在自衛隊が排他的に管轄していて、民間人は特例的な措置がない限り上陸することはできません。この島は一九四〇年代、つまり、日米戦の最中からなんと七五年間にわたって、最初は米軍、その後自衛隊によって排他的に軍事利用されてきました。私は今回の新書で、硫黄島の地上戦に動員された一部島民がどのような経験をしたのか、島を追われた他の大多数の硫黄島民が「戦後」をどのように生き抜いていったのかについて書きました。

こういう研究を軍事研究とみなせるのかといえば、広い意味においては呼ぶことができると思います。私は旧島民の墓参に同伴を許され、二〇一五年に硫黄島に上陸しました。ちょうど「戦後七〇年」の年です。しかし、こうした墓参は自衛隊の全面的な協力によって実施されています。自衛隊の協力がなければ、硫黄島に上陸することさえできません。自衛隊員の一部は、私の新書を読んでいるでしょう。島民が一九四四年から七五年も故郷に帰れないことに関して、私は政府を厳しく批判しています。こうした批判にどう対応すべきかは、当然政府も防衛省も自衛隊も考えるわけです。日本語が読める米軍関係者にも拙著は読まれています。つまり私の研究は、広い意味では「軍事に利用される」可能性は当然あるわけです。このシンポジウムに登壇することになってから、そういうことを考え続けていました。

しかしながら、「軍事に利用されうる研究」全般を軍事研究とみなしてしまうと、問題がやや拡散しすぎるきらいがあります。以下で私は、科学史分野で言われる狭い意味での軍事研究、すなわち大学が軍事機関の予算を受給した場合に限って、これを軍事研究と定義して、話を進めたい。その場合、「安全保障技術研究推進制度」に乗って、防衛省の資金を受け入れることが、大学の自治と学問の自由にどのように影響するのかという問題意識が、やはり原点だと思っています。

ただ、井野瀬先生のご報告に関して、日本の大学の現状をふまえたときに、非常に難しい問題があります。大学関係者はご存じの方が多いと思いますが、二〇一五年に新しい学校教育法が施行されました。これによって、日本国憲法二三条と関連法規・判例によって保障されてきた、学問の自由に関連する法慣行、たとえば教授会が長年握ってきた学部の教員の採用や昇任、学部長などトップの選出、教育研究予算の配分方針、学部組織や専攻・コースの改廃などについて、学長のトップダウンで決められるという解釈さえ可能になってしまいました。いまや多くの国立大学では、少なくとも学長または学長直属の委員会の承認がなければ、学部の教員の欠員補充も教学のための予算も、ほとんど動かない。そういう状況になってきているわけです。

このように、大学の自治が大きく掘り崩されている中で、とりあえず学術会議の一定の結論としては、軍事組織からの研究費は受給しないという方針を打ち出した。ところがそれを決めるのは誰なのかという問題が残ります。これだけトップダウン化が進み、研究者の自治やボトムアップがどんどん崩されている大学において、トップが変わると防衛費の受給方針が変わるということでよいのか。軍事研究に対する方針の如何と同時に、誰がどのように決めるのかという決定のプロセス自体が重要です。

喜多先生のご報告については、今日はうかがえるのを楽しみにしてきました。今日のご報告のテーマは主に自然科学系のデュアル・ユースでしたが、日本の人文社会科学系の研究者が自分たちの問題としてちゃんと考えていく必要があると思います。今日のご報告は、米国においては、第二次世界大戦から戦後にかけて、科学者の軍事動員や研究資金のあり方に連続性があるというお話でした。ひるがえって、日本の人文社会科学、特に我々の領域に近いところでいえば社会調査は、当然のことながら日本帝国の植民地統治に深くコミットしていますし、総力戦体制に動員された社会科学者たちが、戦後のアカデミアで重要な位置を占めてきました。

自然科学はもちろんですが、人文社会科学においても、戦前の侵略や戦争への協力への反省の上にたって戦後は軍事研究を禁止したという、ある種の「きれいな」史観に基づいて現状を語るのは、非常に危険なのではないか。そういう「きれいな話」にしない形で、我々の歴史的現在をきちんとふまえつつ、人文社会科学と大学と軍事研究と「私たち」の問題として考えていかねばならない。当たり前の論点ですが、指摘しておきたい。

山本先生のご報告は、学術会議の原子力三原則が原子力基本法に影響力を持ち得た、それで原子力の軍事利用に歯止めがかかった、そのコンテキストについて非常にクリアに説明されました。ひとつの論点として考えておくべきは、戦後初期のこの時期、学術会議がジャーナリズムを介して社会や政治に大きな影響力を持ちえたことです。これに対して今、アカデミアや研究者のジャーナリズムに対する影響力はかつてなく落ちています。加えて、ジャーナリズム自体も影響力が減衰しています。五〇年代と現在で条件が大きく異なる中で、どのように科学の軍事利用に関する議論を高めていくか。喜多先生も社会の中で根本的に考えないといけないと述べておられましたが、基礎的な社会条件が非常に難しい中で、条件整備について考えるのも、社会学や隣接諸科学の課題かと思います。

また、原子力の軍事利用の歯止めというものが五〇年代に達成された背景として、戦後民主主義という時代的な雰囲気について言及されたわけですが、もうひとつ考えておくべき背景は、隣国で起きた朝鮮戦争で再び原爆の使用が検討されたことがあると思います。加えて、水爆実験による第五福竜丸の被爆という象徴的な事件もありました。ひるがえって、二一世紀の現在をみたときに、福島原発の大事故がありました。その後の世論の動向としては、原発という原子力の平和利用の危険性に関する認識が非常に高まった。ところが、原子力を含む科学技術の軍事利用についての議論が高まったかというと、実はそうではない。ある意味で五〇年代と逆方向の世論の動向下で、なし崩し的に、現在の軍事研究の枠組みが推進されている。この点も、いま考えておくべき問題です。

西村 石原さん、どうもありがとうございました。つづけて伊藤さん、よろしくお願いいたします。

コメント2（伊藤公雄）

伊藤公雄です。僕はジェンダー研究もやっているんですけども、他方で戦友会の研究も二〇代からやっています。また、ポップカルチャーと政治・文化を結びつけて分析する研究も進めてきました。イタリア・ファシズム下の文化とメディア研究とか、テロリズム研究などもやっているのですが、みんなそれを知らないで、ジェンダー研究者だと思われているようです。

先ほど、井野瀬さんが紹介してくださったように、日本学術会議の二三期、二四期の会員をやっています。参議院議員と同じで六年任期です。山本さんのさっきの話にもありましたが、二三期の時にこの問題に出会ったわけです。実は戦後社会において学術会議にはかなり政治的な力があったのです。昔は学者の国会と言われたくらいですから。過去の二度の学術会議の声明は、こうしたそれなりの影響力がある中で出されたものだということも押さえておく必要があるのかなと思います。

この問題が起こった時から、僕は防衛庁の紐付きの資金という点については反対でした。ただ、面白かったのは、一部人文社会科学系でも賛成に近い発言をされる方もおられたということです。特に、経済学の分野では複数の方が「なぜ悪いんだ」という声を発していました。このように、防衛省からの軍事研究について、いわゆる人文社会科学系の対応も一括りにはできないのです。今回の軍事研究費には反対ですが、他方、僕は軍事についての研究はもっともっとやるべきだというふうに繰り返し申し上げてきました。

今日の喜多さんの発表は完全に軍事研究ですし、山本先生の発表も軍事研究ですよね。学術会議の声明では、「軍事安全保障研究」という名称で呼んでいるわけです。その意味で、この問題を語る時、「軍事研究」というストレートな呼び方でいいのかというのもちょっと考えるべきかと思います。そもそもこの戦争社会学研究会の創立に関わることでもあります。もし「すべての軍事研究はダメだ」ということになったら、戦争社会学研究もできなくなってしまうじゃないですか。くりかえしますが、僕は、軍事に関する研究はむしろどんどんやるべきだというふうに思っています。僕らも科研の共同研究で、いくつもの自衛隊基地を訪問させていただき、インタビューを行っています。防衛省の広報のインタビューなどもしてきました。戦友会研究では、兵隊さんのインタビューもいっぱいしてきました。そういう意味で、僕たちは「軍事研究」を実際に進めてきたわけです。

社会学研究にとって「軍事」は大きな課題です。僕も所属している国際社会学会（ＩＳＡ）には、ＲＣ（Research Committee）というものが六〇くらいあります。トップに来るＲＣの「01」が何かというと、「軍事力と紛争解決」です。つまり社会学の研究テーマでいちばん最初にくるのは戦争と軍事なのです。実際、人間の社会生活にとって、軍事や戦争の問題はすごく重要なのです。しかし、残念ながら戦後日本の学術分野では、これを十分に研究対象にはしてこなかったということは、きちんと押さえないといけないと思います。

声明を公表した総会の場で、僕も発言させていただきました。その時に言ったのは、ひとつは「声明を支持します」ということ。他方で、日本の学術研究はこれまでリアルな軍事や安全保障問題にきっちり対応してこなかったことも直視するべきだということも申し上げました。その上で、軍事安全保障問題を学術の観点から継続的に研究するべきだということ。さらに、それらの研究が、今回の声明ときちんと結びつけて進められるべきだということも申し上げました。

今回の「軍事安全保障研究」問題に対して言いたいことはこれで尽きています。ただ、これは僕の研究テーマでもあるんですが、なぜ日本の学術は、もっというと戦後日本社会は、この軍事安全保障問題にきちんと目を向けてこなかったのかということはきちんと考察する必要があると思います。日本社会も学術の分野も、一九六〇年代まではそれなりにこの課題に目を向けていたんです。今回、六七年から五〇年経って、新たに声明が出たわけです。この五〇年間は、日本社会も学術分野も、明らかに軍事や戦争の問題から目をそらしていたといってもいいのではないかと思っています。僕は日本の平和主義は七〇年代以降本格化したと考えています。今日の司会の藺先生の話にもありましたが、六〇年代にはまだいろいろな場で戦争の痕跡や記憶が残っていたわけです。それが、七〇年代になると明らかに平和主義志向が強くなる。七〇年代に、教育分野での君が代、日の丸問題、教員の問題が浮上した時、これに対する抵抗意識は社会的にもすごく強かった。多くの人が日の丸・君が代は嫌だと言っていたのです。でも、実は、一九六〇年代までは、結構、学校現場で君が代も歌っていたし、日の丸も揚がっていた。それが、七〇年代になると、教職員の運動などによって、日の丸・君が代反対の声が急速に広がった。その流れが、九〇年代に入ると、日の丸・君が代肯定へと、一種の逆転現象を生んだわけです。こうした、七〇年代の日本の平和主義のある種の時代性というものも戦争社会学会はきちんと分析する必要があるのではないかと思っています。

今日の喜多さんの発表にも関わりましたが、アメリカの世界戦略に依存してきた日本の「平和主義」についても考える必要がある。結局、そのことが、日本社会で、軍事や安全保障という問題をリアルな問題として考えないという流れを作ったのではないかと考えているからです。僕はイタリアがフィールドなのですが、イタリアと日本は実は軍事安全保障という点で、すごくよく似た立ち位置にいます。シチリアにも米軍基地があり、沖縄とよく似ています。同時に、北の方に最大の米軍基地があったのは、ヴェネチアのすぐ近くにあるヴィチェンツァという街です。なぜこの位置に最大の米軍基地かといえば、ユーゴスラビアがすぐ隣にあったからです。イタリアではＣＩＡと絡んだ右翼の秘密軍事組織がありました。グラデイオと呼ばれています。この組織の存在は、歴史的にも明らかになっています。一九六〇年代後半から始まった「緊張の戦略」と呼ばれる右翼のテロリズムの勃発、それにともなう国内の危機意識を契機にしたクーデタ計画が、二度ほど準備されていたことはよく知られています。実は日本の戦後も、似たような緊張関係があったはずなのですが、僕たちはあまりそれを直視しないできたのではないか。そのことも考える必要があるのではないかと思います。

これは山本さんもおっしゃっていたことですが、軍事研究というと、人文社会学系と自然科学系の間には確かにはっきりと区別がある。自然科学系でも理学系分野は、わりと反戦平和の立場の人が多かった。他方で、工学系の研究者の間には、「もっとやってもいいじゃないか」という声がある。ただ、さっき申し上げたように、人文社会系でも、経済学などではちょっと違う動きがある。また、今日の喜多さんの話にあったように、心理学などは、明らかにこれからの軍事研究に深く関わる可能性があります。敵を怖がらずに攻撃できるためのトレーニングとか、ＰＴＳＤの対応の研究などです。社会学だって、これからは恐らく、海外に派遣された自衛官の留守家族にどう対応するかというようなことが確実に問題になります。退官後の社会復帰をどうするか、自衛隊におけるジェンダー・セクシュアリティ問題、自衛官の家族の福祉の問題なども出てくる。もともと福祉厚生政策は、当初、軍人への補償の中で発達してきたわけです。こうした福祉政策の問題は当然人文社会学系にも絡んでくるわけです。

今後の予想される変化の中で、どういう形で我々の立ち位置を作るか。もちろんここには研究者の倫理問題があると思います。同時に、今回の問題で大きいのは、資金の出所、つまり防衛省の整備局からお金が出ているということです。研究成果の公開・非公開の問題もある。現在は、研究成果を公開してもいいとは言っていますが、実際は、なかなかそうはいかないだろうというふうにも思います。実際、自衛隊のF35Aが墜落しても、日本社会にはまったく情報が入らない事態を、私たちが今目の前で経験しているわけです。

今日お話しに出てきた「マンスフィールド修正条項」はすごく重要だと思います。アメリカの場合、確かに軍事が表に出ています。日本ではこの問題は研究における経済的徴兵ということにつながる可能性があるという声も出てきた。今後、研究費を使って様々な学術研究をコントロールする流れが出てこないとも限らない。軍事研究をしないと研究費がもらえないという仕組さえ考えられるような状態だと思います。学術研究については、日本だけではなく世界中がそうなる可能性さえある。人文社会系の生き残りの問題も含めて、今後、どのように人文社会系の学問を作っていくのかということを考える上で、軍事研究への対応は、すごく重要な契機なのではないかと思います。以上です。

西村　ありがとうございました。補足の情報ですが、一九七三年に日本平和学会が設立されておりますが、これも、もしかしたら、伊藤先生がおっしゃった七〇年代の日本の平和主義の問題と関わるのかもしれません。では、荻野さんよろしくお願いします。

コメント3（荻野昌弘）

荻野昌弘　関西学院大学の荻野と申します。先ほどのお三方の報告は、ひとつは、軍とか防衛省による予算を利用して研究することの是非だったと思います。もうひとつはキーワードとして非常に重要なのがデュアル・ユースです。私は、デュアル・ユースの問題は戦争社会学において、非常に重要になってくる話題だと思いました。デュアル・ユースという言葉自体は、アメリカで、ある時期に出てきたということでした。

しかし違う視点でその問題を考えてみると、科学技術の進歩がまったく軍事や戦争抜きで可能だったのかどうか。そんな問いもあるのではないか。例えばドストエフスキーは「戦争は良いことだ」と言っています。要点は四つあります。まず一番目が、「犠牲的精神の高揚」。二番目が「社会がひとつになる」。三番目が「すべての者が平等になって人々の尊厳を取り戻させる」ことができる。四番目が「科学・芸術への刺激」です。

これは、ロジェ・カイヨワの『戦争論』に紹介されているのですが、少なくとも一九世紀においては、「戦争は社会にとっていいものだ」という議論がいろいろ出ていました。たとえば、プルードンも「戦争はすばらしいものである」という議論をしているし、こうした議論は第一次世界大戦の頃まではかなり世界中にあったんです。その中で科学の進歩と戦争というものが関係しているということを、ドストエフスキーなどが言っているわけです。実際にどこまで軍事力の強化と科学技術の発展が関係しているのか、まったく中立的、客観的で軍事と関係のない科学というものがあるのか、あるとすればどういうものなのかという、答えが出るかどうか、分からない大きな問いがあります。そんなことも考えていく必要があるのではないか。

今日、具体的に、インターネットと軍事利用、そして原子力の問題といったふたつの例が出てきましたが、それらと関連する形でみてみたいことがあります。ひとつは、量子暗号というものです。昨年出版された『「中国製造2025」の衝撃』という本があります。二〇一六年に中国が世界初の量子通信衛星を打ち上げました。この量子暗号とは要するに、解読が不可能であるといわれている暗号です。ですから、最もセキュリティが万全なもので実際にもう中国とオーストリアとの間で量子暗号による通信の実験が行われています。何に応用可能かをいうと、中国は「軍民融合」と言っているのですが、軍事への応用にも絡んでくることになるのです。私は、一〇年ほど前にこの量子暗号という言葉が出てきたときに「おや」と思って、量子論の新たな展開として素朴にすごいなと思っていたのですが、実際は全然そうではないことが分かってきました。今日も『日本経済新聞』の朝刊に「宇宙戦争の危険　アジアで現実味」という記事が出ました。インドの政策研究センターのブラーマ・チェラニーという人が中国とインドとの間で宇宙戦争が起こる危険性が出ているという、まことしやかな、しかしよく分からない記事が書かれています。これも、量子暗号の問題と深く絡んでいます。

もうひとつ、原子力の平和利用というものについて、山本さんのお話とは別に、私が直接関係したエピソードを簡単にお話しします。二年前に、東北のある大学の社会心理学者が私に連絡してきました。私は、ちょっと前にフランスのオートマルヌという地域、ここはシャンパンを作っている県なのですが、この地域について調査をして、フランスで本を出しました。その心理学者が、なぜ連絡してきたかというと、オートマルヌで高レベルの放射性廃棄物の貯蔵施設を作るという計画があり、実際に現地に行ったら日本人で、この地域について調べて本を出した人がいるというので紹介されて連絡したとのことでした。その社会心理学者がどのような研究をしているかというと、日本語では最終処分場といっていますが、別に処分されるわけではないので、フランスでは貯蔵施設（stockage）と呼んでいるわけですが、日本では最終処分場（実際には貯蔵施設）を、どの地域も引き受けてくれないので、どのような条件があれば、地域が最終処分場を受け入れるのかということを調べるよう委託されていて、フランスのオートマルヌで貯蔵施設を引き受けたのはどのような理由なのかということを知りたいとのことでした。

　これは、直接軍事に関わるものではないですが、ややそれに近いようなにおいがどうもしてしまいます。こういった研究に関しては、はっきりとは聞きませんでしたが、相当な研究費が出ているようです。人文社会科学の中でもそうした軍事研究がされてきているという状況があるということです。それは、この戦争社会学研究会で行っているような軍事研究を指すのではなく、もっと別の明確な目的を持った研究のことです。また、たとえば相対性理論や量子力学などは科学の領域として独立していて、そこに直接軍事利用という名目は出てこないです。しかし結果的には、量子暗号にしてもそうですが、相対性理論も、その応用として核分裂を連続的に引き起こす研究がなされ、それが原爆につながったということもあります。軍事と科学の間には何らかの見えない糸のようなものがあるのではないか。それはどういうものなのか、ということを、戦争社会学の分野においても、研究していくことが今後重要になってくるのではないかと思うわけです。

　たとえば、ブラックホールが撮影できたこと。これはまさに相対性理論の実証だと言っているのですが、それがまったく軍事利用につながっていかないかというと、さっきの宇宙戦争の話もありますが、どこかで何かそういったものにつながってしまう。だから常に科学というのはそういう可能性を引きずっている。そういうことをみていく必要があるのではないかと、私自身は今日のお話を聞いて考えた次第です。以上です。

総合討論

蘭　コメンテータの方々には駆け足でコメントをしていただきました。それぞれインパクトのあるポイントを指摘してくださったと思います。フロアの中で発言したい方、挙手をお願いします。まず、発言してもらって、登壇者にはまとめて答えてもらいます。

発言者1　質問のひとつ目は、なぜ日本学術会議は、米軍資金をスルーしたのかということ。ふたつ目は、一九六七年頃、ベトナム反戦運動の影響があるというのは、分かっているんですけども、その効果がどのくらいあったのかということ。さらに、研究費がたとえ下がっても反対するんだという人はいたのかということです。三つめは、対話です。物理学会シンポジウムの中で安全保障研究費をとっている人を呼んで話させようと思ったら、いろんなハードルがあり失敗しました。この研究会ではやらないのですか、ということです。終わりです。

発言者2　PTSDの研究をしていると、ある学生に、「先生の研究は帰ってきた兵隊さんたちを治すために使われるよね」と言われてしまいました。だから、文学では火野葦平が使われたように、いくらでも使われる可能性があるのだと思うのです。それが怖いです。もう一点、学問が軍事を避けているような現状があると思います。

発言者3　大学の自治や大学の自由についてですが、軍隊を批判する際に、大学の自治や自由を旗印にすることは、いい考えだとは思いません。なぜなら、例えば南原繁が書いた「大学の自治」を読むと、お分かりになるかと思うのですが、彼が言っているのは、「自治が国家社会の存立条件である」ということです。僕は彼と別の意見を持っていますが、ここで彼が言っていることは正しいと考えています。

なぜなら、大学、あるいは学問と社会をきれいに切り離すことはできないからです。むしろ、その大学が存在している社会制度、社会構造はどうなっているかということをみなければいけないです。軍隊を批判するには、近代国家そのものを問い直す必要があります。自由主義も、さまざまな不自由のうえに成り立っています。大学の自由いくら言っても、実はそれはいろいろな不自由の上にできていることを考えなければいけません。ですので、自由を主張するよりも、社会の中に存在するそれぞれの構造的な不平等を、先に考えたほうがいいと思います。以上です。

発言者4　井野瀬先生、喜多先生、山本先生、それぞれに質問があります。まず井野瀬先生、私がいつも疑問に思っていることは、大学全体の資金が減少している、そして競走資金が増える。そして今度は防衛省の資金がある。研究者がまとまって、防衛省のそういう研究費ではなく、全体の資金を増やせと言うべきではないか。それがひとつ。

そして喜多先生、今日はデュアル・ユースが魔法の言葉として使われるということをお聞きし、非常に感銘を受けました。それは基礎研究を正当化する言葉であると。個人の呵責を問題化できない言葉であるのかなと思いました。この問題に関して、個人の研究者が意志決定をするレベルがある。そして大学の組織としての意志決定のレベルがある。それから、山本先生もおっしゃっていたように、社会全体における線引きの合意という問題がある。アメリカのようにひとつの戦争をシステムに繰り込んだ社会があって、その三つのレベルの問題に関し、どんなふうに、山本先生はお考えですか。

喜多先生は、スピンオフという考え方。これも私はずっと疑問を持っています。軍事研究が成果をあげて、それを民間にスピンオフしたんだという論理がよく使われますが、もともとの資金を民間、開発に使えばいいじゃないかと。先生がおっしゃったように、もともとはデュアル・ユースとかスピンオフという考えはなかったのに、後から生まれたものだという。そういった意味で、このスピンオフという考え方そのものに私はずっと疑問を持っていました。先生はどのようにお考えですか。

発言者5　理系の研究が暴走して、文系がチェックするという構図じゃなくて、文系の私たちが、自分たちの研究の問題をどう考えるかということが問われている、と考えると、この戦争社会学研究会でやった意味が出てくると思います。デュアル・ユースという問題も軍事利用に使われてしまうということではなく、自分たちの知が軍事にも使われるということを考えていかなきゃいけない、そういうことは言えないだろうか。あるいは、そのことを考え続けるためにはどういう順番で考えたらいいのかということを思っていました。

軍事社会学は重要だと思います。私もRCで去年発表しました。自分以外の人はみんな防衛大学の先生でした。彼らは軍隊にアンケートをばらまけますので、どんどん軍隊の研究をしています。自分がその人たちと連携すると、軍事研究を一緒にしていることになる、軍事に役立つ研究をすることになってしまうということで、非常にジレンマを感じました。それは小さい話です。

私たちがもらっているお金とか、自分の研究の社会性の中で軍事というものがどう入っているかということの選り分けが難しいということでいうと、例えば、米軍からお金をもらっているということでいうとドキッとするんですが、CIAからもらっているといわれてもドキッとしますよね。山本さんがちょっとCIAの話を出しましたが、今回はそちらの話はあまり出てきませんでした。例えばアジア財団とかロックフェラーとか、そういうところからお金をもらって、日本の知識人が行っています。親米になるためではなく、反共になってもらいたいということだと思います。その人たちを親米にするというのは失敗していても、反共にするというのは成功していくわけです。それは、冷戦という状況の中では軍事的な意味を持ってくるわけです。そうすると軍隊から、あるいは防衛省みたいなところからではなくても、いろんなところにその問題は出てきてしまうという視点もあると思います。軍事の根深さとかを、自分の中で考えていく段取りというのですかね。そうしないと、心がけの問題になってしまい、それが大事なのかもしれないですが、もう少し確かなものがほしいなと思います。さっきの軍事社会学との関係でいうと怖いなというふうに思います。

蘭　三人のコメンテータの方々、また、五人の方々からの質問が出ました。登壇者の方々それぞれ、問題を一点に絞って答えてください。その後、コメンテータの人たちにもう一度まわしたいと思っております。では井野瀬さんよろしくお願いいたします。

井野瀬　この場の議論を聞いていろんなことを考えさせられました。ありがとうございます。

いただいた質問に答えるために、配布資料に記した「軍事的安全保障研究という用語について」という箇所をご覧ください。そこに書かれてありますように、学術会議の検討委員会では、いわゆる「軍事研究」について、「軍事利用を直接に研究目的とする研究」「研究資金の出所が軍事関連機関である研究」「研究成果が軍事的に利用される可能性がある研究」など、さまざまな中身を念頭に置きながら、慎重に議論しました。資金の出所として、米軍資金の問題も意識しました。これらを入口でチェックする――そういう意味にとっていただければと思います。

人文・社会科学系の研究の中身も多様であり、よって、軍事研究との関わりもさまざまです。たとえば、アメリカ心理学会は、関係者がＣＩＡ（中央情報局）の尋問プログラム開発に協力して、ムスリム捕虜に対する拷問に関与したことが暴露され、学会として「反省」を求められました。五〇〇ページを超える検証報告書が出されています。同様に、複雑化する国際情勢、紛争地域と関わる人文学、社会科学の研究者による調査・研究が軍事利用される可能性は、容易に想像できるでしょう。

重要なことは、我々がそれをどう意識するか、です。学術会議のアンケート調査集計では、「軍事的安全保障研究への応募はじめ、防衛省等との研究協力の可能性がほとんどない」という理由で、学内に審査制度やガイドラインを設けていない大学が多かったのですが、人文・社会科学系の研究者、学部や学科も軍事的安全保障研究とけっして無関係ではないのです。その意味からも、大学における審査制度やガイドラインの策定は重要ではないでしょうか。

また、社会構造の問題、社会と大学、大学と軍事研究、科学と軍事研究、そういった連関が問題であるというお話がありました。まったくその通りだと思います。とりわけ、私が懸念するのは、社会を巻き込む力においても、本来あったはずの自律性・自立性や自主性にかんしても、大学という場がその力を落としている、落とさざるを得ない状況にあるということです。そうした大学の現実すら、社会にきちんと伝えられていないことが問題です。

先ほどの報告のなかで、ふたつの声明発出当時の学術会議には大きな影響力があったという話がありました。その通りです。戦後の「学術の民主化」のなかで設立された学術会議は、「民主化」をめざす多様な市民活動とも協力、協調しながら、第一回総会で「科学者としての決意表明」を声明するに至りました。第一回総会の直前、一九四八年一二月に発表された「戦争と平和に関する日本の科学者の声明」、およびその後立ち上がった「平和問題談話会」はその好例です。この声明公表の場となったのは、岩波の『世界』（一九四九年三月号）ですが、その編集者である吉野源三郎氏は、学術会議設立メンバーとも親しい関係にあり、文字通り、戦後のジャーナリズムとアカデミズムの橋渡し役でした。アカデミズムと社会の間には、共有する事柄がいくつもあったのです。

それが今、変わってきたように見えるのは、両者をつなぐジャーナリズムの変質もあるのでしょう。新聞が読まれなくなったこととも関係があるかもしれません。それでも、われわれは、大学という場は、人文・社会科学という学問は、どうやって社会とつながり、対話するか、それを試行錯誤しなければなりません。軍事研究をめぐる諸問題は、今大学で、そして大学を拠点とする科学者、研究者たちに何が起こっているかを伝える素材としても重要なのです。たとえば、先のご質問にもあったように、大学への研究資金予算が毎年削減されているなかで、軍事研究予算が急増しているという不思議。数字のつじつま合わせとその矛盾も、社会や市民との対話の糸口になると考えています。

喜多　対話をできるようにするにはどうしたらいいかという話をきっかけにコメントさせていただきます。SDI構想の反対をする運動が盛んになった時に、CPSR（Computer Professionals for Social Responsibility）という先ほど紹介した組織が世論形成に影響力を持ちました。その成功の大きなきっかけとなったのが、MITで行われたシンポジウムだったんです。そのシンポジウムにはSDIに関係している協力している科学者と、それに反対する科学者、両方の立場の情報の技術者が一堂に会しました。それを、CPSRのコンピュータサイエンス研究者がちゃんとコーディネートできたんです。司会者が、「どの人も研究者として仲間だ」といううまい紹介をして、その中で「何でこうなっているのか」という議論をしたんです。

議論の内容は、マスコミにも出ました。印象的だったのはデイヴィッド・パルナス（David Parnas）という人です。彼は、CPSRに後から入った、もともとSDIの研究者として非常に高いお金をもらって研究を推進する側にいた人です。この人が、「自分は今まで軍事研究にいろんな形で協力してきている。そういう経験の上からも、今回のSDI構想は、ダメだと思う」ということとその理由を言い、その上で、自分が抜けたSDIの委員会に残った人と対話したんです。その時は糾弾ではなく、情報技術者としての立場でみんなで話そう、というシンポジウムだったのです。六〇年代の戦略的ミサイル防衛に対する反対運動の時にも、科学者同士がそうやって話し合うということがアメリカでは行われています。六〇年代の時の最初のミサイル防衛の反対という時には、ハーブ・ヨーク（Herbert York）という人が、軍にずっと協力してきた科学者だったのですが、反対の意見を述べる側に立ったのでした。

私は、物理学会の決議3を一九九五年にやめていくときの会長の挨拶を読みました。決議3というのは、ベトナム反戦で盛り上がった中で、物理学会が米軍資金をもらったことに対する反対が起きた後に出されたものです。「軍事研究には関わらない」という内容で、それを尊重することを学会でも毎回読んでいたようなものです。しかし九五年にそれの取り扱いを変更しました。

その説明にこのように書いてあります。「これまでは提出された論文等が軍事研究であるかどうかをめぐって議事会は多くの時間を使い、不毛な議論も多かった。それは軍事研究といえども基礎研究と連続的につながっており、境界を定めることができなかったからである。したがってこれからは、例えば武器の研究といった明白な軍事研究以外は自由であるということで、この困難を除いていこうということである。また、研究費が軍関係から出たり、軍関係者の研究から提出されても、その研究内容が明白な軍事研究でなければ拒否しないということであり、また論文の謝辞には軍関係機関が入っているから拒否するとか、学会は協賛、協力をする諸団体に軍関係者が若干名入っているからといって協力を拒否することはしないということである。これらはいずれも国際的な慣行に従って、国際対応するために必要なことであり、これまで理事会が対応に困難を感じていた諸問題であった」という説明をつけて、「内外を問わず、一切の軍隊からの援助、その他一切の協力関係をもたない」と定めた、決議3という物理学会の反軍事研究の立場の象徴的なものをの扱いを変更し、「例えば武器の研究といった明白な軍事研究以外は自由」としたわけです。

これはすごく大事だと思いっていて、「軍事研究は絶対にしない」という人と、「してもいいよね」の人は対話できないけども、「してきたけども、これはダメなんじゃないか」という形なら議論になるわけです。日本の場合、ちょっとでも軍事利用されたら終わりだ、黒に転じちゃったみたいなイメージがあるのが私はマズいと思っています。なぜなら、どの研究も軍事研究の可能性は絶対にあるんです。例えば第二次世界大戦中に暗号解読のために暗号解読者というものが作られました。それはネイティブ・アメリカンの人たちにも、暗号を作ってその人たちを連れてきて、その人たちで暗号の伝言をやったんです。それに、言語学者なり文化人類学者が関わらないわけはないんです。どんな研究をしていても軍事利用される時はされるんです。そこは連続なので、白黒はっきりできるみたいなイメージがあるのが一番よくない。対話を妨げる原因だと思っています。

山本　コメントありがとうございました。今の喜多先生の話とつなげて言いますと、確かにどの研究でも軍事研究の可能性があるわけだけど、ちょっとでも手を出すと「これで終わりだ」「クロだ」というような雰囲気がありますね。僕が報告したところでしたら、戦後民主主義という形で大きく括りましたが、戦争の反省とそこから導き出される平和主義があったから、学術会議がそれなりにパワーを持って、それなりに意見を通して原子力基本法に意向を載せ、歯止めになったということがありました。

しかしながら、他方で、戦後民主主義は、ちょっとでも軍事に関わると思われるということから対話を進まなくさせる側面もあったんだということがよく分かりました。質問していただいたのは、「社会が境界線をその都度見極めていくというが、その方法は」ということだったと思います。それは全然分からないです。

では、どうするんだというと、例えば、そもそも戦争というものの理解を変えて、見方によっては現在も戦時と言えなくもないというようなモデルを提示したらどうかなと思います。そう言うと、多分学生さんは引いちゃうし聞いてくれないんじゃないかと心配していますが。じゃあ、憲法の原理原則とかを言っても、学生さんはちょっと引いちゃうし、となると、現代社会の不平等の問題とか、民科みたいに資本主義は強く批判するわけではないけれども、さすがに今の資本主義はマズいよね、というような形での社会の不平等の問題。あるいは、何で原発を再稼働したいという人が出てきてしまうんだろうという問題。そういった問題から軍事の問題の階段を上がっていくような形で議論を積み重ねていくという方法しかないのかなと思います。もし「これだ」というものがあれば、そのほうがおかしい気もします。以上です。

石原　大学の自治の問題について一言だけ申し上げます。私も南原繁には賛成しません。ただ、それは別の文脈においてです。大学の自治を語るときの南原の視野は東大の自治、そこまで言わなくても旧帝大など一部のエリート大学の自治にしか及んでいないことは否めないためです。私は南原とは逆に、大学進学率の「マス」段階を経て「ユニバーサル」段階に至った現代における、大学の自治と学問の自由を考えないといけないと思っています。しかし、大学の自治と学問の自由を市民社会の自由や自治の一部に解消してしまうのは、やはり適切ではない。なぜなら、例えば「軍事研究についてはここまでは可」という世論が形成されたとき、研究者や大学はその世論に従って粛々と軍事研究に従事しなさいという結果になってしまいかねないからです。学問の自由や大学の自治が特に保護してきたのは、国家の政策や世論の大勢に反するような研究・教育を行う自由や、市民社会でマイナー化された社会問題などを扱う自由でした。したがって、大学の研究と教育の特性を市民社会一般の秩序に従属させる考え方には、あまり賛成できません。日本国憲法でも、学問の自由（二三条）が、思想・信教・表現の自由とは別立てで定められていることの意味を、ちゃんと考えたほうがいい。その上で、この軍事研究をめぐる自治の問題は非常に難しい局面にあることは、ご指摘の通りだと思います。

あと一言だけ。ナイーブなことをあえて言います。軍事のことを考える際に、境界線がない、私も本当にそう思います。私は左派系の雑誌『現代思想』の「戦後七〇年」の特集（二〇一五年八月号）に関わりました。中公新書『硫黄島』の最後のチャプターは、硫黄島民の墓参団に参加して硫黄島に上陸したときの紀行文なんですが、この紀行文の初出は『現代思想』の特集号に寄せた拙稿「解除されない強制疎開――「戦後七〇年」の硫黄島旧島民」です。島民の立場からみれば、防衛省・自衛隊を含む国家機構は、七〇年以上も「解除されない強制疎開」に事実上、加担している。けれども、この拙稿の謝辞には、墓参団に協力してくれた自衛隊の名が出てきます。このようないっけん「矛盾」に見えるポジションを研究者としてあえて引き受けること、はっきり線引きができない状況下で、研究者がどれだけ軍事組織や軍事的暴力への感度や想像力を持ち続けるのかは、外せない論点だと思っています。ありがとうございました。

伊藤　転換期の今だからこそ、学術のあり方を社会学する必要性がある。その時に、ミリタリー・センシティブな目で諸学を点検する作業が重要だとあらためて思いました。アメリカのコンピュータ・サイエンティストのsocial responsibilityの話で面白いと思ったのは、「僕はもうテニュアになったからやらないけども、若い人に関しては仕方がないかもしれない」というお話しでした。これはすごく重要だと思うんです。対応を白黒で閉じちゃうのではなくて、回路を開きながらダイナミックに対応を変化させながら問題を考えていくことが大切だと、今日のお話を聞きながら思いました。学術会議は、防衛省の紐付きの軍事研究をやめようと言っていますけども、他方で、もっと潤沢に研究費を出せという要求も当然しています。一方で、大学の交付金が削減されたりしていて、研究者の研究を支える資金の構造自体がすごく問題を抱えている。このことも、社会的に共有してもらわなければいけない課題だなと思います。もっと研究費をという訴えは必要です。

荻野　井野瀬さんのスライドに、防衛省が研究資金を出す制度への賛成は若手ほど多いとありました。二〇代、三〇代は過半数が既に賛成しているという結果が出ています。私の理系の友人は、岡山大学から別の私立大学へ移ったのですが、ほとんど研究環境自体が消滅しているということを、誇張もあるでしょうが言っていました。今の若手の研究者についても考えていかなければならないと思いました。以上です。

蘭　後半は超特急で議論をしていただきました。一点だけ、司会の私から紹介したいことがあります。

私は二〇〇八年から上智大学に移りました。そこは、国際関係論の非常に強いところです。しかも、かつて防衛研究所に所属していた先生が所属されてもいました。私が行った時には既に防衛省から派遣された学生を受け入れていました。毎年、ひとりかふたり研修で来ており、一年間の研究生を経て修士課程に入っていきます。ところがある時に、博士課程も含めて、かなり増えて四人ぐらいが同時に在籍しました。しかも全体として大学院生の数が減った。その時に防衛省関連の学生が増えすぎて問題になったのです。

問題は二点あります。一点は、防衛省の学生が来ると他の学生が萎縮して議論ができないという問題。それは、基本的には学問の自由と関わってきます。数名の教員からこの件で心配であり、受け入れるかどうか議論すべきだという疑問が出されました。私は国際関係論グループの中で社会学教育を担当しているのですが、私自身には京大時代の経験があり、また、伊藤先生などを中心とする戦友会研究グループの研究活動をそばで見ており、そこの影響を私は非常に強く受けていました。ですので、絶対に「排除してはいけない」と思っていたので、防衛省から来た院生さんたちに、私の「授業を受けに来い」と言っていました。どっちにしても彼らは誰かの授業を受けますし。受けるのだったら私の授業をちゃんと受けろ、そしてもっと視点を広めろ、というスタンスできました。彼らも、「この人はどんな人なのか」ということは分かってくれるわけです。そういう中で、「とにかく視野を広げろ」と言っていました。でも、これってひょっとして防衛省の実力を上げ、国力を上げることにつながるのではないかと。私はものすごいナショナリストなのかなと思いながらも。では、排除したら簡単に解決する問題なのかというと、私は違うと思うのです。かといって、積極的に受け入れるということ自体にはいろいろと問題があり、これはジレンマです。

西村　長時間にわたりまして登壇者のみなさんとフロアのみなさんと、こういった議論の場を設けることができて、研究会の代表を務めさせていただいている人間として大変ありがたく感じております。私も、いろいろと話したいことが山ほどあるのですが、それは禁欲します。ただひとつ、今日の感想として、私たちの社会の未来は灰色だということを感じました。何も悲観をしているということではありません。今日はよく線引きの話が出てきましたが、白か黒とか、そういう話ではなく、白に見えていたものはよくよく近づいて分析的に見ていくと、これは灰色だったんだと。また、黒だと思って遠ざけていたものの中には果たしてそれは自分の先入観だけで、黒として断罪していないかどうか。そこをもう一度立ち止まって問う姿勢が、研究者としては大事であります。なおかつ、石原さんのコメントの中にも「感度」とか「想像力」という話がありましたが、もうひとつ加えるとすれば、我々の分析の網の目というか、その精度を上げていくことによって、グレーというものの状況をきちんと把握していくことが大事だと。

そしてそれを単に我々が理解するだけではなくて、社会的に共有し、それを出発点として、どう問題意識の共有をはかれるかということが今後に向けて大事な作業ではないかというふうに感じました。今後は、今日登壇していただいたみなさんや、ここにお集まりのみなさんも含め、継続的に何かこうした議論を深めていくということが求められているのだろうと思います。

長時間にわたりまして本当にありがとうございました。登壇者のみなさんに拍手でもって感謝の意を表したいと思います。どうもありがとうございました。

（文責　編集委員会）

特集2　井上義和著『未来の戦死に向き合うためのノート』をめぐって

井上義和著『未来の戦死に向き合うためのノート』をめぐって

——特集企画について

浜井和史（帝京大学）

本特集では、二〇一九年一〇月一九日、帝京大学八王子キャンパスにて開催された戦争社会学研究会二〇一九年度第二回例会「井上義和著『未来の戦死に向き合うためのノート』合評会」を取り上げます。

井上義和氏（帝京大学・一九七三年生）の著書『未来の戦死に向き合うためのノート』（創元社、二〇一九年。以下、本書）は、戦争と社会との関係を考えるうえで避けては通れない、しかしながら、戦後の日本社会が直視してこなかった「未来に起こりうる戦死」という機微なテーマを真正面から捉えたものです。そもそも何が問題かという原点から丁寧に説き起こし、的確に論点を整理して、学術的観点から今後の議論の見取り図を示した本書は、「特攻の自己啓発的受容」という現代の特攻受容への新視点を提示するとともに、「未来の戦死」をめぐる議論を新たな段階へ導く役割を果たしているといえます。

井上氏が本書のテーマについて世に問い始めた二〇一五年前後は、集団的自衛権の行使容認に関する閣議決定から安保法制の成立へという流れの中で、自衛隊の「戦死のリスク」の問題に対する社会的関心が高まった時期と重なっています。しかし、国会においては本質的な議論は回避され、メディアでも一過性の話題に終わりました。社会的な関心は移ろいやすく、井上氏が指摘するように「私たちの社会は、いつものように、何事もなかったようにスルーを決め込んでい」るというのが現状です。

他方、本書のテーマをめぐっては、二〇一六年四月に開催された本研究会のシンポジウム（「ポスト「戦後七〇年」と戦争社会学の新展開」）で井上氏が報告し、その時のコメンテーターの蘭信三氏（上智大学・一九五四年生）との応答を経てさらに展開したという経緯があります。また、その際の議論を踏まえて、二〇一七年に刊行された『戦争社会学研究』創刊号には、井上氏と蘭氏の論考がそれぞれ掲載されています。

それからさらに二年が経過し、井上氏がこのテーマに関する考えをアップデートするかたちで本書にまとめられたことを機会として、本研究会では合評会が企画されました。合評会では、蘭氏に加え、那波泰輔氏（一橋大学院・一九八九年生）、中山郁氏（皇學館大学・一九六七年生）という世代の異なる三名の評者にそれぞれの視点から本書を読み解いてもらい、それに著者の井上氏が応答するかたちで行なわれました。限られた時間ながらも、フロアとの質疑応答も活発に行なわれ、本書への関心の高さをうかがわせるものでした。

本特集では、合評会で登壇された評者のうち、那波氏と中山氏の書評論文及び合評会における蘭氏のコメントも踏まえた井上氏のリプライ論文を掲載します。社会の動向にかかわらず、井上氏の問題提起を契機とした「未来の戦死」をめぐる議論の継続と蓄積が、将来における建設的な議論のための基盤となることを期待します。

研究者は特攻の自己啓発的受容をどう受け止めていくのか

――「わかりあえない人びと」を「理解をする」ということ

那波泰輔
（一橋大学大学院）

一、語ることができる「言葉」

二〇一九年一〇月一九日に戦争社会学研究会例会でおこなわれた井上義和『未来の戦死に向き合うためのノート』（創元社、二〇一九年）の合評会では、さまざまな視点から議論がなされた。

当著書に対する評価は、その立場によって異なってくる。その立場とは、端的に言えば、特攻の自己啓発的受容をする人びとを許容するか否かということだろう。

当著書への主要な批判のひとつは、「井上が指摘している特攻を自己啓発的受容する人びとは、歴史を知らないナショナリスティックな思想を持った人びとにすぎないのではないか」という指摘であった。歴史を知っていれば、特攻隊員を賞揚して彼らに無批判に涙を流すことはなく、自己啓発的受容をするのは歴史的知識の欠如からきており、加害者であった特攻隊員を好意的に捉え共感していくことは、加害者意識のない単なる愛国的な行為なのではないか。

合評会では、特攻隊員が加害者であったことも言及された。つまり、歴史を正しく学んでいれば、特攻隊員が加害者であることは自明のことであり、アジア諸国の被害者の感情を無視して、特攻隊員に共感することにはならないということである。

だが、研究者の立場からみて、ナショナリスティックにみえるとしても、彼・彼女らがどのような過程や思考を通して、愛国的とみえる行動をしているのかを考察していくことは重要なことである。彼・彼女らを愛国的であると仮定し、「わかりあえない人びと」とするにしても、なぜそのような方向へといったのかを分析することで、その方面からの愛国心の形成の過程を明らかにし、また、ナショナリスティックな方向へと人びとが引き寄せられることを立ち止まらせていくことができるだろう。彼・彼女らがナショナリスティックであるか否かは留保するにしても、ただ歴史を知らない、愛国的な心性を持つ人びとと切り捨てるのではなく、ではなぜそのように見える行動をとっているのかを論じていくことは必要なことである。

伊藤昌亮は、「ネット右翼」に対する見方は二つの方向があったとして、一つは攻撃的なイメージに沿った「怪物」であり、もう一つは滑稽で醜悪なイメージに沿った動物であったとする。こうした見方は、彼らを「理解不能な存在」として捉えようとしているという[1]。伊藤は「ネット右翼」を「人間」として捉えることも可能だとし、ネット右派論壇が形作られていった経緯をつまびらかにし、彼らのなかにある人間的な次元に呼びかけていけば、彼らを理解し、その一部と対話することも可能になるのではないかと述べている[2]。自己啓発的受容をする人びとに、肯定的であれ否定的であれ、彼・彼女らがそのように行動をするにいたった経緯を探っていき、まずは理解することが大事なのである。より実態を把握するためには、その倫理的な問題と実相や構造を分けて考えていく必要がある。

自己啓発的受容をする人びとを、「歴史を知らない無知な愛国者」とせずに、彼・彼女らの言動を分析していくことは、ふたつの意義がある。ひとつはどのような心性が人びとをそう動かすのかである。これは、そうした心性を醸成した社会や環境、組織の実相を明らかにすることでもある。人びとの心性をみていくことは、「誰が」そうした思想を持っているのかから、そうした思想にいたった彼・彼女らを取りまく社会などの「何か」を探求することでもあるのだ。もうひとつは、研究者自身の視点を問い直すことである。ある事象や対象を既存の枠組みで定型化してしまうことは、そうなるにいたった人びとの営みを捨象してしまうことでもある。もちろん、研究をするうえで定型化をしていくことは、避けられないものではあるが、だからこそ研究者はつねに自身の見方について問い続けなければならない。
井上は、「下からの感謝」を悪用から護るためにこそ、特攻の自己啓発的受容にみられるような利他的な力への変換を受け入れることを主張している[3]。特攻隊員の遺書が読み継がれるのは大切な人の幸せや祖国の未来が読み込まれるからであり、大切な人の幸せと祖国の未来のために命を捧げた特攻隊員に感謝する「下からの感謝」は、特攻隊員から命のタスキを受け継ぐことを意味する[4]。「下からの感謝」が悪用にも転用にも可能であるからこそ、感情動員のような悪用に流されないために、「無批判に肯定するのではなく」、「包摂的に語る言葉を鍛える」のである[5]。これは、自己啓発的受容をしている人びとに、彼・彼女を受け入れる「言葉」への水路を作っていくことでもある。

ネット右派のなかには、自分たちの思想を語る「言葉」がなかったことで、右派の言説に取りこまれた人びとがいた。伊藤は、権威的なリベラル派に対する反権威主義的な心性をもつ人びとは、「確固たる自前の言葉をもっていなかった」ために、「保守の言葉」にからめとられていったことを指摘している[6]。反権威主義的な心性をもった人びとは、それを語る言葉がなかったがゆえに、ネット右派の方向へとすすんでいくことになった。自己啓発的受容をする人びとを、研究者の側から愛国的であると断罪することは、彼・彼女らから自己啓発と平和への想いが両立する「言葉」を奪い、右派言説を語らせていってしまう可能性もある。

「下からの感謝」が悪用される可能性があるからこそ、研究者は彼・彼女らを否定せずに、彼らが語っていくことができる「言葉」を開いておく必要があるのだ。

二、未来の戦死と戦争社会学

井上による未来の戦死に関する提起をふまえて、未来の戦死を問うことによって、どのような研究のあり方がみえてくるのかを考えていく。

井上は、未来の戦死は「想像することそのものが抑圧されてきた領域」であると述べる[7]。井上が意図していることは、ひとつは、今後起こるだろう未来の戦死について探求することで、私たちが戦死とどう向き合っていくかを志向していくこと、もうひとつは、これまで未来の戦死について議論がほとんどなされてこなかったことから、アジア・太平洋戦争後の日本において戦争がどう論じられてきたか、戦争を論じる人びとがどのような認識を持っていたかを考えようとすることである。

ここでは、後者を中心に論及していきたい。戦後日本で、戦争がどう論じられてきたかを問うことは、敷衍すれば、戦後日本で平和というものがどう捉えられてきたかを考えることにもつながっていく。

井上が論の中心に据えている、ゴジラ論を書いた加藤典洋も、戦争が、戦死者がどう論じられてきたかをみることと併進して、平和がどう捉えられていたのか、日本の平和主義がどのようなものであったのかも、みようとしている。

加藤は、二〇一七年五月におこなわれた日本哲学会のワークショップ、『戦後』再考——加藤典洋『戦後入門』を手がかりに」で、日本の平和主義について次のように述べている。日本の平和主義、平和思想は、「論理的でなくとも被害者意識一辺倒でも、平和のほうがよ」く、「戦争はこりごり、という、非論理性を特徴」としているとして、そうした「論理的不整合さ」を戦後日本の平和思想の本質と考えることができるとする。[8] 加藤のゴジラ論や敗戦後論をふまえると、加藤がここで主張する「非論理性」とは、議論を丹念にせずに戦争は嫌だという感情で平和思想や運動などを推し進めているとも捉えることができる。議論をせず、済ましてしまっているという考えがある。

戦争倫理学の眞嶋俊造は、「戦争は嫌だ」という感情は重要だが、それは出発点でしかないとする。もし本当に戦争が嫌なのであれば、「嫌だから、どうすべきなのか、何ができるのか」と、「嫌」の先にある何かを求めて、もう一歩踏み出す必要があると言う。[9] そして、「戦争が嫌なひとこそ、嫌だからこそ戦争について考えていかなければならない」とし、もし「戦争について考えない」のなら、「いかに戦争を利用しようかと考えている人たちに騙され、丸め込まれてしまうかもしれ」ず、「そうなってしまった時点では手遅れになってしまう」かもしれないと指摘している。[10] このようなことにならないためにも、戦争や未来の戦死について考えていくことの意義がある。

加藤はゴジラ論で戦後日本が戦死に向き合ってこなかったとし、どう戦死と向き合っていけばいいのかを述べ、井上は未来の戦死が問われなかったことを指摘し、未来の戦死をいかように考えていくかを提起する。私たちが、未来の戦死について考えることは、逆に言えば、なぜそれが問われてこなかったかを問うことでもある。それは、加藤が言うように、日本の平和主義や思想、運動がいかなる構造をもっていたかを明らかにすることでもある。

また、軍事や戦争は、「平和」や「平時」に関わるものでもある。野上は、「軍事」は「平時」にも存在しているとして、「軍事」は「戦時」に限らず、「平時」に暮らす私たちの営む社会の一部をなしているとし、「軍事は『平和の維持(安全保障)』をその目的に掲げる社会領域」であり、「戦争・戦時／平和・平時」の双方に関わる社会領域」であると指摘する。[11] このように、戦争や軍事の研究は、私たちの日常、そして「平和」と想定されている領域を探求することでもある。

戦争を通して平和を問うことは、平和教育などについて疑問に思っている人びとに対して、応えるものになる。二〇〇四年の朝日新聞に出された平和教育に関する若者の投書をみてみたい。[12] そこには、「若者は平和問題に無関心だといわれるが、原因は平和教育の内容にあるのではないか。中学まで受けてきた平和教育は『戦争は悪い』というだけで『なぜ悪いのか』を考えさせてくれる先生は、ほとんどいなかった。そのため、まじめに考える人を除いて、多くは『よくわからないが、戦争は悪いものらしい』という認識だけが植え付けられる」と書かれている。平和の重要性を若者に伝えるためには、平和を考える際に、戦争がなぜ悪いのか、戦争とは何であるのかを考えていく必要がある。

戦争社会学は、戦争を問うことで、ある分野や運動、思想で戦争が問われなかったことも論じていくことができる。それは、人びとがなにを戦争と考えているかであり、またそれによってなにを平和と捉えているかを明らかにすることでもある。日常や平時における軍事の捉え方も、もちろん平和の認識と関わっている。

井上が提起する未来の戦死を考えることは、私たちに戦争について熟慮させることでもある。そして、そのことは、軍事が構成している「平和」を捉えなおし、そこに生きている私たちの日常の営みを明らかにしていく「社会の探求」でもある。未来の戦死を考えることは、戦争、戦時、軍事、平時、平和、日常、そして私たちの営みをとらえ返していくことにつながる。

三、動画サイトにおける特攻隊員の遺書受容

次に、脱歴史文脈化について分析をしてみたい。知覧の特攻受容は歴史認識の脱文脈化がなされた結果でもあった。井

上が歴史認識の脱文脈化のひとつとしてあげていた、動画サイトにおける特攻隊員の遺書の受容を考察していく。

YouTubeを例に、動画サイトにおける遺書集受容と歴史認識の脱文脈化をみていきたい。ここでは、「神風特攻隊員たちの遺書」（以下「神風」）と、「特別攻撃隊〈最後の手紙〉」（以下「特別」）のふたつの動画を対象にする。[13]

まず、ふたつの動画の動画紹介文についてである。動画紹介文とは、動画投稿者による投稿した動画への説明文のことである。YouTubeにおける動画紹介文は、基本的に動画が流される画面の下に表示される。「神風」の紹介文は、「ニコ動転載品一人PCの前でボロボロ泣いたのを、勢いで転載しました。ニコニコに本家さんの動画が同タイトルでありますので、よろしければどうぞ」となっている。ニコ動・ニコニコとは、ニコニコ動画という動画サイトの略称である。「特別」の紹介文は、「探したのですが、YouTubeに見当たらなかったのであげさせて頂きます。右も左も関係ありません。善も悪も知りません。ただ英霊に感謝するだけです。議論する気はありません」と書かれている。YouTubeにはその動画への評価とコメントができ、その動画に占められるコメントによっても、動画に対する視聴者の印象が変わっていく。それをふまえると、「神風」では、感情に訴えかける文章となっており、この文章からは、投稿者が視聴者と感情を共有したいという考えがみてとれる。ここでは、歴史認識に関する知識は完全に切り離され、感情が優先されている。井上が指摘する、「知識と感情の乖離」がおこなわれているのである。「特別」のほうではそれはさらに顕著になっている。「右も左も関係ありません。善も悪も知りません。ただ英霊に感謝するだけです。議論する気はありません」と、歴史認識、政治的・社会的背景に位置づけて動画をみることを抑制するような文章になっている。とくに「議論する気はありません」とあるように、歴史認識の知識と感情をつなげようとする人びとを拒否するような文章である。遺書集をながす動画では、まず動画の紹介文において、歴史認識の脱文脈化がうながされているのである。

上述のように、動画サイトでは遺書集の歴史認識の脱文脈化がおこなわれていた。では、遺書集や戦争体験記、兵士の手紙というメディアがどのように歴史認識の文脈化をおこなっていたのだろうか。野上は、長野県栄村戦争体験記が編まれていく過程に着目し、村民が書いた原稿は校正され、「中国」「シベリア」「南方」「内地」の四つのカテゴリーにわけられ、作り手側の意図により、「多様性」が用意されていることを明らかにしている。[14] 遺書集や戦争体験記などは、メディアの送り手によって、事前に歴史認識の文脈に位置づけられるのである。

遺書集や戦争体験記、兵士の手紙が従来、歴史認識の文脈に位置づけられて出されていたことを表す事例として、「農民兵士論争」があげられる。「農民兵士論争」とは、岩手県農村文化懇談会によって、農民兵士の手紙がまとめられた『戦没農民兵士の手紙』の「まえがき」や「あとがき」をめぐってなされた論争である。[15] ここで重要なことは、遺書集や戦争体験記、兵士の手紙は、「まえがき」や「あとがき」によって、歴史認識の文脈の俎上に載せられていたことである。もちろん、受け手、読み手も、歴史認識の文脈にのせて読んでいたということもあるが、こうしたメディアにおける、「まえがき」や「あとがき」といったものは、歴史文脈に位置づけることをより促していったと考えられる。

動画サイトには、遺書集などに書かれるような「まえがき」や「あとがき」は基本的にはない。もちろん、上記であげたように、動画の紹介文で書くことはできるが、「まえがき」や「あとがき」ほど字数を書くことはできないだろう。逆に、書かれる場合でも、如上のように、歴史認識の脱文脈化を受け手にさせるような文章が書かれている。

従来のメディアでは、「まえがき」や「あとがき」などによって、歴史認識の文脈におかれていたものが、動画サイトなどのメディアでは、そうした部分が割かれず、また動画紹介文に書かれる場合でも、歴史認識の脱文脈化、知識と感情を切り離し、感情を優先させるように、文章によって促していく。

歴史認識の脱文脈化は、動画のコメントによっても促進される。井上は、戦中世代の退場により、「死者に対する負い目は、ネガティブな抑圧過剰から、死者に対する感謝と未来への利他・継承というポジティブな使命感へと置き換わりつつある」と指摘しており、[16] これは動画のコメントをみてもわかる。「神風」のコメントでは、「低評価とかクソコメント書く人頭おかしいだろ。どんだけつらい思いで突っ込んでったかさ…涙が止まらん」とある。ここで言われている「クソコメント」とは、特攻隊員が加害者であったことや、日本が侵略戦争をしたことを指摘するコメントのことである。歴史認識で特攻隊員の遺書をみることは、「悪い行為」とされる。また、「どんだけつらい思いで突っ込んでったかさ…涙が止まらん」とあるように、ここでは歴史認識の知識から、特攻隊員に対する感情を編成していくことは否定される。歴史認識の知識を抜きにして、特攻隊員の感情に寄り添うことが求められる。「特別」では、「それぞれが思うように感じれば良いと思う。でも他人に不快感を与えるようなことはコメントしなくても良くないですか」とある。「他人に不快感を与えるような」コメントも、「神風」と同じように、歴史認識にそくして特攻隊員を捉えることである。この動画においては、歴史認識の文脈から考えてコメントすることは、「他人に不快感を与える」コメントとされる。このように、動画のコメントは、視聴者に歴史認識の脱文脈化を促していく。

動画サイトでも、自己啓発的受容をしている人びとは見受けられる。「神風」のコメントでは、「語彙力、文章力が現代の若者より遥かに上回ってることに驚いた。俺ももっと真面目に生きます…」とあり、動画を通して、活入れがおこなわれている。「特別」では、実際に知覧に行った大学生が「2019年の春休みに知覧に行ってきました。今私が生きているのは先の大戦で犠牲になられた方々が必死になって守られた日本があるからだと思いました。日々悔いのないように過ごしていきます」とコメントを残している。知覧を通して自己啓発的受容をした人びとが、動画サイトによってさらに活入れをするという構造が表れている。そして、ここでは、「個別的・偶発的に発生する人格ベースの枠組みで、命のタスキを受け取ってしまう人たちが少数であっても一定数出現する」という〈遺志の継承〉も看取できる。[17]

井上は、「下からの感謝」を悪用から護るためこそ、特攻の自己啓発的な受容にみられるような〈利他的な力〉への変換を受け入れることを提唱している。[18] これに関して、次の動画のコメントのやり取りから考えてみたい。少し長くなるが引用をしよう。このコメントは「神風」に書かれたものである。

> 神風特攻隊員は可哀想だったとか、気の毒だったとか言う年配の人が私の近くにいる。私もあるものを読むまではそのように漠然と思っていた。そのあるものとは特攻隊員が遺した遺書である。直筆の遺書を拝読したのだが正直はじめは信じられなかった。目を疑った。こんな事は親にも、学校でも教わる事がなかったのだから。（中略）戦争を呪い憎んだであろうが、それも宿命として受け入れざるをえなかった人達に、後から産まれた世代が

口を出すのはおこがましい。ただ家族の為に祖国の為に戦った戦士達、勇者達に敬意を表するだけでいいと思う。戦争には負け大勢の人達が民間人も含めなくなったが、英霊達の魂は我々の心の中で現在も生き続けている。そして日々精進して生きよと背中を押してくれるのである。私は平和を愛し、戦争には断固反対する。しかし、もし今後我が国を侵略せんとする国現れたらその時は、英霊の御霊に恥じぬよう私も戦う

「後から産まれた世代が口を出すのはおこがましい」というのは、上述のように、歴史文脈から特攻隊員について述べることだろう。「そして日々精進して生きよと背中を押してくれるのである。私は平和を愛し、戦争には断固反対する」とあり、歴史認識の文脈から着脱した感情ではあるが、平和を愛すると書かれている。このような人びとに、もし歴史認識から見ていないと批判したら、態度を硬直化するかもしれない。「しかし、もし今後我が国を侵略せんとする国現れたらその時は、英霊の御霊に恥じぬよう私も戦う」とあるように、平和を愛しながらも、右傾化の傾向もみてとれる。ここで、彼・彼女らの歴史認識を批判した場合、こちら側を理解してくれない人びとと認識をしてしまうことで対話の可能性が断たれ、右翼や保守層に取りこまれてしまう可能性がある。

そして、このコメントに対する返信に着目したい。このコメントには「私も戦う」という、状況によって戦争を肯定するとも受け取れる部分に他の視聴者から応答がなされている。「戦争だけは無しで。侵略に対して戦うというのはこの惨事をもう一度続けようといってもいるんじゃないのか？　だとしたら全くこの動画から学べていないな」と返信がある。ここでは特攻隊員からタスキを受け取ったと感じた人が、そのタスキを平和と考えて、戦争を肯定するコメントを批判している。「タスキを受けとった」と感じる人びとの感情を否定せず、彼・彼女らに平和への理路をつくることが重要と言えるだろう。自己啓発的受容する人びとの歴史認識の欠如を批判するのではなく、彼・彼女らが特攻隊員から受けとった感じたことを、まずは否定しないことが肝要である。

「戦争体験」の継承は右派的な方向によってもなされてしまう。遠藤美幸は、元兵士の「戦争体験」を聞きにくる一部の若い世代が、勇猛果敢に戦場を戦い抜いた語りを求めて聞きに来ることを指摘しており、右派的な「戦争体験」の継承の仕方があることを危惧している(19)。このような右派的な方向

に、自己啓発的受容をする人びとを流さないためにも、まず彼・彼女らが抱いた感情を断罪しないことが必要となる。

四、「理解をする」ということ

「理解をする」ことは、相手の主張をすべて受容し、賛同することではない。たとえ、立場が違えども、彼・彼女らがどのようにしてそうした思想・行動にいたったのかを、わかろうとすることである。わかろうとする態度は、対話の可能性を拓く。こちらが「理解できない」としてしまうことは、対話への道を断ってしまうことでもある。たとえ、相手が対話をしようとしなくとも、こちらが「理解」をしようとし、対話への道を「開い」ていれば、彼・彼女らもこちらの意見へと耳を傾ける可能性は残される。「理解をする」ことは、対話を「拓い」ていくことである。

注

（1）伊藤昌亮『ネット右派の歴史社会学――アンダーグラウンド平成史1990―2000年代』（青弓社、二〇一九年）二三頁。

（2）同前、二五頁。

（3）井上義和『未来の戦死に向き合うためのノート』（創元社、二〇一九年）二二八頁。

（4）同前、二一九～二二一頁。

（5）同前、二三一頁。

（6）伊藤、前掲、一四五頁。

（7）井上、前掲、三八頁。

（8）加藤典洋「五月の「『戦後』再考」ワークショップを思い出す」（『みすず』、二〇一七年）六六四：二四頁。

（9）眞嶋俊造『平和のために戦争を考える――「剥き出しの非対称性」から』（丸善出版、二〇一九年）七頁。

（10）同前、九～一〇頁。

（11）野上元「「戦争社会学」が開く扉」（『戦争社会学研究』第一巻、二〇一七年）二七～二八頁。

（12）「考えてみよう、戦争なぜ悪い　若い世代」（『朝日新聞』二〇〇四年一一月八日朝刊）。

（13）「神風特攻隊員たちの遺書」https://www.youtube.com/watch?v=_QOXodCXpTs（最終閲覧二〇二〇年一月一九日）、「特別攻撃隊〈最後の手紙〉」https://www.youtube.com/watch?v=LCdzGDaJKpg（最終閲覧二〇二〇年一月一九日）。

（14）野上元『戦争体験の社会学――「兵士」という文体』（弘文堂、二〇〇六年）二二九頁。

（15）赤澤史朗「「農民兵士論争」再論」（『立命館法学』第二七一・二七二、二〇〇〇年）六二一～六四七頁。

（16）井上、前掲、一八四頁。

（17）同前、二〇四頁。

(18) 同前、二三八頁。

(19) 遠藤美幸「「戦友会」の変容と世代交代——戦場体験の継承をめぐる葛藤と可能性」(『日本オーラル・ヒストリー研究』第一四号、二〇一八年)一八頁。

参考文献

福間良明・山口誠編『「知覧」の誕生——特攻の記憶はいかに創られてきたのか』(柏書房二〇一五年)。

広岡守穂編『社会が変わるとはどういうことか?』(有信堂高文社、二〇一九年)。

伊東祐吏『戦後論——日本人に戦争をした「当事者意識」はあるのか』(平凡社、二〇一〇年)。

加藤典洋『敗戦後論』(筑摩書房、二〇一五年)。

加藤典洋『戦後入門』(筑摩書房、二〇一五年)。

加藤典洋『敗者の想像力』(集英社、二〇一七年)。

加藤典洋『どんなことが起こってもこれだけは本当だ、ということ——幕末・戦後・現在』(岩波書店、二〇一八年)。

牧野智和『自己啓発の時代——「自己」の文化社会学的探究』(勁草書房、二〇一二年)。

牧野智和『日常に侵入する自己啓発——生き方・手帳術・片づけ』(勁草書房、二〇一五年)。

松元雅和『平和主義とは何か』(中央公論社、二〇一三年)。

松元雅和「現実主義/平和主義理論における理想と現実」(『平和研究』四三号、二〇一四年)。

西村明「シズメとフルイのアップデート」(『戦争社会学研究』第一巻、二〇一七年)六五~七二頁。

野上元「テーマ別研究動向(戦争・記憶・メディア)——課題設定の時代被拘束性を越えられるか?——」(『社会学評論』六二巻二号、二〇一一年)二三六~二四六頁。

岡本亮輔『聖地巡礼——世界遺産からアニメの舞台まで』(中央公論社、二〇一五年)。

須藤廣『ツーリズムとポストモダン社会——後期近代における観光の両義性』(明石書店、二〇一二年)。

寺田俊郎「あるアメリカ人哲学者の原子爆弾投下批判」(『PRIME』三一号、二〇一〇年)一〇九~一一八頁。

吉見俊哉『メディア文化論——メディアを学ぶ人のための15話 改訂版』(有斐閣、二〇一二年)。

「未来の戦死」と「過去の戦死」

――井上義和『未来の戦死に向き合うためのノート』を読んで

中山　郁
（皇學館大學）

はじめに

本書の概要については評者の先生方も、フロアの皆さんも重々承知のことゆえ改めては述べる必要はない。しかし、筆者なりにその内容を概観するならば、「「未来の戦死」に向き合う」という著者の主張は、直接には現実性をこれまでになく帯びてきた自衛隊の海外派遣において生じるであろう「戦死者」を、いかに社会全体で受け止めるのかを出発点としている。そのうえで、この「戦死者」が生まれるリスクをどう考えてゆけばよいのか、という叩き台を示すことにより、戦後の日本社会が忌避し、抑圧してきた「未来の戦死」への想像力を呼び起こし、その議論の歯車を回すことを目的として著されたのが本書といえよう。具体的には、著者の言葉を借りれば、過去の戦死だけではなく未来の戦死も宙吊りされている現代日本の状況のなかで、「どのような戦死なら私たちは受け入れられるのか」[1]という条件的思考を手掛かりに、未来の戦死への想像力を取り戻すことが目指されているのである。そのために、過去に見られた「特攻」と、それをめぐる戦死を現代人が受容してゆくありかたとして、特攻基地観光で知られた知覧の訪問者にみられる「活入れ」現象について報告したうえで、感情資源として特攻隊員の想いが参照され「特攻の自己啓発的な受容」がなされていることを指摘する。

そのうえで、特攻と自己啓発という組み合わせが、「下からの感謝」の念を〈利他的な力〉に変換するメカニズムにより支えられていることを解き明かしている。これに加えて戦死を肯定する上からの犠牲の論理による悪用を防ぐため、我々が民俗的な知恵により戦死者を包摂することで、これを牽制することが提案されている。

本書を読み、筆者が最初に受けたのは、扱うテーマとその切り口の斬新さと新鮮さ、そして事例そのものへの驚きであった。とはいえ、その圧倒される衝撃が収まった後、少し冷静な気持ちで読み返したときに感じたのは、ゴジラの比喩により示されるような「過去の戦死」も「未来の戦死」も、ともに「宙吊り」された状況を脱するためには、まずは「過去の戦死」と向き合うことがそのカギとなるのではないか？ということである。なぜならば、未来の戦死を「包摂」するためには、過去の戦死を「包摂」しなければ叶わないし、そのために著者は知覧の事例を取り上げていると思われるからである。そこで考えなければならないのは、まず、著者の狙い通りにこの問題に関する議論を呼び起こし、それを深めるためには、果たして知覧をめぐる特攻戦死者と訪問者との関係性だけでとらえることが、議論の妥当性とより広範な人々の納得を生むのであろうか？ 次に、死者をモデルとし、自己の新たに生きる力を生み出すという「活入れ」という本書の重要なキーワードについては、その歴史的な経緯を踏まえて論じるほうが議論を深めるためには有効性があるのではないであろうか？ そして〈利他的な力〉を国家による悪用から守る仕掛けとして、戦死者を包摂する「民俗的な知恵」の重要性が謳われているが、死者と向かい合う民俗とは、いかなるものであり、それは「靖国神社のような近代的な国家神道制度」と対置されるものなのだろうか？ ということである。そこで、以上の三点に的を絞ったうえで、著者の示した議論について考えてみたい。

一、「活入れ」の系譜

まず、戦死、または何かの価値観のために死ぬことを日本人が考えてこなかったわけではない。むしろ、近世を通じて日本人は死のあり方を考え、それを受け入れる――著者の言葉でいえば「引き受ける」――ことを繰り返してきたといえるのではないだろうか。例えば、太平記の流布に伴い楠正成の戦いとその死のありようが武士や庶民に好まれていったことや、赤穂浪士の討ち入りとその死に人々が身分差を超えて喝采と涙を贈ったことはよく知られている。彼らは、歴史上や、同時代に起こったこれらの死を受け止めるとともに、未来に起こりえる闘争時の死を、忠義のために命を捧げるという枠組みの中で肯定的に捉えようとしたと考えられるのである。

さらに、こうした「忠」という概念を未来の望ましい死に方として許容し、或いはそれを目指す志の希求——誤解のないように述べるならば、死そのものに価値を求めるのではなく、望ましい命の用い方、という意味であるが——としては『葉隠』の存在が夙に知られているものの、これに加えて我々は一連の「正氣歌」の存在を挙げることができよう。この歌はもともと、南宋の忠臣、文天祥の作による漢詩である。彼は元軍に捕らえられた後も元朝への仕官を肯んじず南宋の臣として節義を全うして処刑された人物である。この、死を賭しても節を曲げずいわば「忠死」を遂げた彼の士操を見習い、幕末から明治期にかけて藤田東湖・吉田松陰・橋本左内・広瀬武夫等が同様のテーマで漢詩をものしている。それらは大まかには、文天祥の節義を自身の志操の根源としながら、日本における同様の事例——和気清麻呂や太平記の南朝忠臣、赤穂義士等——を挙げ、自らもその意志を継承せんとの気概を表明するという内容でおおむね共通している。ことに藤田東湖による「天地正大の気」から始まる「正氣歌」は、尊王攘夷運動家を含む幕末の人士に愛吟され、大きな精神的影響を与えたとされている。この場合、未来の死（戦死）として望ましい、或いは本人が得心する死の在り方として、「忠死」というモデルが提示され、多くの人々に影響を与えていたということができよう。

こうした忠義の志により倒れる（即ち戦死）も敢えて辞さない先人の想いを尊び、それを受け継ごうとする一連の思想を、仮に「忠死の系譜」と表現するならば、先人からのメッセージを自身への賜物として受け入れる「活入れ」と類似の構図を読み取ることが可能であろう。さらに言えば、本書の中でも言及されている、特攻戦死者の遺書に見られる忠君愛国的な言辞は、これらの「忠死の系譜」に基づき織りなされた規範的なものであったともいえる。つまり、「活入れ」とは、現代の知覧に見られるものというよりも、近世から存在したといえ、また、特攻隊員たちの遺書とは、こうした近世以来の「活入れ」の延長線上にも連なるものであるからこそ、新しい「活入れ」を生み出す種子をその中に含んでいるものと考えられるのである。

以上のように考えるならば「活入れ」に関する議論は、ふたつの可能性を持つこととなる。すなわち、まずこの現象が、必ずしも知覧に見られる特殊な事例ではなく、むしろその歴史的な背景をも検討したうえで考察する必要があること。ついで、近代に先立つ近世人が「「ちょうどいい、節度ある、穏健な」戦死観」[2]をどのようにとらえていたのかを通じ、未来の戦死を近代以前の過去と結び付けて考察することを可能にするかもしれない。

ただし、ここで注意しなければならないのは、「「ちょうどいい、節度ある、穏健な」戦死観」というものが果たして存在し得るのか、という点である。実際に未来の戦死とは、特に近代戦以降は時代ごとの「ちょうどいい、節度ある、穏健な」戦死観を裏切るものであったのではなかろうか。たとえば、独立戦争モデルの戦闘と戦死を想定し出征していった南北戦争の兵士たちが直面したのは、数分で八〇〇〇の人間が将棋倒しに死んでゆく近代戦の嵐であったし[3]、「天皇陛下万歳」を唱える勇壮な名誉の戦死を想定していた日本軍将兵が直面したのは、飢えと病による行き倒れか、圧倒的な敵の力の前になすすべもなく殺されるだけの戦場であった[4]。つまり、「戦死」とは、戦死観が定まっていれば向かい合えるようなものではなく、むしろ、その死の在り様こそが人の心にインパクトを与え、戦死者自身はもとより、生還者や遺族に耐え難い傷を残すのではないだろうか。とくに二〇世紀的な戦争が想定しがたい近未来戦においては、穏当な死のありかたとは、考えてもよいが、その想像を超えるものとなることが考えられる。もしその想像を超えた死が現出した場合、研究者はそれをどのように語ればよいのであろうか？

二、つながるタスキとつながらないタスキ
――特攻戦死者と東部ニューギニア戦没者

さて、以上のように見てゆくと、タスキを受け継ぐという事例は日本の近世史にもみられるわけであるが、このこと自体は本書で示された知覧とそこをめぐる人々を検討する価値を損なうものではない。しかし、筆者が少々引っかかるのは、著者が「贈与」と表現した現象が、なぜ知覧の特攻戦死者に見られる現象であり、他の戦地で戦没した人々にそのすそ野が広がらないのか、という点である。逆に言えば、なぜ、特攻戦死者だけが、あるいは、なぜ、知覧だけが、そうした自

己啓発的な、西村明氏の言葉を借りれば「フルイ」の場になりうるのか、という点である。(5)

というのも、筆者が調査や慰霊巡拝への同行を続けてきた東部ニューギニア地域（現、パプアニューギニア）においても、約一二万七〇〇〇名の将兵が亡くなっている。その人々が祖国のため国の為という軍人としての建前を立てつつも、銃後に残された家族に対する細やかな配慮に満ちた書簡や葉書、日記も残されている。しかし、彼らを通じて「贈与」を承けたり、あるいはタスキをつなぐという対象として彼らに関心が寄せられる例は管見のところ見られない。同じ戦争で亡くなった戦死者の間で、なぜ特攻戦死とニューギニア戦のような地上戦の死者において、このような差異が出るのであろうか？　もちろん、著者も本書で触れているように知覧には一定の資料とそれを提示する技術と施設があり、それを語る「正統性」を背後に有した語り手が存在しているからと考えることもできよう。とはいえ、それならば靖国神社の遊就館もその点については同様であるといってもよい。むしろ、タスキの受け渡しということ自体は、戦後の靖国神社が平和の問題とともに継続して有してきたテーマといえよう。(6)あえて言うならば、知覧が訪問者の読み取りに委ねられているのに対し、靖国神社の方は運営母体のメッセージ性が強すぎることから、訪問者が自身の中でメッセージを作りにくいというのがあるかもしれない。それでも、多くの戦没者の中で、なぜ特攻戦死者が人々の注目を集め、取り上げられてゆくのであろうか。

特攻戦死が持つ象徴性については、フロアと共有されていると思うのでここでは触れない。しかし、それが注目を受ける理由の一端には「壮烈」な「必死」の「特別攻撃」という、誤解を恐れずに言えば「勇壮」さという要素が一定の大きさを占めていると思われる。ニューギニアのジャングルで一人置き去りにされて迎える「戦死」と、特攻戦死とでは、その死の注目度は異なってくる。同じような点は、戦記や戦跡訪問への注目にもみられる。あっという間に米軍に掃滅されてしまったマーシャル諸島のクエゼリンやエニウエトクなどの島々や、ニューギニアやルソン島の飢餓地獄よりも、「勇戦敢闘」したとされる拉孟・騰越やペリリュー島の玉砕のほうが、昔から注目を集めてきた。(7)

つまり、ここで言いたいのは「戦死」の格差という問題である。そして、知覧をめぐる人々は、多くの戦死の在り方のタイプから特攻戦死者を特に選び、そのタスキをつなごうとしているのだとも考えられる。その彼らが知覧で見せている活動や、特攻戦死者の志を受け継ごうと考えていることは、あるいは著者が明らかにされている通りであろう。但し、もし本書が知覧の事例を基に、未来の戦死者と向き合う方途を考えようとするならば、それは、過去の戦争における死者ではなく、その中の、特攻隊の、さらにはとりわけ知覧に関わる事例のみからその作業を行おうとしていると言えないであろうか。思考の手がかりを得る方途としてはそれもよかろう。しかし、それでは個別の事例を全体に敷衍させるということにならないであろうか？

特攻はあらゆる象徴性を有することは誰もが認めよう。が、それゆえに彼らの戦いと死は、中国大陸やソロモン・ニューギニアの密林で果てていった、ある意味で「活入れ」の対象となり得ないような無数の将兵の死のありさまと等質のものとは言えない。誤解を恐れずに言えば戦死のエリート性、といえよう。しかし、そうしたエリート性をおびた戦死の事例とそれをめぐる人々の事象のみに目を向けるだけで過去と未来の戦死についての議論を尽くすことが、果たしてできるものなのであろうか？

三、「民俗」は「国家」を相対化できるのか？

本書では、特攻隊員の遺書を読み、その後をたどることを通じ、感謝の感情をベースに〈利他的な力〉が生じるとしている。[8] そして、こうした「下からの感謝」[9] はとどめることはできないが、これを政治的な悪用から守るために、死者をこちら側に引き受ける「民俗的な知恵」[10] の必要性が提起されている。ここでいう「民俗的」とは「靖国神社のような近代的な国家神道制度ではなく、人々が代々受け継いできた信仰生活のなかに埋め込まれたもの」[11] であるとし、柳田國男の『先祖の話』を引きながら、「下からの感謝」を〈利他的な力〉に変換するものとして、自らの精神的「先祖」としてその意志の継承を引き受けることを意味するのではないかとする。[12] そのうえで、特攻隊員の遺書の「最後の一念」を、私宛のメッセージと自覚し、彼らの意志を継承しようとするのならば、命のタスキリレーの文法に従って、その感染力と拘束力は強くなる。[13] その意志の継承者が靖国神社ではなく、草の根に「数多く出来る」ことが、国家レベルで戦死を肯定する犠牲の論理を牽制する力を育てると論じている。[14]

ここでは靖國神社の存在が、民俗と対置される国家の犠牲の論理の中心として捉えられている。しかし、果たして靖國神社の存在は、民俗に対置されるものなのであろうか？　人を神に祀る信仰の登場自体は古代にさかのぼることができる。しかし、実際に人の霊魂を神社の神として祭祀する信仰が本格的に展開するのは江戸時代に入ってからといえよう。こうした信仰を基盤に登場してきたのが靖國神社であった。奇兵隊の桜山招魂社や霊山での尊王派志士の慰霊祭との連続性の上に創建された靖國神社は、近代国家が人工的に生み出した魔物というよりも、戦乱の中で発生した死者の死を部隊や藩、そして自身の仲間の問題として受け止め、包摂し、折り合いをつけてゆく過程の中で、当時の民俗的霊魂観と国学的な神道の知識を動員して生まれていったものである。[15]また、その祭祀は国家への死を昇華させる「感情の錬金術」を当初から目的としていたわけではない。「我國の為をつくせる人々の名もむさし野にとむる玉かき」との明治天皇の御製からも知ることができるように、御霊を慰め、そして事績を永く伝えることが目的であった。[16]伝えるという意味において、それは遺族の感情を名誉心に高めるものというよりも、むしろ、先に上げた「忠死」の人々の事績を歴史上に刻むことに意味が持たれていたと考えられる。

靖國神社については近年の研究によって、創建時から戦時体制下、そして戦後など、時代ごとにその性格に変化があることが明らかにされてきている。[17]ゆえに「感情の錬金術」を、すべての時代を通じた靖國神社の機能と捉えることには無理があろう。むろん、戦没者祭祀の制度化、さらには日中戦争以後の戦時下の位置づけのなかでそうした機能を備えていったということは否定できない。しかし、この神社の信仰は、人の霊を神として祀ることをよしとする、民俗宗教的な信仰にも根差していたことも否定はできない。そのうえ、戦死者祭祀は戦時下においても、戦後も靖國神社が独占していたわけでもなく、民俗的な死者祭祀や死者観がそれと対置されていたとは言えない。戦死者の遺族は家庭における年忌法要や市町村など地域社会の慰霊祭、そして靖國神社や護國神社などの近代の国家的祭祀を併用していた。かような公私の死者儀礼を併用して営むことにより、遺族は耐え難い死を乗り越え、折り合いをつけようとしていったというのが現実ではなかったろうか。こうした多重祭祀的な性格は、遺族が戦死との折り合いをつける困難さを示しているとともに、民俗／国家という単純な二項対立的な考えでは戦死者と向き合い難いことを示しているといえるし、また、こうした民俗的な営みが容易に国家の論理にからめ捕られる可能性があることは田中丸勝彦氏の地道な研究に示されている。[18]「感情の錬金術」とは、なにも国や靖國神社の十八番ではないのである。とするなら、もし戦死者慰霊が国や地域共同体の行事と民俗の双方によって支えられていると捉えるとするならば、どちらか片方に掣肘する力を持たせるのではなく、掣肘するものとして両者を設計してゆく必要あろう。なぜならば、現在のところ、未来の戦死者と向き合うシステムを我々は持っていないからである。

おわりに

以上、本書について気が付いた点について多少述べてきた。実は本書については他にも面白いと思われる点が多々あり、とくに筆者のような山岳宗教の研究者としては、知覧をめぐる聖地巡礼とそれを唱導する人々やその旅に参加する人々との関係などは大変刺激的であった。もし宗教的修行の問題に置き換えるならば、知覧に自己啓発の場としての聖なる力を認め、人々をいざなう者とそれに参加する人々の関係は、山岳修行における先達と講員の関係とも重なってくる。先達とは、聖地や山岳への道程を知るものであるとともに、一般には見えない山の聖なる世界とその意味を山を歩む行者たちに伝える役割を持っている。こうした先達・参加行者の関係性に引き寄せて語るならば、修行論や山岳宗教研究の知見を活用し、聖地知覧とそこをめぐる人々の問題を見てゆくことが可能かもしれない。その際に重要なのは、果たして先達が再生産されるのか、参加者の「活入れ」感情が永続してゆく性質をもつものなのかということである。日本における宗教的修行を取材し丹念な分析を行った藤田庄市氏によれば、自己啓発セミナーやカルト教団の修行は、一時的な精神の高揚をもたらしはするがその効果は長続きしないが、宗教的修行の場合、それがもたらす効果、すなわち人格変容は行の終了後も継続性が高いとしている。[19] もし知覧をめぐる人々のなかに、そうした感情の継続性がみられる場合、タスキは確かに継がれているといえよう。

また、戦争の体験や記憶の継承について著者は、想いや共感は、もはや自明のものではなく、従来の体験継承研究は今後、①記憶の保存・発掘・検証という――想いや共感なしに成り立つ――古生物学や考古学のような学問になるか、②思いや共感の機能的代替物として、体験や記憶につながる特定の感情の再生技術の開発に進むか、あるいは、その両方の道を辿らざるをえないだろう[20]と述べている。「脱文脈化」の進む今後、こうした点は益々進むことが考えられる。とはいえ、死者と向き合い、それにより自らに「活入れ」していた近世や近代の人々が、知己でもない歴史上の人物の詩歌や物語を通じて「活入れ」を果たせたのは、「行間の文字を読む」など、伝統的な人文学によって行われていたテキストの読み方によると思われる。この「読み」とは、まさしく書き手に寄り添い、その想いを自らに受け止めるからこそできるものと考えられる。記憶が歴史となるときにこそ、これは重要ではないだろうか。

そして、戦争で死んだ人々を語る場合、過去の場合も、もしや未来の場合も、日本近現代史研究者として、日本軍と兵の研究に身を尽くされた藤井忠俊氏が述べたという、次の感慨を忘れてはなるまい。すなわち、「最近の研究者には無残な死を遂げた兵士たちの心情に対する共感や哀惜の念が欠けているのではないか[21]」。自戒を込めて。

注

(1) 井上義和『未来の戦死に向き合うためのノート』(創元社、二〇一九年)八頁。

(2) 同前、八頁。

(3) 一八六四年五月末から六月初旬のコールドハーバーの戦いでは、南軍陣地に突撃を開始した北軍は、わずか八分で八〇〇〇の将兵を喪っている。毎秒一六人以上が死んでいったこのエピソードはよく知られたものであるが、南北戦争の主要な会戦は、いずれもこの戦いに負けず劣らず、両軍とも膨大な戦死者を出し続けたのである(クレイグ・L・シモンズ『南北戦争──49の作戦図で読む詳細戦記』(学習研究社、二〇〇二年、二六五頁)。なお、同戦争開戦当初、熱狂的に両軍に志願した兵たちのほとんどは、独立戦争やメキシコ戦争についての知見すらもあまりなく、大冒険への参加の機会としてとらえていたという(ブルース・キャットストーン『南北戦争記』バベルプレス、二〇一一年、一三八・一三九頁)。その彼らが直面したのは、上記のコールドハーバーのような、既存の戦争を遥かに超えた「虐殺」「屠殺」としか表現しようのない大量殺戮の戦場であったのである。

(4) 日本軍将兵が戦場で直面した現実については、藤原彰『餓死した英霊たち』(青木書店、二〇〇一年)や、吉田裕『日本軍兵士──アジア・太平洋戦争の現実』(中公新書、二〇一七年)を参照されたい。

(5) 「シズメ」の概念については、西村明『戦後日本と戦争死者慰霊──シズメとフルイのダイナミズム』(有志舎、二〇〇六年)を参照のこと。

(6) 赤澤史朗『靖国神社　せめぎあう〈戦没者追悼〉のゆくえ』（岩波書店、二〇〇五年）。

(7) 中国雲南省の拉孟・騰越の戦いや、パラオ諸島ペリリュー島の戦いに共通するのは、圧倒的な戦力差（拉孟は約五〇倍、騰越は約二五倍、ペリリューは約五倍）にもかかわらず日本軍守備隊が驚異的な勇戦敢闘をみせ、長期間にわたる激しい抵抗を続けたのちに玉砕したことと、敵味方から強い称賛と評価（昭和天皇からペリリュー守備隊に対する一一度にわたる御嘉賞の言葉、蒋介石による「逆感状」の逸話等）を受けた点にある。寡兵を以って大軍を悩ませるという点が、多くの日本人の琴線に触れるものであったと考えられよう。

(8) 井上前掲、二二一・二二二頁。

(9) 井上前掲、二二四頁。

(10) 井上前掲、二三三頁。

(11) 井上前掲、二三三頁。

(12) 井上前掲、二三四頁。

(13) 井上前掲、二三六頁。

(14) 井上前掲、二三六・二三七頁。

(15) 藤田大誠「戦死者の霊魂をめぐる慰霊・追悼・顕彰と神仏両式――明治前期における招魂祭の展開を中心に」（國學院大學研究開発推進センター編『霊魂・慰霊・顕彰　死者への記憶装置』錦正社、二〇一〇年）。

(16) 例えば昭和一〇年に靖國神社より刊行された『靖國神社忠魂史』には、祭神である戦没者個々が、いつ、いかなる場所で戦没したのかが克明に記されている。すなわち、同神社は死者を英霊として祭祀するのみならず、その名を歴史に残すことも重要な使命としているからである。この書の存在ひとつをとっても、同神社が死者を没個性的に祀っているという非難が当たらないのは明らかであろう。

(17) 赤澤前掲『靖国神社　せめぎあう〈戦没者追悼〉のゆくえ』、同「靖國神社における戦没者の合祀基準の形成」津田勉「招魂社から靖國神社への発展」（ともに國學院大學研究開発推進センター編『招魂と慰霊の系譜　靖國の思想を問う』錦正社、二〇一三年）。

(18) 田中丸勝彦『さまよえる英霊たち――国のみたま、家のほとけ』（柏書房、二〇〇二年）。

(19) 藤田庄市『行とは何か』（新潮社、一九九七年）三〇七～三一〇頁。

(20) 井上前掲、二四二・二四三頁。

(21) 吉田裕「ベストセラー『日本軍兵士』の吉田裕氏推奨の戦争ノンフィクション」『AERA dot メルマガ』二〇一九年七月八日 https://dot.asahi.com/dot/2019062000058.html?page=1（藤井忠俊著『兵たちの戦争――手紙・日記・体験記を読み解く』（朝日文庫）の書評において吉田氏が引用した藤井氏の言葉）。

否定と両立する包摂へ
——知覧から市ヶ谷と九段に臨む

井上義和
（帝京大学）

はじめに

このたびは拙著『未来の戦死に向き合うためのノート』（創元社、二〇一九年）を合評会および本誌特集で取り上げていただき、ありがとうございました。

本書は、専門分野や思想信条、経験や世代をまたぐ対話のためのたたき台として書かれました。通常の学術書とは異なるスタイルになったのもそのためです。できるだけ間口を広げて多様な読者に届くように構成と文体には工夫を凝らしたつもりです。

しかし「戦死」というテーマはやさしいものではない。一般には想像すらしたくない人のほうが多いでしょう。本書がやろうとしているのは、人びとの「内面にある種の筋肉痛を引き起こす」（二五七頁）頭と心のワークアウトです。私たちは、筋肉痛の部位から普段の身体の動作範囲（可動域）を知ることができます。それと同じように、頭と心にも可動域があります。普段の可動域を超える負荷をかけると筋肉痛を引き起こしますが、筋肉を鍛えるためにはどうしても必要なプロセスです。そう書くと、まるで私がトレーナーとして運動不足の読者に号令をかけているように聞こえますが、実際のところは、私自身があちこちの筋肉痛に顔を歪めながら頭と心の可動域を広げようと七転八倒した記録をできるだけ正確に残すことで精一杯でした。

　本書を上梓してから一年間、さまざまな方から反応をいただきましたが、ご自身が発見した「筋肉痛の部位」を具体的に示してくださるのが、著者としてはもちろん一番嬉しい。なかには普段の自分の身体を基準に「こんな動かし方はありえない」「間違っている」と批判してくださる方もいますが、それもその方の可動域を示す貴重な情報です。

　いただいたコメントすべてに応答することはできませんが、本書執筆時点にはじゅうぶん考えていなかった――自分自身の可動域を広げるような――論点を中心に、議論してみたいと思います。

一、「特攻を自己啓発的に受容する人」にどう向き合うか？

特攻隊員の遺書で人生前向きになる

　さて、過去および未来の戦死についての自分の頭と心の可動域を試す格好のワークとなるのが、「特攻の自己啓発的な受容」問題です。机上の思考実験ではありません。私たちの社会に姿を現した現実をどのように捉えたらよいか。一緒に考えてほしいと思います。

　まず、本書をまだ読んでいない読者のためにも、「特攻の自己啓発的な受容」の典型的な文章をふたつ紹介します（傍点引用者）。いずれも本書刊行後に発表されたものなので、「資料「特攻による活入れ」事例一覧」（一三八～一五六頁）には未収録です。文章は、特攻隊員の遺書を読んだときのことを書いたものです。


【事例A】

　青年たちは、死にたくて死んだわけじゃない。生きたくても、生きられなかった。そういう人たちの犠牲の上に「今」があり、僕たちは、好きなことができている。（略）好きなことを謳歌して生きられなかった彼らの想いを追体験し、「俺は今、戦っていないな」と愕然とした。「自分はどう生きようか？」と真剣に考えた。彼らが身を投げ打って残してくれた自由な未来に生きているのだから、とことん好きなことを極めて、振り切って生きようと、その時、決めた。(1)

【事例B】

アメリカを責める言葉はほとんどなくて。ただただ。家族を思い。そして未来の日本のために死ねることへの喜び。こういう未来であってほしいという願い。（略）私はすごく苦しくなった。この若者たちの命で私たちの命は成り立っている。彼らが遺してくれた日本と夢をたくしてくれた未来をどうしてこうやって大切にできないのか。経済がどうこうではなくて、どうしてまず自分自身を大切にできないんだろう。周りに感謝ができないんだろう。泣くというよりも本当に苦しくなった。そこから「もっと伝えないと」ってなった。(2)

文章の主は、業界は異なるけれども、どちらも自己啓発系の領域で活躍する人たちです。(3)この領域には、彼らのように特攻隊員の遺書がきっかけで人生の意味に気づいたり自分の使命に目覚めたりした、という経験をもつ人が少なくないのです。しかし、本書が注目する「特攻の自己啓発的な受容」とは、彼らが自己啓発系の人だからではなく、特攻隊員の遺書や物語について自らの生き方を見つめ直す契機として受容していることを指しています。

すなわち、「俺は今、戦っていないな」と自分の生き方を反省して、「とことん好きなことを極めて、振り切っていきよう」と決意する。あるいは、「自分自身を大切にできていない、周りに感謝できていない」と自分の生き方を反省し、「もっと伝えないと」と決意する。目指す方向は微妙に違いますが、どちらも特攻隊員の遺書が人生を前向きに捉え直すきっかけになったと告白しています。

共感と理解の区別、あるいは言葉と感情の分離

このような「特攻の自己啓発的な受容」をどう捉えたらよいでしょうか。この問題を難しくしているのは、そもそも「特攻×自己啓発」という組み合わせを目にした瞬間に条件反射的に拒絶してしまう人が多くいることです。とはいえそのこと自体は当初から想定していたので、学生を対象としたワークでは、共感と理解を区別したうえで「共感できない相手をいかに理解するか」という課題を設定しました（二六〇頁）。「相手を理解する」とは、自分の価値基準を一方的に当てはめて排除するのではなく、相手の価値基準に即してその内在的な論理を再構成してみるということです。

ただ、頭では理解できても身体が拒絶してしまうのは如何

ともしがたい。今回、那波泰輔氏がこの「共感と理解の区別」を高く評価してくださいましたが、一方で那波氏の文章から滲み出てくるのは、苦手な食べ物を無理やりに口に入れ鼻をつまんで飲み込もうとするような苦行感です。例えば次のようなくだり（傍点引用者）。

「彼・彼女らの歴史認識を批判した場合（略）対話の可能性が断たれ、右翼や保守層に取りこまれてしまう可能性がある」「「タスキを受けとった」と感じる人びとの感情を否定せず、彼・彼女らに平和への理路をつくること」

「歴史認識の欠如を批判するのではなく、彼・彼女らが特攻隊員から受けとった感じたことを、まずは否定しないこと」

「右派的な方向に（略）流さないためにも、まず彼・彼女らが抱いた感情を断罪しないこと」

批判して否定して断罪したくなる衝動をなんとか抑え込もうと悶え苦しむ様子が目に浮かぶようで、申し訳ない気持ちになります。那波氏の文章を読みながら、これにはある種のトレーニングが必要なのかもしれないと思い至りました。つまり言葉と感情を操作的に分離・結合するトレーニングです。「相手の価値基準に即してその内在的な論理を再構成する」というのは、言い換えると、自分の感情をいったん括弧に入れて、相手の感情を再現するように言葉を組み立てるということです。自己啓発的な構えをもって特攻隊員の遺書を読むことで、自分のなかに湧き起こるポジティブな感情を捉えること。そして自分の言葉でその感情を己に喚起してみること。これは今回に限ったことではなく、自分の「いま・ここ」のリアリティを離れて歴史資料を読んだり、参与観察したりする際には、不可欠の作業だと思います。

悪魔化よりも人間化

那波氏は「特攻を自己啓発的に受容する人」を自分とは別世界の住人として、いわば悪魔化したうえで、彼らが悪魔になってしまった理由を「理解」しようと努力している――ように見えます。もちろん、「特攻を自己啓発的に受容する人」の一部にはインターネットを中心に差別的・排外的なヘイト言説をまき散らす、いわゆるネット右翼が含まれている可能性は否定できません。那波氏が主に想定するのはこの層ではないでしょうか（そういう文脈で伊藤昌亮『ネット右派の歴史社会学』を参照しているので）。

しかしながら、「特攻を自己啓発的に受容する人」にはグラデーションがあり、本書で想定しているボリュームゾーンは、反戦平和と近隣諸国との友好を重んずる、どちらかといえばリベラルに近い人びとです。特攻の自己啓発的な受容は、戦後の平和教育や国家意識の希薄さと両立する。両立するだけでなく、むしろ反戦平和の思想が浸透しているからこそ、（敵の撃滅ではなく）平和な新日本を後世に託す遺書が、また国家意識が希薄だからこそ（国家や天皇ではなく）両親や弟妹に宛てた遺書が、現代の人びとの心に刺さりやすくなるのではないか、というのが本書の議論が依拠している重要な仮説です[4]。この点はこのあと第二節で論じます。

もうひとつ気になるのは、那波氏のいう「対話の可能性」が、彼らが右派勢力に取り込まれず平和勢力に合流できるように働きかけること、つまり「対話を通じて相手が変わりうる可能性」をもっぱら想定しているように読めることです。逆にいえば、「自分自身も変わりうる可能性」は想定されていないのではないか。相手を悪魔化していれば、自分の変化は自分も悪魔になってしまうことを意味します。あるいは、カウンセラーが自分を保ちながらクライアントの話を傾聴するのと似ているのかもしれません。

ともかく、「共感と理解の区別」には補足が必要だということを、那波氏が身をもって教えてくれました。説得を急ぐ必要はありません。対話も説得のためではありません。重要なのは、もっと手前の段階の、相手の存在を認め、自他の一致点と相違点を探りあうことです。それには相手を悪魔化するのではなく、「彼らと自分が地続きである」ことに気づくことです。佐藤卓己もナチズム研究のあり方について「ヒトラー民主主義を回避するためにはヒトラーの悪魔化よりも人間化こそが有効」と述べています[5]。それにならっていえば、「特攻を自己啓発的に受容する人」を悪魔化するのではなく、人間化することです。

> さらに言えば、自らがファシストになる可能性に目を閉ざさないファシズム研究の必要性である[6]。

これはつまり「特攻を自己啓発的に受容する人」とは「私たち」である、ということを認めることに他なりません。

二、命のタスキリレーの中継者

「勇壮さ」だけでは泣かない

「特攻を自己啓発的に受容する人」とは「私たち」である。私たち自身のあり方と「地続き」にある。もっといえば、世間のマジョリティと「地続き」にあるのではないか。私がそう思うようになったきっかけは、百田尚樹の特攻小説『永遠の0』が累計数百万部のベストセラーになったことと、私自身がそれを読んで児玉清と同じように涙が出そうになったことでした。児玉が書いた文庫版解説の次の一節は、文庫の帯や書店の宣伝コピーに使われたので、覚えている人もいるかもしれません。

> 僕は号泣するのを懸命に歯を喰いしばってこらえた。が、ダメだった。目から涙がとめどなく溢れた。（略）なんと美（うる）わしい心の持ち主なのか。なんと美わしい心を描く見事な作家なのか。なんと爽やかな心か。涙が流れ落ちたあと、僕の心はきれいな水で洗われたかのごとく清々しさで満たされた。[7]

この小説に感動するなんてリベラルな知識人としては失格かもしれません（実際、周りの反応は冷ややかでした）。しかしリベラルの立ち位置を心配するよりも、自分を含む多くの読者がいったい何に感動したのか、また感動できる人とできない人は何が違うのか、その謎を解いてみたいという好奇心が上回ったのです。

今回、中山郁氏は、特攻戦死者がほかの戦死よりも注目を集める理由として「「壮烈」な「必死」の「特別攻撃」という、誤解を恐れずに言えば「勇壮」さという要素が一定の大きさを占めている」ことを挙げています。たしかに特攻の表向きの派手さは他を圧倒しますから、どうしても注目されます。しかし、そのことと、特攻が自己啓発的に受容されうる理由とは、区別する必要があります。

『永遠の0』は特攻小説ですが、読者が感動するのは、前途有為な若者が敵艦船に体当たりしていく特攻の「悲壮さ」「勇壮さ」に対してではありません。むしろ、そうしたわかりやすい特攻イメージを否定するために、主人公はあえて妻子のために命を惜しむ優秀な熟練搭乗員という設定にして、彼の冷静な軍事合理的な視点から、戦略戦術指導の誤りが批判されている。したがってそれ自体は、戦後の日本社会の価値観と「地続き」になっており、それゆえ読者は主人公に自然に感情移入できるのです。

そして主人公は、その「地続き」の延長上で、ある命のやり取りをする。命と引き換えに何かを託された者とそれを託された者の間にドラマが生まれます。

悲壮さや勇壮さといった表向きの激しさはたしかに私たちの感情を強く揺さぶりますが、それは感動とは違う。それで児玉清の心が「きれいな水で洗われたかのごとく清々しさで満たされ」たりはしません。感動は——児玉清の号泣は——私たちが大切にしている価値観に深く静かに突き刺さるときに生まれます。そしてそれは私たちが持続的に前向きに生きていく力となる。自己啓発的とはそうした意味です。安っぽいお涙頂戴文学と甘くみるべきではない。

百田尚樹というベストセラー作家を侮れないのは、そうした意味での感動の再現可能性を担保した作品を、さまざまな題材を用いながら創作し続けているからです。[8] 彼にとって特攻は数ある題材のひとつにすぎません。

それとよく似た仕掛けの「泣ける」作品に、『アルマゲドン』というハリウッド映画（一九九八年公開）があります。巨大小惑星の衝突から地球を救うために石油採掘のプロたちがNASAに呼ばれてチームを組みます。さまざまな難局を乗り越えてミッションを遂行していくチームですが、最後の最後で、小惑星に残って手動で核爆弾のスイッチを押す役がどうしてもひとり必要になります。遠隔装置の故障という想定外の事態に、「十死零生」の作戦になりました。

当たりクジを引いたのは、主人公の娘の恋人。彼に宇宙船の外まで付き添った主人公は、娘の恋人を船内に押し戻し、自分が外に残ってこう言うのです。

「娘をよろしく頼む。それがおまえの仕事だ。グレースにふさわしい夫になるんだぞ[9]」

この映画は、要するに英雄的な自己犠牲によって人類滅亡を阻止する物語なのですが、観客が泣くのはそこではない。引用した台詞が引き金となり、主人公と娘とその恋人のあいだで命と引き換えに浮かび上がる関係性が深い感動を呼ぶのです（物語前段での主人公と娘、主人公と娘の恋人のあいだのいさかいはそのための伏線です）。

このように、悲壮でも勇壮でもなく、日常と「地続き」にありながら、私たちを力づける価値観とはなにか。それは命のタスキリレーの中継者としての役割を自覚することです。

命のタスキの想像力

命のタスキは、特攻の自己啓発的な受容を説明するうえで欠かせないキーワードです（一六九頁）[10]。特攻隊員の遺書に書かれた「祖国の未来を託す」「後を頼む」の言葉を、何十年も後の時代に「この私宛」のメッセージとして電撃的に受け取ってしまう。

第一節の冒頭で引用紹介したふたつの文章をもう一度ご覧ください。

「そういう人たちの犠牲の上に「今」があり」「彼らが身を投げ打って残してくれた自由な未来に生きている」

（A）

「この若者たちの命で私たちの命は成り立っている」「彼らが遺してくれた日本と夢をたくしてくれた未来」（B）

これが特攻隊員から「この私」に命のタスキが託されたという感覚です。で、命のタスキを受け取った人はどうするか。彼らから託された未来を感謝とともに精一杯生きよう。そして次の世代にしっかり受け渡そう。そういう使命感が芽生えます。でも、それは何も特別なことではなく、私たちの日常と「地続き」の実践で、じつはすでに――しかしいい加減に――やっていることかもしれません。深く静かに突き刺さるのはそこです。

命のタスキという言葉からは、生物学的な意味での生命の連続を思い浮かべるかもしれませんが、もっと広い社会的な意味です。ある男女のもとに生まれ育てられる。自分も家族を持ち、子を生み育てる。老親を世話し、看取る。やがて自分も老いて子や孫の世話になる。これは最も基本的なケアの水準ですが、教育や継承の水準があります。家族に限定されません。時代や社会によっては、親族や地域でそれを担うところもあるでしょう。

さらに会社や業界や地域共同体など、個人を超えて有形無形の遺産を継承するものにも命のタスキは当てはまります[11]。創業者の理念や精神、代々の先人の努力を受け継ぎながら、さらに良くして次の世代に渡すこと。政治・経済・教育・文化、すべてこれです。学問研究も同じで、学会や研究会のようなボランタリーな組織を維持するにはこうした精神が不可欠であることは、皆さんもよくご存じのはずです。

先人から受け取ったものを、守り育て、次の代に受け渡す。まともな家庭人、職業人、市民、要するに「まともな大人」であろうとすれば、自分がこのプロセスの中継者であることに思いが至るはずです。

これを感得するのに歴史や古典の素養は要りません。保守とかリベラルといった政治的・思想的立場も関係ありません。ただし、ある程度の社会経験は必要なのかもしれません。私の場合、二〇代の頃の自分には想像すらできない境地だったことは確かです。リレーの中継者という感覚が芽生えてきたのは、四〇代になってからでした。

中継者というと、先行者から受け取ったものを後続者にパスするという受動的な媒介者のように思われるかもしれませんが、違います。例えば「子のためになら自分の命は惜しくない」「自分の命を犠牲にしても後の人につなぐ」という「後進のために主体的に命を使う」発想があります。あるいは、先人が自分に託してくれたものを、自分も後進を信じて託す、という世代間の信頼関係です。野球にたとえると「犠打」の思想です（自分のアウトと引き換えに走者を進塁させる）。

ここに込められた「使命」や「信託」といった観念は、人に大きな力を発揮させます。スポーツ選手やアーティストが「支えてくれた人への感謝」や「子供たちへの夢」を口にするのも、自分を中継者に位置づけることでパフォーマンスが向上することを知っているからでしょう（一七八頁）。この力は自己完結する個人主義的な人生観からは生まれません。

「忠死の系譜」と現代の「活入れ」

中山郁氏が現代の知覧での「活入れ」現象について、近世以来の「忠死の系譜」との類似性を指摘してくださいました。

特攻戦死者の遺書に見られる忠君愛国的な言辞は、これらの「忠死の系譜」に基づき織りなされた規範的なものであったともいえる。つまり、「活入れ」とは、現代の知覧に見られるものというよりも、近世から存在したといえ、また、特攻隊員たちの遺書とは、こうした近世以来の「活入れ」の延長線上にも連なるものであるからこそ、新しい「活入れ」を生み出す種子をその中に含んでいるものと考えられる。

近世史に疎い私からすれば大変ありがたい指摘です。とくに「忠死の系譜」を主題とする物語が主君に仕える武士だけでなく、庶民にも広く親しまれていたというのは、現代の「活入れ」（自己啓発的な受容）を考える重要な手がかりになりそうです。

特攻隊員の遺書を用いて両者の関係を分析的に考えるためには、少なくとも三つの水準を区別する必要があります。

第一に遺書に記された内容の水準です。「忠死」が主君や何らかの価値に殉ずることを意味するのだとすれば、国家や天皇（や神）のために積極的に命を捧げるのはまさに「忠死」に該当すると思われます。そして多くの特攻隊員が「忠死の系譜」に自らを位置づける遺書を書いているのは確かです。その一方で、多くの遺書は身内に宛てた手紙の形式をとっており、「忠死」への言及とは別に、両親に感謝し弟妹に後を託す内容が綴られています。

第二に特攻隊員自身の「活入れ」の水準です。「忠死の系譜」に自らを位置づけるのが軍人の遺書の基本様式だったとしても、学徒兵を含む前途有為な若者たちがそれを本気で信じ切れたわけではないでしょう。いや職業軍人でさえ、この作戦には葛藤があったはずです。極限状況のなかで、自らの死を納得して受け入れるためには、抽象的な「忠死」の観念だけではなく、大切な人を守る命のタスキの中継者として自分を位置づける必要があったのだと思います。

第三に後世における「活入れ」の水準です。現代の知覧巡礼にみられる特攻の自己啓発的な受容は、おそらく国家や天皇といった大文字の価値（忠死の系譜）に反応しているのではありません。時代や世代を超えて、いまなお読み継がれている特攻隊員の遺書というのは、忠君愛国的な規範に忠実な勇壮な決意表明よりも、両親や弟妹など身近な大切な人たちに宛てた「最後の手紙」の部分がクローズアップされているからです（二一九頁）。命のタスキを託される感覚は、直接の宛先になかった「この私」にも感染します。

特攻が偶発的な行動ではなく、組織的かつ計画的に遂行されている軍事作戦である以上、たとえ「志願」の建前をとったとしても、志願を募り部隊を編制し作戦を立て命令を出す指導部が存在します。マクロには軍事合理性を逸脱した自己犠牲の強要なのに、ミクロには――だからこそ国家や天皇ではなく（そうした価値に殉ずることができないからこそ）――大切な人と祖国の未来を想う美しい遺書がたくさん書かれ、だからこそ時代を超えて現代の人びとに届くのだとすれば、歴史の皮肉というにはあまりにも哀しすぎる奇跡といえます。

そのように考えるならば、大切な人に宛てた「最後の手紙」は、国家や天皇に特別な思い入れがない現代人にも——思い入れがないからこそ——突き刺さるという意味で「忠死」よりも普遍性をもちうるのではないか。

むしろ「忠死」のほうを、命のタスキの特殊形態と位置づけなおすことも可能かもしれません。つまり、自分ひとりだけの神（価値的存在）に命を捧げても、それは忠死とは呼ばない。個人を超えて継承される有形無形の遺産につながるからこそ、忠誠の対象たりうるのではないか。だとすれば、「忠死の系譜」の眼目も、目の前の主君や抽象的な観念に身を捧げるというよりは、「それを代々守ってきた先人たち」の具体的な歴史に自分も連なることにあるはずです。

三、研究を導く問い

「特攻の事例だけ」で戦死に向き合えるか？

中山氏から、特攻の自己啓発的な受容の事例だけをもとに、（過去と）未来の戦死に向き合うことは、はたして可能なのか、という疑問が提示されました（〔 〕は引用者）。

> もし本書が知覧の事例を基に、未来の戦死者と向き合う方途を考えようとするならば、それは、過去の戦争における〔多様な〕死者ではなく、その中の、特攻隊の、さらにはとりわけ知覧にかかわる事例のみからその作業を行おうとしていると言えないであろうか。（略）そうした〔特攻のような〕エリート性をおびた戦死の事例とそれをめぐる人々の事象のみに目を向けるだけで過去と未来の戦死についての議論を尽くすことが、果たしてできるものなのだろうか？

これは本書全体の構成にかかわる重要な問いです。この問いに答える前に、次のように反問してみたいと思います（これは戦争社会学を学ぶ読者のみなさんに考えていただきたい）。これまで地上戦や原爆を含む悲惨な戦争経験について膨大な研究が蓄積されてきたけれども、そこから「未来の戦死に向き合う」構想が出てこなかったのはなぜか——と。

私はこれまでの研究が「戦争は悪い」「戦争は嫌だ」という非論理的なメッセージばかりを強調してきた、というつもりはありません。「過去の戦死」に関する研究は、軍事や戦争が私たちの社会と地続きであることを教えてくれ、「二度と戦争を起こさないため」の教訓を引き出してくれました。

にもかかわらず、いや、だからこそ、でしょうか。「未来の戦死に向き合う」構想は出てこなかった。なぜか。
戦争や戦死の「否定」を超えられなかったではないか。もちろん戦争や戦死を「肯定」することはできません。しかし戦後ずっと、自衛隊の命がけの任務が宙吊りのままだったのは、「否定」を超え出る思考を育ててこなかったからではないでしょうか。

　私が本書で提起したかったのは、肯定／否定とは別の軸を立てること、戦死を否定しつつ戦死者を包摂すること、すなわち「否定と両立する包摂」です（肯定と包摂の区別）[12]。それを「未来の戦死に向き合う」文脈に置き直すと、「私たちが同胞の戦死を受け入れられるのは、どのような条件のときか」という条件思考になります（六二頁）。

　逆にいえば、「同胞の戦死を受け入れるための条件」をめぐる問いがないところで、どれほど研究が進展しても「未来の戦死に向き合う」構想は出てこないのではないか、と思うのです。中山氏が関わってこられた東部ニューギニア戦没者の調査研究でも、そうした問いは十分可能だと考えます。

　戦争の作戦指導も、本来は、所与の条件とともに「同胞の戦死を受け入れるための条件」を見極めながらギリギリの判断を下していくものでしょう。太平洋戦争終盤、戦況が不利になってくると、その条件思考が次第に麻痺してきて、自己陶酔的な大言壮語でごまかしながら命の軽視に拍車がかかり、戦争から道義が失われました。敗戦後はそれが反対方向に振り切れて、戦死そのものを「あってはならないもの」として想像することも禁止してきました。その結果、自衛隊に命がけの任務を託しておきながら戦死のリスクに備えない。戦中も戦後も両極端ですが、言葉でごまかして命に向き合わないという意味では同じだと思います（八頁）。

「ちょうどいい、節度ある、穏健な」戦死観というのは、これらの両極端を排して、きちんと命に向き合うこと、すなわち「同胞の戦死を受け入れるための条件」を社会で考えるということを意味します（殉国規準）。しかし仮にその「条件」を満たしていたとしても、同胞の戦死が社会に与えるショックや遺族の悲しみが緩和されるわけではありません。中山氏が指摘するように、戦死は想像を絶するインパクトを社会にもたらし生還者や遺族には耐え難い傷を残します。当然です。戦死を肯定できるわけがない。

　けれども、命に向き合う社会では戦死者は包摂されます（肯定と包摂の区別）。少なくとも、戦死は自分事として社会全体で受け止められ、戦死者が宙吊りにされることはない。それに対して、命に向き合わない社会では、戦死は他人事にされて、政府からは別の言葉（殉職や公務死など）で言い換えられ、ショックを和らげるためのごまかしや責任のなすり合いが行われ、いつの間にか忘れ去られ、結果として、戦死者は宙吊りにされるでしょう。私は、戦死が社会に衝撃を与えることよりも、社会が戦死に向き合わないことのほうが問題だと考えているのです。

「戦死に向き合う」ための教育や制度などの具体的な方法論については、本書では立ち入る余裕がありませんでしたが、このあと第四節で考えてみます。

「自国の戦死者だけ」で戦死に向き合えるか？

「戦死にどう向き合うか」の問いがもっぱら戦後日本社会を対象に論じられていることについて、蘭信三氏からは「国民国家の物語に閉じているのではないか」とのコメントをいただきました。これは、日本軍が広範囲に展開したことで戦争の被害を被ったアジア太平洋地域の人びとのことを無視してよいのか、という疑問も含むものと思われます。

これも本書の全体の構成にかかわる重要な問いです。この問いを考える際にも、先ほどと同じように、まずは反問してみたいと思います。これまで他の国や地域の人びとの被った犠牲について膨大な研究が蓄積されてきたけれども、そこから「未来の戦死に向き合う」構想が出てこなかったのはなぜか――と。

本書は「戦死にどう向き合うか」を考えるにあたって、向き合う対象を、あえて自国の戦死者に限定しました（三五頁）。自国の戦死者は、戦争犠牲者全体の一部分を構成します（表）。

表　戦争犠牲者の分類

	軍人（戦闘員）		民間人（文民）
自国	戦死	戦死以外の死	犠牲
相手国	戦死	戦死以外の死	犠牲
第三国	犠牲		

戦争社会学では、自国の軍人でも病死などの「戦死以外の死」に注目したり、民間人の――とくにアジア太平洋地域に広がる――犠牲に注目したり、あるいは国籍や兵籍を区別せずに戦没者全体を扱おうとしたりする研究のほうが一般的で

しょう。にもかかわらず、本書が自国の戦死者にあえて限定したのは、なぜか（三五頁）。

それは相手側の戦死者や双方の民間人犠牲者のことを考えなくてよいという意味ではありません。いずれも戦争の死者として等しく重んじるべきではありますが、戦争犠牲者一般にまで対象を広げると、戦死と向き合うという論点が曖昧になってしまいます。順序として、まずは区別して論じます。

誤解されやすいところですが、これは他の地域の人びとの犠牲よりも自国の戦死者を重んじる、という意味ではありません。区別して論じたうえで、両者をともに扱える枠組みを考える、ということです。区別をなくして対象を広げると論点が曖昧になってしまう。つまり、アジア太平洋地域の犠牲者のことを無差別に対象に繰り込むことで、見えなくなる問題があるのではないかと考えます。

対象をどこに設定しても、ある問題がよく見えるようになる一方で、別の問題は見えにくくなります。すべての問題を等しく扱うことはできません。しかし、自らの死角に自覚的であることと、多角的な研究の展開によって、お互いの死角を補い合うことはできます。

他の地域の人びとの被った膨大な犠牲の研究——自国の戦死者も等しく犠牲に含めてしまう研究——は、戦争のある側面（暴力・悲惨・愚かさ……）を詳細に明らかにするけれども、それだけでは戦争や戦死の「否定」を超えられず、「否定と両立する包摂」の構想は出てきにくいのではないか、と思うのです。

私が問題にしたかったのは、過去と未来の戦死者を宙吊りにすることが常態化している現状です。これは蘭氏が指摘するように、きわめて戦後日本的な文脈に依存した問題であり、それゆえ国民国家を前提にした議論に見えてしまうことも承知しています。

しかしながら、近代の国家間の戦争が国家の意思によって戦われる以上は、戦死も国家を離れては存在しません。戦争は肯定できませんが、戦争のあり方を無差別に否定するのも間違っています。肯定と区別される包摂とは、無批判に受け入れることではなく、厳しく条件を吟味する責任を引き受けるということでもあります。

本書では、「同胞の戦死を受け入れるための条件」として祖国防衛のためなら…という殉国規準を提案しました（七七頁）。これは正当な戦争原因を侵略に対する自衛に限定する「消極的正戦論」に対応します（八二頁）[13]。井上達夫によれば、消極的正戦論は、目的の謙抑性ゆえに、戦争の手段を限定するユス・イン・ベロ（jus in bello）の制約を受け入れます[14]。

「同胞の戦死を受け入れるための条件」を、自国の軍人に限定せずに、相手国や第三国を含む戦争犠牲者全体のなかに位置づけると、「私たちが戦争の犠牲を受け入れられるのは、どのような条件のときか」という条件思考の応用問題になります。

もちろん民間人の犠牲は、自国の戦死以上に、肯定できませんから、犠牲の範囲は、当事国の軍人に厳しく限定されるべきです（犠牲者の範囲を広げすぎると民間人と軍人の差異が見えなくなる）。当事国の軍人でも、敵に捕らわれたときは犯罪人ではなく捕虜としての処遇を保障されます。戦争犠牲者を無差別に扱うことは、条件思考で交戦ルールを構築してきた戦時国際法（国際人道法）の努力を無意味にしてしまいます。

四、民俗と儀礼

民俗の水準——物理的な統合から実践的な包摂へ

さて、そのうえで「特攻の自己啓発的な受容」問題を考えることが、どうして「未来の戦死に向き合う」構想につながるのでしょうか。たしかに両者の論理的な関係は本書ではじゅうぶんに明らかにはなっていません[15]。この機会に補足説明を試みてみます。

「祖国のために命を捧げた存在」を私たちの社会はどのように包摂できるのか。この問題は、これまで靖国神社の問題（「慰霊追悼する施設をどうするか」）として、または愛国心の問題（「国のために戦えるか」）として、考えられてきました。周知のように、施設の問題は「戦死者祭祀に国家や宗教がどのように関与すべきか」というかたちで定式化した途端に、解けない難問になります。他方、個人の感情や思想の問題として捉えると、リベラル（多様性に寛容）な民主主義社会では、国家や戦争への向き合い方も個人の自由に委ねられ、公共的な議論の俎上に乗せることは至難の業となります。

この難問を考えるうえで、「特攻の自己啓発的な受容」は示唆に富んでいます。ポイントは、肯定と包摂の区別（否定と包摂の両立）にあります。

第一に、「特攻の自己啓発的な受容」は、公式の制度と民俗の水準を区別したうえで両者の関係を捉え直すためのヒントを与えてくれます。中山氏が指摘するように、靖国神社はもともと人の霊を神として祀る「民俗宗教的な信仰にも根差して」おり、また戦時下においても戦死者祭祀は靖国神社が独占していたわけではなく「公私の死者儀礼を併用」するかたちでおこなわれていました。すなわち、靖国神社という公式な制度は、民俗的な文脈のうえに成り立ち、また民俗的な文脈のなかで受容されていた、ということです。

私が着目する民俗の水準というのは、制度的な施設や教義が人びとの生活のなかで実践的に受容されるあり方を指します。戦死者でいえば、知覧巡礼やインターネット上で拡散・再生される遺書動画にみられるような「特攻の自己啓発的な受容」は、知覧特攻平和会館や特攻隊員の遺書の「そもそもの成立事情」を括弧に入れた実践的な受容のあり方です。これは彼らが靖国史観や平和教育の教えの影響をまったく受けていない、という意味ではありません。現代の日本人は多かれ少なかれ、どちらかの影響を受けているでしょうが、それとは切り離して、自己啓発的に受容することができます（歴史認識の脱文脈化＝知識と感情の乖離、一八五頁）。その象徴が百田尚樹『永遠の0』のベストセラー化です。

この民俗の水準に着目すれば、無理に、慰霊追悼施設を統合する必要はなくなる、と私は考えています。市ヶ谷の防衛省敷地内にある殉職自衛官慰霊碑から靖国神社まで約一・五キロ、さらに靖国から千鳥ケ淵戦没者墓苑までは約〇・五キロです。お互いに歩いてまわれるほどの近距離ですから、「三社参り」（はしご参り）が可能になります。成立事情も歴史的経緯も互いに異なる三つの施設を、制度の水準で物理的に統合するのではなく、民俗の水準で実践的に包摂してはどうか、という提案です。重要なのは、この直径二キロのエリア全体で、戦後社会の屈折した歩みに思いを馳せながら、「過去の戦死」と「未来の戦死」の両方に向き合うことではないでしょうか。

外来の仏教が日本社会で土着化する過程で、いわゆる神仏習合が起こりました。現代でも神道（初詣）・仏教（葬式）・キリスト教（クリスマス）が生活のなかで矛盾なく同居しています。バレンタインデーやハロウィンは比較的新しく入ってきた宗教行事ですが、日本社会に土着化する過程で完全に換骨奪胎されています。こうした歴史的な実績をふまえると、追悼施設をめぐる「神々の争い」を実践的にゆるやかに包摂するというのはかなり現実的な解ではないかと思うのです。

儀礼の水準――多様な感情から持続的な物語へ

ただし、急いで付け加えますが、「だから公式の制度はなくてよい」とはなりません。仮に三社参りを一部の人が始めたとしても、大多数の人は無関心のままでしょう。「祖国のために命を捧げた存在」を包摂するためには、社会全体として何らかのかたちでの積極的な教育が必要です。そこで民俗とセットで提案したいのが儀礼の水準です。

すなわち、第二に、「特攻の自己啓発的な受容」は、個人の感情と公共的な儀礼を区別したうえで両者の関係を捉え直すヒントを与えてくれます。[16]「特攻の自己啓発的な受容」は戦後の平和教育や国家意識の希薄さと両立するという観察から、知識と感情の乖離ということを考えました。すなわち、正しい知識が適切な感情を保証しなくなっている。これは従来の平和教育的な立場からすればピンチかもしれないけれど、好悪の感情や価値規範と切り離して知識を扱えるようになるチャンスです。そして、感情と切り離して儀礼を捉え直すチャンスでもある。

リベラルな民主主義社会では、公教育によって愛国心を高めることには限界があります。そこで私が提案したいのは、愛国心の持ち方は多様であってよいけれど、祖国のために命を捧げた存在に対しては一致して敬意を払う、というものです。

「一致して敬意を払う」というのは個々人が抱く感情とは切り離された儀礼的な行為です。内心はさまざまでも、一致して従う儀礼があります（二六五頁）。冠婚葬祭はわかりやすい儀礼です。内心はさまざまでも、一致して祝福（追悼）の意を表します。また、国同士の外交関係は、互いの国内感情とは切り離された、国際儀礼の積み重ねで維持されています。これは第1章冒頭でランチの選択と宴会の乾杯を区別したのと同じ考え方に基づいています。ランチでは各自が好きなものを選びますが、宴会の乾杯では参加者全員が同じ行動をとります。メンバー全員が同じ意見とか仲良しである必要はなく、気に食わない相手も、ともに共同体を構成するメンバーとして認め合う、という意味です。

「祖国のために命を捧げた存在」を遇する儀礼は、共同体の起源をめぐる持続的な物語を再確認するものです。厳粛な儀礼を通じて、私たちの生活が「祖国のために命を捧げた存在」によって支えられてきたことを一致して確認するのです。
戦死者に対して抱かれる原始的な感情（「下からの感謝」）の本来の受け皿は、この共同体の起源をめぐる持続的な物語を措いて他にありません。ところが、この本来の受け皿を用意できなかったのが戦後の日本社会です。これによって（過去と未来の）戦死者が宙吊りになるだけでなく、じつは戦死者への原始的な感情のほうも、行き場を失って宙吊りになっているのです。「特攻の自己啓発的な受容」という現代日本に特有の現象も、結局、本来の受け皿の「穴」を最もよく埋め合わせるのが自己啓発的な言説だからではないかと私は考えます。

以上をまとめると、公式の制度をめぐる対立は民俗の水準で包摂し、個人の感情や思想をめぐる対立は儀礼の水準で包摂する、ということです。逆にいえば、「祖国のために命を捧げた存在」が民俗的もしくは儀礼的な水準で包摂されていればこそ、戦争や戦死をめぐる評価や政治責任をめぐって堂々と議論を戦わせることが可能になるのだと考えます。これは肯定と包摂の区別（否定と包摂の両立）の応用編です。

国同士の関係にも当てはまります。政治的な課題で対立があっても、貿易や観光を含む経済活動においてはお互いが相手を必要として、相手国の「祖国のために命を捧げた存在」に対してお互いに敬意を払い合うという関係を維持すること。逆にいえば、後者の関係が構築できていればこそ、政治的な課題に関しても堂々と議論を戦わせることが可能になるでしょう。

〈書評・紹介〉

・新刊紹介欄（記者）（『毎日新聞』二〇一九年三月一七日）。
・ブックレビュー欄（『朝雲』二〇一九年三月二八日）。
・平山周吉「知的関心のもとに可視化する新しい「戦争と平和」論」（『週刊ポスト』二〇一九年三月二九日）。
・成田龍一「何のために命を賭けるのか」（『日本経済新聞』二〇一九年四月六日）。
・竹内洋「平成の三冊　時代を、私を形成した本」（『週刊読書人』二〇一九年四月一九日）。
・斎藤美奈子「両立する特攻隊への批判と感動」（『朝日新聞』二〇一九年四月二〇日）。
・倉本さおり「二〇一九年上半期の収穫から　四三人アンケート」（『週刊読書人』二〇一九年七月二六日）。
・橘玲「今月買った本　連載二〇四」（『文藝春秋』二〇一九年九月号）。

〈共同通信配信記事（確認できたもの）〉

・「自己啓発に使われる特攻　政治利用の文脈注視を」（『高知新聞』二〇一九年四月八日）。ほぼ同内容の記事として、『北日本

新聞』四月一〇日、『埼玉新聞』四月一六日、『大分合同新聞』(夕刊)四月一六日、『岐阜新聞』四月一七日、『四國新聞』四月一七日、『京都新聞』四月二六日、『福井新聞』五月一六日、『信濃毎日新聞』五月二〇日(いずれも二〇一九年)。

〈取材・インタビュー〉

・(記者)「戦争抑止へ「戦死」と向き合う」(『読売新聞』二〇一九年四月一九日)。

・坂元希美「「戦死」語る言葉なき日本で「特攻」が刺さる理由 ビジネス書や自己啓発本は、なぜいま「特攻」を取り上げるのか」(JBpress、二〇一九年八月六日)(https://jbpress.ismedia.jp/articles/-/57189)。

注

(1) 了戒翔太『自己啓発って言いたくないけど、でも誰かを啓発する言葉』(太陽出版、二〇一九年、二一五~二一六頁)。公式ブログ二〇一九年七月三一日付記事「【完全保存版】日本の希望を見た!と称された話し。※シェア歓迎」でも特攻隊員の遺書に言及している。https://shotaryokai.com/nagoya07/

(2) 宮崎ともこ公式ブログ(二〇一九年八月一五日付記事「【「幸せ脳」を拡げたい、そう本気でも思ったきっかけは、自己啓発書ではなく、特攻隊や戦犯の遺書だった……】」)。https://ameblo.jp/aroma-deepbreathing/entry-12504275427.html

(3) 了戒翔太(一九八五年生)=エバーグリーン・パブリッシング株式会社代表。「年商1億を含める二つの会社の経営者であり、100万部以上の本をセールスした出版販促プロデューサー。一般社団法人の理事も務め、自らCDを発売し、ライブを行うミュージシャンであり、アーティストのプロデューサーでもある。更にセミナーを企画して講師を務め、1000人規模のイベントも開催。e-ラーニング事業やグッズの開発・販売も手がけるクリエイティブ・プロデューサーの肩書も持つ。今年からYou Tuberとしても活動を始め、映画に出演も決まり、国家機関の地域起こしプロジェクトにも参加している」(了戒前掲書、二頁)。

宮崎ともこ(生年不詳)=ZOOM城起業コンサルタント。「「元適応障害」で離婚にいたり、ずっと人生の底辺をさまよっておりました(略)万年肩書なしOLだった私が何もないまま40歳で会社を辞め、ビジネスも軌道にのり、困難がきても乗り越える強さを手に入れました。(略)私のミッションは幸福度の高いハッピージャパンを女性から作る!10000人の幸せな女性ネットワークを作る!!(略)「1日5分を100日続けるだけで脱・自己啓発症候群! 幸せなふりを辞めてイマイチの人生から一生「あなただけの幸せ」を手に入れる100日ハッピーディスカバーブートキャンプ主宰」宮崎ともこです♪幸せ脳育成強化専門家です」(前掲ブログ、プロフィール)。

(4) 「特攻の自己啓発的な受容」について、私とは反対に、自己啓発と国家的なものとの結びつきから説明しようとする立場もある。倉橋耕平『歴史修正主義とサブカルチャー』(青弓社、二〇一七年、九九頁)。これは倉橋が歴史修正主義を分析対象としているためと思われる。ほか安田浩一×倉橋耕平『歪む社会』(論創社、二〇一九年、二〇〇~二一七頁)、雨宮処凛編著

『ロスジェネのすべて』（あけび書房、二〇二〇年、五〇〜五二頁）も参照。
（5） 佐藤卓己『ヒューマニティーズ歴史学』（岩波書店、二〇〇九年）七四頁。
（6） 同前。
（7） 百田尚樹『永遠の0』（講談社文庫、二〇〇九年）五八八頁。
（8） 命のタスキを主題とするのに、主人公は人間である必要はない。例えばオオスズメバチの帝国と女王と戦士たちの生涯を感動的に描いた、百田尚樹『風の中のマリア』（講談社、二〇〇九年）など。
（9） M・C・ボーリン／石田亨訳『アルマゲドン』（竹書房文庫、一九九八年）二二九頁。
（10） 命のタスキという言葉は、永松茂久の次の文章にヒントを得たものである。「僕はこの遺書から、命がけの「フォーユー」の姿を感じました。「後に続く日本の若者たちが」と書いたこの文章を読んだ時、僕の元に一つの「たすき」が来たような気がしました」（『感動の条件』KKロングセラーズ、二〇一一年）二〇二頁。
（11） 柳田國男の『先祖の話』はこの中継者としてのあり方をイエ単位で解明したものとして読むことができる。柳田によれば相続対象である「家督」は通常土地家屋などの有形物を指すが、じつは先祖と子孫をつなぐうえでは「無形の家督」が大事なのだという。無形の家督とは、「かほどまでに親密であった先祖と子孫の者との間の交感」（一一　家督の重要性）を通じて「物以外の無形のあるものを、取り添えて相続する」ことであり、「それには確かに単なる伝授以外に、これを承け継ぎ来った代々の意思ともいうべきものが添い、またそれに対する子孫の理解ともいうべきものが伴っていた」（一二　家の伝統）。
（12） 「ここでいう戦死者の包摂とは、戦死の肯定とは別次元のものです。肯定は、特定の価値基準による判断や評価です。それに対して、包摂は、対義語が排除であることからわかるように、特定の境界線の「向こう側」に押しやるのではなく「こちら側」に引き受けることを意味します」（本書、二三二〜二三三頁）。
（13） 例えば「侵略されたら戦うか」という論点がある。那波氏が遺書動画のコメント欄から次のようなやり取りを紹介している。「もし今後我が国を侵略せんとする国〔が〕現れたらその時は、英霊の御霊に恥じぬよう私も戦う」とのコメントに対して、他の視聴者が「戦争だけは無しで。侵略に対して戦うというのはこの惨事をもう一度続けようといってもいるんじゃないのか？　だとしたらこの動画から学べていないな」と応答している。那波氏はこの応答について、相手の感情を否定せず平和への理路をつくるコミュニケーションの例として評価している。
しかし「侵略に対して戦わない」という主張は、かつての日本の「侵略」に対して武力で抵抗した中国側の抗日戦争の意義も否定し、むしろ中国が抵抗しなければあのような惨事は起こらなかったのだ、という結論が導かれる。非暴力抵抗も、個人としてはともかく、国としてそれを選択した場合は多大な自己犠牲を強いることになる。
（14） 井上達夫『世界正義論』（筑摩書房、二〇一二年）二八六〜二八七頁。第二回ハーグ平和会議（一九〇七年）により、

「一九世紀までに形成されていた不必要な破壊や略奪・暴行を禁じ、捕虜には人道的処遇を求めるなど、個人の保護を直接の目的とした戦争の慣行はほとんどが成文化された。すなわち、古典的に、学者を中心に論じられ、それを踏まえて発展してきたユス・イン・ベロの実定化である」（筒井若水『違法の戦争、合法の戦争』朝日新聞社、二〇〇五年）一二三頁。

(15) そのためか、ある種の反動的な議論として読まれたのは残念である。例えば、成田龍一氏による書評「何のために命を賭けるのか」（『日本経済新聞』二〇一九年四月六日）「『戦後』後」の状況のなか、「活入れ」現象に着目した著者は「殉国規準」の提唱へとネジを逆にまわし、「文脈」と「感情」が持ちだされ、議論は振り出しに戻されてしまったのではなかろうか」（傍点引用者）。

(16) 以下の記述には、井上義和「書評に応えて」（『ソシオロジ』一九八号、二〇二〇年七月刊行予定）と重なる部分がある。

特集3

戦争社会学研究会——これまでの10年と今後のあり方

戦争社会学研究会の設立の思い出に寄せて

青木秀男
（社会理論・動態研究所）

戦争社会学研究会の設立の経緯

戦争社会学研究会（以下研究会と呼ぶ）が設立されて一〇年になる。光陰矢の如し。研究会への思いは尽きないが、研究会の活動に参加できておらず、面目ない。聞くところでは、会員は増加傾向にあり、研究活動も、研究大会、研究例会（関東・関西）、機関誌の発行と充実してきているという。中堅・若手の研究者を中心に、研究大会の報告や機関誌への投稿が増え、研究の主題も「戦争の記憶」から自衛隊まで多様化し、計量的方法による研究も現れているという。全国の戦争研究者が集う研究会のこのような発展は、喜ばしい限りである。

ここで、研究会の設立に関わった者として、関わった限りで、また記憶にある限りで、設立に至る経緯について書き留め、合わせて、研究会の性格をめぐってなされた議論を簡単に振り返りたい。

二〇〇〇年代に入り、一方で、日本が戦争への道に踏み込んだとの危惧が高まっていた。他方で、社会学、歴史学、政治学、文化人類学などによる多様な戦争研究の蓄積があった。そのようななか、筆者は思った。それは、筆者だけの思いではなかっただろう。戦争を研究する社会科学者が一堂に会して研究成果を報告し、すり合わせ、学びあって戦争研究を前進させる場があってもいいのではないか。戦争研究が、日本の戦争の歴史に向き合い、戦争と人間の経験を分析し、その意味を問い、成果を世に出す、それが時代と社会に対する学問の使命ではないのか。「社会学徒は、戦争に対する責任に、歴史的理性と学術的研究をもってどのように応答すればいいのか」(「設立の呼びかけ」)。とすれば、戦争研究者が一堂に会する場は、どうしても必要ではないのか。

戦争研究に関心をもつが戦争研究の素人にも等しい筆者が、戦争研究の全体動向も知らないまま、傲慢にもそう考えて、研究会の設立を思い立ったのは、二〇〇九年二月のことである。筆者(敗戦時二歳)も竹馬の友も戦争で父を失い、芸者と仲居とやくざが生きる温泉街で育ち、戦争ゆえのいくつもの悲劇を目撃した戦後第一世代のひとりである筆者の、戦争への恨みが背を押したのかもしれない。とはいっても、設立に向けてどこからなにを始めればいいのか、はたと困った。まず、何人かの友人に研究会の必要を訴えて、賛同をいただいた。そして、研究会の設立が絵空事ではないとの確信を得た。しかしそれでも考えあぐね、思い立って、かねてご著書を拝読し、戦争研究の基本について教えを受けていた森岡清美先生に電話を差し上げた。先生には、個人的に、一九九〇年に筆者ら(五人)が大学を不当解雇されたとき、熱い励ましのお言葉をいただいていた。その時の先生のお言葉が、筆者のその後の研究の励みになっていた。先生に相談させていただいたのには、そのような思いもあった。

同年四月初旬(だったと思うが)、森岡先生がお住まいの清瀬市に伺った。そして、いま研究会がなぜ必要なのか、どのような設立の準備が必要なのかについてご助言をいただいた。後で知ったことであるが、その頃より、森岡先生の方でも、孝本貢先生を中心に研究会の設立に向けて動かれていた由である(具体的な経緯は知らない)。こうして清瀬市から筆者が住む広島市に戻り、すぐに研究会設立の動きを始めた。まず、「戦争社会学研究会の設立の呼びかけ」を作成した。呼びかけ文は、戦争社会学研究会のホームページに今も掲載していただいている。呼びかけ文作成の過程で、研究会設立の目的や研究会の性格など、設立のイメージが具体化していった。つぎに、研究会設立への賛同者を募った。何人かの友人に電話で設立への賛同を呼びかけ、友人がそのまた友人へ呼びかけ、また戦争研究をされている社会学者を中心に、面識もなく不躾にいきなり電話を差し上げ、さらにEメールと手紙で賛同者を募った。大学の外にあって研究者のネットワークが乏しい筆者の「電撃作戦」であった。その結果、枯野に火を放つというか、わずか一週間ほどの間に賛同者が五〇人を超えた。その思わぬ事態に、研究会の設立が時宜を得たことであったことを知った。これは神の授けかとうれしかった。

これが四月中旬から下旬にかけてのことである。その後、孝本先生側の動きと筆者側の動きの要をなす森岡先生のご助言を受けて、研究会の（暫定的な）世話役の選定などを行った。そして、五月一六日に研究会立ち上げの会合をもつことになった。場所は孝本先生のお世話により、明治大学の研究棟第三会議室であった。当日、午前中に（別室で）森岡先生と世話役による研究会運営、研究会立ち上げの段取りについて会合をもった。初代の事務局員は孝本貢、蘭信三、粟津賢太、石原俊、打越正行、野上元、福間良明の先生方と筆者であった。このとき、筆者ははじめて孝本先生にお会いした。そして午後、研究会立ち上げの会合をもった。三十数名の研究者が参加された。そして、森岡先生の「戦争社会学研究会発会の祝辞に代えて」と題するご講演をいただいた。そのなかで先生は、戦争社会学の定義や目的について述べられ、当面の課題について提起をいただいた。ご講演の内容は、戦争社会学研究会のホームページに掲載されている。こうして研究会の設立は、熱い言葉と爽やかな緊張のなか、成功裡に終了した。

筆者の記憶にある限り、戦争社会学研究会設立の経緯はこのようなものであった。

研究会が設立されてその年の夏、孝本先生がご病気により他界された。突然の訃報に愕然とした。ご葬儀の光景が目に浮かぶ。孝本先生のご霊にもう一度合掌する。

戦争社会学研究会をめぐる議論

研究会の設立準備と立ち上げのなかで、賛同者の間で、どのような研究会にしたらいいかをめぐって議論があった。その要点はふたつあった。

ひとつ、戦争社会学の定義についてである。戦争社会学とは、戦争と人間に関わる社会学的研究をいう。ではその社会学とはなにか。議論では、戦争研究の現状に鑑みて、社会学の定義をあえて行わず、社会学を社会科学くらいで考えようということになった。その積極的な理由はふたつあった。まず、戦争とはなにか、戦争体験とはなにか。無限に多様な事実からなる戦争や戦争体験を特定の専門の認識枠に収めることは不可能である。それは、社会学を超えたさまざまな学問分野の参入に開かれている。つぎに、現に戦争研究は、社会学・歴史学・文化人類学・宗教学等々により蓄積されてきた。研究会を、それらの成果を持ち寄り、それぞれの関心・方法・理論をすり合わせる場とする。研究会を、戦争・戦争体験の学際的研究の場として位置づける。そのことにより、専門分野の戦争研究自体も進展するはずである。このときの筆者の思いでは、各専門分野の関心・方法・理論をできるだけ純化してそれぞれの個性を明確にし、そのうえで他の分野の関心・方法・理論とすり合わせる、そのことにより、自らの分野になにが足りず、なにが必要で、他の分野からなにを摂取すべきかが明確になる、というものであった。研究会は、その最適な場になるはずであると思った。

ふたつ、価値（信条やイデオロギー）と認識（研究）についてである。戦争研究は、戦争と人間に関わる事象に即して戦争の人間的意味を社会科学的に解明するものである。そこでは、個々の事象の科学的認識がめざされる。そのとき研究者は、自らの価値を横に置き、冷徹に戦争と体験、その人間的な意味を解明しなければならない。すなわち、事象の客観的な認識はどのように確保されるかという問題である。社会学には、社会的事実を「モノとしてみる」（E・デュルケーム）、「科学認識における客観性」（M・ウェーバー）を重んじる伝統がある。そのような態度は、他の専門分野でも同じであろう。戦争は社会の危機状態であり、社会の行方を決する。ゆえに戦争は社会を引き裂き、価値（イデオロギー）を引き裂く。戦争は価値が相争う（ウェーバーの「神々の闘争」の）場となる。なればこそ、戦争研究における客観的認識への態度は重要になる。研究会では、この態度を遵守し、価値（イデオロギー）を直接ぶつけあうことを厳に戒めよう。研究会はプロパガンダの場ではない。研究会は、事実の認識とその方法・理論をめぐる議論の場である。議論はこうなったと思う。

筆者の補足

このような議論のなかで、筆者は、さらにふたつのことを考えていた。

ひとつ、事実の客観的認識に関わる問題である。上述のとおり、戦争研究には、戦争と人間に関わる事象を客観的に分析する態度が求められる。研究会は、その成果をすり合わせる場である。ところで客観的認識に関わって、話がもうひとつある。たとえ科学的認識であれ、人間は、（主観的）価値を完全に括弧に入れて事実を認識することはできない。事実の客観的認識には、どこまでも研究者の価値がつきまとう。そこで、研究者にはつぎのことが求められる。それは、研究者が信じ、選択した価値を明示し、その価値に照らし合わせるなら事実はこのように分析・解釈されるという、選択した価値と事実認識の論理的・意味的な整合性を提示することである。ウェーバーは言った。価値なき認識は取るに足らない。なにが研究に値するのか。研究は時代と社会にとってどんな意味があるのか。価値は、研究するに値する問題（研究の有意味性）を教える。そして他方で、研究者は、その価値を可能な限り禁欲して、事実の客観的な認識をめざす。そのとき、自らの価値にとって不都合な事実をも研究に組み込む。そして、事象の全体的＝客観的な認識をめざす。研究にはそのような誠実さが求められる。これを戦争研究でいえば、価値とは「なんのための戦争研究か」であり、認識とは「どのような戦争研究か」である。研究の意味を問わず、事実を分析するだけの研究は、魂のない知の切り貼りでしかない。そのとき、研究者は事実の下僕になる。逆に、価値のみにすがりつく研究は、研究ではない。それはすでに政治のアリーナにある。

　このような古典的ともいえる「価値と認識」の問題が、戦争と人間の研究において鋭く問われる。戦争研究に、特定のイデオロギーを振り回す「研究」も、（些末な）事実をほじくるだけの「研究」も無用である。筆者の勝手な深読みかもしれないが、研究会をめぐる議論のなかで、このような問題意識が共有されていたと思う。

　ふたつ、事実の客観的認識を確保する方法の問題である（本稿は、新たな知の開拓をめざすものではなく、しかし戦争研究の基本に関わる事柄であるので、以下、筆者が過去に書いた文章の一部の再録を容赦願いたい）。戦争研究の多くは、過去の事実についての研究である。そのために、過去のなかから戦争と人間に関わる事実（データ）を収集し、分析する。そのとき、たがいに関連するふたつの問題が立ち上がる。それは、事実の解釈をめぐる問題と、事実の確定をめぐる問題である。

まず、事実の解釈をめぐってである。話を見やすくするために、兵士が戦地・戦場で書いた手記（日記、手紙、遺書、メモなど）を例に取ろう（青木、二〇〇九：三六～三七）。兵士の生は無限に多様な事実からなる。ゆえに、研究者がその全体を知ることはできない。それは、入手できる資料に限りがあるというだけではない。手記自体がもつ制約があるからである。手記には、兵士の認識・信条・心情のすべてが記されているわけではない。兵士は手記を書くとき、意識に浮かんだことだけを記す。手記を書く動機は、手記が書かれた時期や、兵士が置かれた状況により、手紙では宛先により異なる。手記の書き方も異なる。手記は、兵士の関心が赴くまま、選択され、反復され、創造され、誇張され、捨象され、ときには誤認された「事実」（ファクツ）の集合から成る。その全体が、兵士の主観的な状況定義（現実認識）をなし、兵士の「真実」世界をなす。「真実」世界は、客観世界と同じものではない。研究者は、手記により兵士の客観世界を直接知ることはできない。「歴史的事実とはあらかじめ絶対的に存在し確定しているのではなく、さまざまに記述され解釈されることによってはじめてその相貌をあらわす」（成田、2001:7）。研究者は、構築された「事実」群のなかに過去の事実を探り取る。手記の分析と解釈には、このような事情が伴う。事情は、他の資料も同じである。どの資料も、作成者の関心に基づく構築物である。聞き取りの場合は、語り手が語る「事実」が、さらに研究者の聞き方により再構築される。研究者は、このような事実の構築（加工）の重層性を自覚すべきである。

話を戻そう。ではそのように重層的に構築された「事実」から、どのように客観性が引き出せるのか。そこで、事実の確定をめぐる問題が立ち上がる（青木、二〇〇九：四〇〜四一）。戦地・戦場で兵士が書いた手記は、山ほど残されている。筆者には、刊行された本などの、編者が編んだ一部のものしか入手できない。筆者は、兵士の〈生の全体〉の断片を知るだけである。とはいえそれでも、筆者に必要な限りの事実の調達は可能である。限られた事実にも、兵士の生の意味が溢れている。それは思い込みではなく、手記の収集と解読の方法の賜物である。客観的分析の手順はつぎのとおりである。筆者は、手記を読み、記述の細部に分け入り、文章を分析する。その結果を関連資料と照合し、記述の整合性を確かめる（資料批判）。そのうえで筆者は、兵士の〈生の全体〉に接近する。まず、入手できた兵士の手記の全体を見渡す。そして、手記の書き手や時期、宛先、目的などを括弧に括り（横に置き）、手記自体の文脈に沿って手記を読む。つぎに、反復される範型的な表現を導き（解読の準則）として、文章の意味を合理的に推論し（意味連関を探り）、その意味を内在的に（文脈に沿って）理解する。さらに、それに他の手記を重ね（比較し）、文章の意味の確かさを検証する。同時に、類似の記述を整理し、類型へ昇華する（類型化）。そして複数の類型を積み重ねる。最後に、類型の全体を見渡して〈生の全体〉に接近する。研究者は、こうした手順により、認識の客観性の保持に努める。このことを、森岡先生はつぎのように書かれた（森岡、一九九五）。「合理的推論を可能にする手がかりにより、かつ決死の世代の経験を共有する者としてもつ解読のガイドラインに沿うて、戦没者の意味世界を探り、これをいわば内在的に理解しようとする」（同：二五）。そして、これに照応する方法として「重ね焼き法」を提唱された。それは、「資料全体を一つのプールとして扱い、そこに認められている共通特徴を取り上げて論じる」（同：二二）という方法である。そこから「その時代の若者を特徴づける人間類型をあぶり出」（同：二四）し、人間類型を構成し、それを積み上げて兵士の全体像を描写する。兵士は、「戦争と死」という共通体験をもつ人びとである。その体験の共通性が、手記の同質性をもたらす。そのような条件が、「資料全体を一つのプール」として扱う重ね焼き法を可能としている。

第一〇回研究大会に参加して

筆者は、テーマセッション「戦争社会学研究会――これまでの一〇年と今後のあり方」に招かれたこともあり、久しぶりに、二〇一九年四月二〇～二一日に関西学院大学で開催された研究大会に出席した。研究会の設立に関する筆者の報告では、設立当時の戦争研究の動向と研究会設立の関係について質問されてどぎまぎする場面もあった（当然の質問ではあるが、上述のとおり、筆者には答える力がない）。しかし、過去と現代の戦争に関わる諸報告、シンポジウム「軍事研究と大学」、そして上記のテーマセッションなど、二日とも、他の方々の報告を拝聴し、学び、いくつか疑問もあったが、十分に満喫した。研究会が戦争と人間をめぐる科学的認識の場であることを心強く確認した。そして、いずれの研究報告においても、本稿で述べた戦争研究の基本に関わる問題、すなわち、戦争と人間に関わる事象の全体的・客観的な認識はいかにして可能かという問題が、いまも突き付けられていることを知った。研究会の設立当時の議論は、まだまだ終っていない。それも当然である。事実の全体的・客観的な認識とは、戦争研究を超えて、社会科学存立の基本に関わる問題なのだから。そのような思いを新たにし、科学的認識のための議論と研究実践を今後どのように深めていくか、そこに戦争研究の未来がかかっていることを確認した。

参考文献

青木秀男『わだつみのこえ』一三〇号（日本戦没学生記念会、二〇〇九年）三四～四二頁。

森岡清美『決死の世代と遺書――太平洋戦争末期の』若者の生と死（補訂版）』（吉川弘文館、一九九五年）。

成田龍一『〈歴史〉はいかに語られるか――1930年代の「国民の物語」批判』（日本放送協会、二〇〇一年）。

戦争社会学が開いた扉
——研究会初期一〇年の活動を振り返って

野上　元
（筑波大学）

一、「戦争の記憶」研究と「新しい戦争」状況
——戦争社会学研究会設立の背景

本論に与えられた課題は、二〇〇九年の戦争社会学研究会設立後の一〇年間で会が達成した成果を、会の運営に関わったひとりとして回顧することだと考えている。もちろん会の問題点や見落としの点検をすることも不可欠であるが、さらにここではそれらを踏まえ、研究領域としての今後の可能性についても多少考えてみたい。

まず、二〇〇九年に研究会が設立されたときに、その背景となった学問的・社会的文脈をふたつほどあげておこう。

ひとつには、戦後五〇年にあたる一九九五年頃から様々な研究分野を横断して進められる「戦争の記憶」研究が、さらなる成果を生み出す可能性のある領域としてみえていたということがある。これは戦争体験者の喪失と入れ替わるようにして浮かび上がってきた研究領域であり、体験者という眼にみえる手がかりを出発点にしないぶん、課題設定や資料収集・資料利用において、多様なアプローチや発想を必要とするようなものであった(1)。

もうひとつ、研究会が立ち上がる二〇一〇年前後にみえていたのは、二〇〇〇年代がひとつの「戦争の時代」であったということである。二〇〇一年の「9・11」に起こった同時

多発テロ事件、同じ年のうちに起こったアフガン戦争、さらに二〇〇三年三月に始まったイラク戦争があった。それらの戦争は、一九九〇年代の湾岸戦争のときよりもはるかに深く強烈に、日本の国としての関与が議論となった戦争であった。イラクへの派遣のための特別措置法をめぐる国会で、「非戦闘地域」の定義で議論が紛糾していたことが忘れられない。冷戦終結以降に始まる状況の変化、「新しい戦争」の時代に自分たちがいるということが意識されるようになってきているということである。

さらに付け加えれば、その後、二〇〇九年に成立した民主党政権で改めて焦点化された沖縄の普天間基地移転問題があり、会設立後の二〇一〇年九月には尖閣諸島で中国漁船が海上保安庁の巡視船に意図的に衝突し、そのときの映像がYouTubeに流出するという事件もあった。二〇一二年には尖閣諸島国有化に反発して中国で反日暴動が起こった。こうした二〇〇〇年代からのできごとは、安全保障をめぐる国際状況や防衛の問題、あるいは反戦のあり方をより身近に考える機会となった。

つまり、前者の「戦争の記憶」ブームからの経緯が直接に研究のテーマ設定や対象を提供する一方、後者の「戦争の時代」も研究会の静かな土壌となって、研究領域としての活気、あるいは緊張感を生み出していたといえる。

二、戦争社会学研究会のあゆみから考える(1)

――立ち上げ初期の挑戦

それらを現在進行形の文脈として、最初の大会にあたる第一回研究大会が二〇一〇年三月、明治大学にて五本の個人報告を集めて開催され、研究会は本格的に走り始めた。運営委員会が組織され、ウェブサイトも作られた。

そうしたなか思い出されるのは、二〇一一年三月一二日に立命館大学で開催された第二回研究会大会の前日に東日本大震災が起こったことである。大会じたいは関西方面を中心とした会員の参加でなんとか開催された。個人的には、原発の事故によって二〇〇〇年代に培われた一般社会の関心の基軸が「戦争」から「反原発」に移ってしまうのではないかという懸念もあった。ただもちろん別の面から見れば、会黎明期における原発事故の経験は、会をして「核」をテーマのひとつとして定着させることに繋がったといえるだろう。

二〇一二年三月に筑波大学で開催された第三回研究大会か

らは、個人報告だけでなく、運営委員を中心に、シンポジウムやワークショップを企画するようになった。前年の開催危機を考えれば、会は設立早々に正念場を迎えていたのかもしれない。研究会としての構えを見せ、その可能性を基礎づける企画の必要を感じていた。

シンポジウム「『戦争』研究の視角――社会学と歴史学の交差」では、日本史学において軍事史・戦争史のみならず戦争観研究の重要性を示してきた吉田裕氏、学問領域としての戦争社会学そして軍事社会学の重要性をいち早く指摘し、その実践として「戦友会」研究を共同研究として立ち上げた高橋三郎氏（『共同研究　戦友会』インパクト出版会、二〇〇五年。旧版は一九八三年）、研究会の設立呼びかけ人のひとりであり、戦争体験者のひとりとして『決死の世代と遺書――太平洋戦争末期の若者の生と死』（吉川弘文館、一九九三年。旧版は一九九一年）を著した森岡清美氏の三名に登壇者となっていただいた。

いまでも、この三人が並んで登壇して下さったことに大きな達成感を感じている。吉田氏の『日本人の戦争観』（岩波書店、二〇〇五年。旧版は一九九五年）は、「戦争の記憶」研究でどれだけ参照されたか分からないほどだし、高橋氏を中心とした「ミリタリー・カルチャー」研究はそれと響き合っていた。これに森岡氏は、戦死者・戦争被害者の存在を背景にした緊張感を与えた。「交錯」を浮かび上がらせただけでなく、自分たちの研究会が力強い先行者たちの存在を承けてのことであると確認できたわけである。

また、同じ大会のワークショップ「戦争社会学をいかに構想するか――『戦争社会学ブックガイド』をめぐって」では、刊行されたばかりの『戦争社会学ブックガイド』（創元社、二〇一二年）をひとつの題材に、戦争社会学的な研究の可能性を探った。コメンテーターの一ノ瀬俊也氏に「戦争や軍事をめぐってすでに大量の蓄積があるのに、なにゆえ今『社会学』なんですか」という趣旨のコメントを戴いたときに、逆にこれから自分たちのやろうとしている会のあり方の新しさについて確認でき、嬉しかったのを覚えている。まさにポイントの核心はそこであり、(2)「戦争社会学という名前において『社会学』じたいには深い意味はないんです」とまで言ってしまった記憶がある。

引き続き二〇一三年三月に明治学院大学で開催された第四回大会でも、戦争社会学研究会の試みにとって重要な（重要すぎる）隣接・関連領域の最前線を走る登壇者として、近世の傭兵の姿に光を当てたドイツ近世軍事社会史の専門家である鈴木直志氏や、国内では珍しい「戦闘の社会学」の試みも含め、軍事社会学の国内第一人者である河野仁氏を招き、シンポジウム「軍事社会史・軍事社会学と戦争社会学」を企画した。両氏の報告は、「過去の」「日本の」戦争に探究の対象を限定してしまうことのないよう、会の方向性に刺激を与えてくれたと感じている。

テーマセッションも活発であった。「〈基地文化〉と社会」や「核の「民事利用」とポピュラー・カルチャー」の両企画は、歴史的な視点を重要視しつつ、先述の基地問題や反原発といった同時代史的・同時進行的な社会問題、現在に対する問題意識との関連性のなかで立てられたものである。

これら第三回と第四回大会の成果を会の方向性の骨格として、『戦争社会学の構想』(勉誠出版、二〇一三年)をいちはやく出版できたことも自信となった。

二〇一四年の第五回大会は、広島で開催された。シンポジウムは「被爆者をめぐる運動と調査と広島」、テーマセッションは「核兵器と太平洋の被爆/被曝経験」であったが、この企画の立て方において、研究会のスタイルのひとつが見えてきたように思える。

もちろん広島で開催するということで「核」の問題は重要であり、新しい視点から広島の被爆をめぐる固有の問題を深く掘り下げたシンポジウムを企画するのだが、同時に必ずそれをより広い文脈に繋げてゆくことが求められた、ということである。この場合、それが「核兵器と太平洋」という広がりであったのである。

三、戦争社会学研究会のあゆみから考える(2)

——続けられる挑戦

また二〇一五年四月に東海大学で行った第六回大会では、「特別講演」という形式による企画を立てた。慰安婦募集や慰安所設置についての研究の第一人者である永井和氏を特別講師として招き、事前に会員から募った質問に答えて貰う、という企画である。

慰安婦の問題がこれだけ議論されているにもかかわらず、そこに戦争社会学の知見が関与できないのであれば、私たちは何をやっていることになるのだろうか、という思いがあった。第一人者に教えを請いながら、自分たちの研究会が五〜六年のあいだに培ってきた、視点を変えたり広げたり繋げたりする方法でなんとか挑戦可能なのではないかと考えたことを覚えている。深く静かな探究が進んだり熱い論戦が交わされたりしているときには、論戦の外部からの視点が思いもかけず役立つこともないわけではない。とはいえ質問自体もあまり集まらず、啓発的な永井氏の講演に対し、会として十分に向きあうことができなかったと思う。個人的には非常に悔しい思い出となっている。

同年のテーマセッション「戦争と展示——大和ミュージアムをめぐって」は、戦争表象のメディアとしての「展示」を問題化しつつ、その観光や娯楽との結びつきを論じるために企画されたものであった。この研究会は、メディアや大衆文化・表象といった分野をすでに得意分野のひとつとするようになってきたということなのだろう。

個人的な話になるが、この第六回大会が終わった直後から一年間のサバティカルでアメリカに滞在した。様々な経験をしたが、その話が求められていたのだろう、二〇一六年四月に埼玉大学で開催された第七回大会では、シンポジウム「ポスト「戦後七〇年」と戦争社会学の新展開」に登壇した。軍事社会学の世界をもう少し本格的に勉強しようと思っているという趣旨の報告をした。

ただ、このシンポジウムで特筆するべきことは、自己啓発に結びつけられた特攻の記憶の「継承」問題についての考えを報告した井上義和氏と討論者としてこれにコメントをつけた蘭信三氏との応酬であった。

ふたりの応酬はそれぞれ原稿化され、翌年創刊された『戦争社会学研究』第一巻に収められている[3]。これまで『戦争社会学の構想』のように、会の企画が活字になることはあったが、大会でのやりとりが活字化されるのははじめてのことであった。さらに井上氏はこれらをまとめ、『未来の戦死に向きあうためのノート』(創元社、二〇一九年)を世に問う。そしてさらに戦争社会学研究会の例会で書評セッションが組まれる——。このシンポは、その端緒となった。こうしたこともまた、この研究会が刻んだ達成の一歩だったといえるはずである。

一方テーマセッションは、「「空襲の記憶」の境界——時間・空間・学問を越境して」というもので、これは運営委員の柳原伸洋氏が中心になって企画したものだった。端的にいえば、過去の「空襲」と現在の「空爆」に本質的な違いはないということであり、それは時間を越えるだけでなく、日本の空襲と諸外国における空襲・空爆の区別を越えて行くという問題設定であり、そのことは、必然的に、特定の学問領域の枠組みには収まらないということでもあった。

さらに翌年の第七回大会では、ひとつ大きな挑戦を試みた。沖縄での開催である。二〇一七年四月に琉球大学で行ったこの大会は個人的にも本当に印象深い。若手研究者の旅費負担も相当だったはずであり、どれほどの参加者が来て下さるのか、準備段階では皆目付かないところもあった。ただ会場には、刷り上がったばかりの『戦争社会学研究』創刊号の見本も置かれ、ささやかな達成感と大きな責任を感じた。

企画を立てた会議では、沖縄に行って沖縄戦のことをやるというのは、自分たちの研究会としては（という限定をつけたうえで）むしろ視野が狭いのではないか、という議論が盛り上がってしまった。そして「何か響き合うものがあるはずだ」といって、私たちが選んだのが、大岡昇平原作の『野火』というテクストをテーマにしたシンポジウム「『野火』の戦争社会学」である。青木深氏・松下優一氏の両コメンテーターが付け加えてくれたさらなる読解可能性も含め、『野火』というテクストの複数性（原作小説／市川版映画／塚本版映画）——とくに成田龍一氏はそうしたテクストの豊かな読解可能性を狭めてしまう力を指摘してくれた——がテーマとなったのである。単に現在と過去を対置してしまうのではなく、不断に上書きされて行く「戦争の記憶」の立体的な姿は、沖縄という地においてこそ説得的だったのではないか。[4]

そしてこの大会には「三日目」があった。大会参加者で都合の付いた者が残ってエクスカーション（巡検）を行ったのである。その準備として、大会初日には南風原文化センターの平良次子氏による解説もあった。もちろん陸軍病院壕跡の洞穴や不屈館は「沖縄」のほんの一部分でしかないはずだが、前二日の諸報告や前述のシンポジウムで示された諸知見と響き合う印象深い体験となった。

二〇一八年に開催された東京大学での第八回大会では、戦争を社会学で問うことの意味、というまさに研究会の足下について、再び特別講演という形式を用いて、歴史社会学者の佐藤健二氏に講演して貰った。佐藤氏の「社会学」も、越境的なものである。後述するように、研究会の「足下」はがら空きで、「戦争社会学とは何か」という問いはまだまだ開かれたものとなっている。

またこの大会では、西村明氏が中心となり、「宗教から見る戦争」というテーマセッションを企画した。このテーマが設定されるのには、研究会設立の呼びかけ人のひとりであり、会が立ち上がった二〇〇九年に亡くなった宗教社会学者・孝本貢氏の存在が大きい。人が人と殺し合うこと・殺し合ったことを可能にし容認させる原理はどのようなものかという問題として、今後も戦争社会学研究会は宗教の問題に関わり続けることだろう。それは佐藤氏の講演とも響き合っていた。(5)

四、戦争社会学研究会の達成と課題

以上のように企画を振り返ったうえで、この一〇年における戦争社会学研究会の達成と今後の課題を検討することにしたい。

まず、「戦争」を正面に見据えた本格的な研究会を組織し、それを一〇年続けられたことがある。そのあいだに、挑戦的なテーマのシンポジウムやセッションや例会を組むことができ、そこで世代や専門を越えた議論がなされ、多様な視点が確保できていることがある。戦争は巨大な現象であり、多様な側面を持っているので、多様な視点の確保や挑戦的=新鮮なテーマ設定は本当に重要なポイントである。

ここまで見てきたように、それは一〇年の達成であるとともに、一〇年続けられたことの条件でもあっただろう。特定の政治的立場や価値判断からの研究にならないものを(できる限り)探し続ける姿勢が必要とされており、その必要性を認識し共有できたこともまた達成であったといえるだろう。一〇年経ったことで、新規参入も増えており、次の世代も加えて、さらに研究会が展開してゆくのではないかと期待できる。

三つ目の達成として、関西学院大学先端社会学研究所が刊行した全三巻本の『戦争が生みだす社会I～III』(新曜社、二〇一四年)の書評セッションを同研究所と共催できたことを始め、様々な研究組織や研究機関、あるいは科研のプロジェクトと連携・共催したりすることができていることもあげられるであろう。連携の試みにおいて会に新鮮な空気が入り続けることをこれからも期待したい。(6)

さらにもうひとつ加えておけば、厳しい出版状況のなか、会参加者各位の尽力において、シンポジウムやテーマセッションをもとにした専門書・学術誌が刊行できていることも達成として挙げておきたい。逆に言えば、それだけの厚みを持った企画を立て続けられているということだろう。

逆に今後の課題とされるべき、未達成な点を挙げておきたい。

先に述べたように、「戦争社会学とは何か」と問われても、完全な定義はできていない。特に、新しく学問の領域を立ち上げるに足る、根本問題のようなものも共有できていない。ただもちろんこれは、多様な視点を確保し越境的な挑戦を続けるための条件でもあった。「戦争社会学とは何か」という問いかけが開かれたままになっていることで、むしろこれが会の企画を生み出し続けるジェネレーターのようなものになったのである。

ここで「社会学」の含意じたいは、当面「価値自由」と「学際性」で十分だったということなのだろう。前者は価値中立という意味ではなく、自分の指向性の反省的な把握であり、その確認には多様な視点が必要だということで、それは後者と関連している。そうしたことを指して研究会を「広場」と呼んでみたこともあった[7]。もちろん絶えず自己検証は必要であり、この小文も含め、「戦争社会学とは何か」を問い続け、共有されるべき問題を探し続けることが今後も課題となるだろう。

ただ、「社会学」の含意としてもうひとつ付け加えておけば、「比較」の必要、ということがある。視点を広げたりつなげたりするのが本研究会の特色であり強みだと述べた通りだが、それでも時に、それが弱くなることがある。

常に何らかの比較研究を志すべきだということではない。だが戦争史・軍事史の勉強は、日本のそれだけでなく、タテとヨコに広く進めるべきなのだ。国家や社会の比較というだけでなくテーマ間の比較、関連性の検討も求められている。もちろん、どのようなものであれ、対象やテーマに惹かれ、深く没入してしまうのが研究者というものだろう。ただ対象やテーマの「面白さ」、ユニークネス、事例としての「強度」(固有性と普遍性の表れ方)は、比較を意識して初めてみいだせるものである。そして、それが自分の研究と他の研究とのリンクを見出すことにつながってゆく。

自分の指向性の把握としての価値自由、そして比較の視点を意識することによる自分の研究対象の強度の確保がどれほど大事かということは、まさに未だ捉え切れているとはいえない「現在の戦争」、そして「未来の戦争」に(明示的に、あるいは静かな問題意識として)関わってゆかなければならないというときに、一層強くでてくるものだろう。

過去の戦争をめぐる探究と現在の戦争による問題意識、両者を繋ぐものとしての「記憶」研究が本研究会の強みであるということは確認できた。前述したように、この研究会設立時の時代的文脈・研究の動向を思い出してみれば、それはこの研究研究会という場にすでに仕掛けとしてセットされているはずだと考える。ささやかながら本小論を、それを想起させる試みとして位置づけるとともに、そのような場に今後も関わってゆければ幸せだと感じる次第である。

注

(1) 野上元「テーマ別研究動向(戦争・記憶・メディア)」(『社会学評論』六二巻二号、二〇一一年)参照。

(2) 一ノ瀬俊也「「歴史学と社会学の交差」についての偶感——『戦争社会学ブックガイド』をめぐって」(福間、野上、蘭、石原編『戦争社会学の構想』勉誠出版、二〇一三年所収)参照。

(3) 井上義和「感情の発露と美化批判——ポスト戦後七〇年の対立軸」、蘭信三「「特攻による活入れ」という衝撃——「記憶の継承から遺志の継承へ」モデルの批判的検討」(ともに『戦争社会学研究』第一巻、二〇一七年所収)参照。

(4) 同シンポジウムの報告は『戦争社会学研究』第二巻(二〇一八年)の特集1「戦争映画の社会学」参照。

(5) 『戦争社会学研究』第三巻(二〇一九年)所収の佐藤健二「戦争社会学とはなにかをめぐって」、および特集「宗教から見る戦争」参照。

(6) 付け加えておけば、(これは西村明氏の貢献が大きいと思うが)例会において英語による講演や書評会をやったことも達成であったと思う。

(7) 野上元「戦争社会学が開く扉」(『戦争社会学研究』第一巻、二〇一七年所収)参照。

投稿論文

占領期における京都の都市イメージ構築

――「アメリカ」の承認と「非戦災都市」アイデンティティ

小川実紗
（立命館大学）

はじめに

問いの設定

日本の京都がアメリカの好意により非戦災都市として残されたことは東洋文化の香り高い温床地としての将来を約束づけられたもので今国会で京都国際文化観光都市法案が成立の一歩手前にあることは文字通り京都を国際的な文化観光の舞台に乗せ上げる重要な意義を持つている。[1]

この引用文は占領期の『京都新聞』に掲載されたものである。占領期京都の都市イメージでは、京都が「非戦災都市」であることと、それがアメリカの「好意」によるものだということが積極的に語られた。なぜ、京都の新聞メディアが京都の都市イメージを語る際、アメリカという勝者による「好意」や「承認」を持ち出さなければならなかったのか。そこに「非戦災都市」のアイデンティティはどのように関係していたのだろうか。本論は、戦後初期における京都の都市アイデンティティと占領の関係性について問うものである。

具体的には、『京都新聞』を中心とする占領期の京都におけるメディア言説を分析し[2]、占領という特殊な状況下で、京都ではどのような都市イメージが構築されたのかを考察する。

さらに、そこで「アメリカ」の承認と日本国内での位置づけが果たした役割を明らかにする。

現在の京都は日本有数の歴史都市であり、「伝統」のイメージを持つ観光都市として有名である[3]。京都市が掲げるキャッチコピー「日本に京都があってよかった[4]」というフレーズからは、そうした京都の自負も確認できる。このように京都の都市イメージは、東京を中心とする他の都市と差異化しつつも、日本のナショナル・アイデンティティと分かちがたく結びついたものである。京都は一地方都市でありながら、イメージの面で日本社会において「ナショナル」とも「ローカル」とも異なる独特の立ち位置を担ってきた都市であるといえる。

京都の国内におけるこうしたポジションは、少なくとも東京が正式な首都となった明治期以降続いてきた。しかし、戦後京都の都市イメージは、戦前期からみられたナショナル・アイデンティティとの関係性を引き継ぎつつも、敗戦と占領により始まった戦後初期に特有の変化を示していく。本論では、占領期の京都が構想した都市イメージを明らかにしたうえで、敗戦国となった直後の日本ナショナルに対して京都が担おうとした役割について考察する。

先行研究

戦争と社会に関する研究領域では、戦争がどのような社会構造や社会空間の変化を生み出したのかについて考察されてきた。本論は、戦争とそれによりもたらされた占領という社会体制が、京都イメージの構築にどのような影響をもたらしていたのかを明らかにするものであるため、前述の研究領域に位置付けられる。戦争の影響による地域のイメージやアイデンティティの構築に関する先行研究として、福間良明『焦土の記憶』（新曜社、二〇一一年）や福間良明・山口誠・吉村和真『複数の「ヒロシマ」』（青弓社、二〇一二年）などがあげられる。これらの先行研究では、広島や長崎、沖縄といった日本のなかでも特に大規模な、あるいは他地域とは異なる戦争の被害を受けたことが地域イメージの一部として語られる地域を対象に、実際の空間やイメージがどのように変化し、そこではいかなる「戦争の記憶」が選びとられ、あるいは忘却され、各地域のアイデンティティがつくられていったのかが考察されている。一方で、京都は、現在では「戦争の記憶」と関連して語られることがほとんどない地域である。むしろ、戦災がないこと、戦前から変わらない姿を残すということが積極的に語られてきた。しかし、実際には、京都も少なからず空襲の被害を受けており、一時は原爆投下の第一候補にもなっていた。[5]さらに、占領期にはGHQの西日本を統括する第六軍司令部が置かれたことで大規模な接収があった。この意味で、戦後の京都イメージも戦争と完全に切り離して語ることはできないものである。にもかかわらず、なぜ、京都は戦争や戦災とは無関係であるかのようなイメージをおびることになったのか。本論では、占領と京都イメージひいては日本の古都イメージを検討することで、「京都神話」ともいえる言説やそれを支える社会的磁場を、戦争との関わりから明らかにする。「戦災がない」という認識が占領下の社会状況と相まって、どのような地域アイデンティティを作ったのか、これを浮き彫りにするには、京都を扱うことが適切であると考える。このように、戦災について語られるあるいは語られないことが、戦後の都市イメージに影響するという点も、戦争と社会を考えるうえで重要な視点だといえよう。

占領地と「アメリカ」、戦後日本社会と「アメリカ」について考察を行った先行研究としては、吉見俊哉『親米と反米』(岩波書店、二〇〇七年)や難波功士編『米軍基地文化』(新曜社、二〇一四年)がある。前者は、米軍基地が置かれた街で、「アメリカ」的なものが基地の外へと流れだし、街の文化やイメージを変化させた事例を考察している。後者は、「敗戦・占領・駐留」によって戦後社会がいかに規定されてきたかについて、文化的側面を中心に様々な事例を用いて描き出している。このように、占領軍との関わりにおいて、アメリカナイズされた新しい戦後のローカル・アイデンティティを作り出していった都市については、一定の研究がなされてきた。一方で、京都は、「アメリカ」との関係で占領期の都市イメージ構築について十分に考察されてきたとはいえない。横浜や六本木が「アメリカ」的なイメージを都市イメージに反映させていく事例とは対照的に、京都は「アメリカ」のまなざしを内面化することで「日本の古き良き伝統」のイメージを強めていった。京都はGHQ第六軍司令部が置かれ、複数の施設が接収された占領地でありながら、米軍関係者に対して「日本らしさ」の観光地として描き出されもした。このような京都を分析対象とすることは、戦後日本のナショナル・アイデンティティを考えるうえでも、横浜や六本木とは異なる戦後の都市イメージ構築の在り方をみることができるという点で、意義が大きいといえる。

京都イメージに関する先行研究としては、山上徹『観光の京都論』(学文社、二〇〇二年)や丸山宏・伊従勉・高木博志編『近代京都研究』（思文閣出版、二〇〇八年）などがある。前者は、観光マーケティングの視点から戦後の京都観光論を展開している。後者の研究は、近代以降の京都の都市としての成り立ちを政治や文化など幅広く記述し、そのうえで近代京都イメージについて考察がなされている。そのなかでも特に、高木博志「古都京都イメージと近代」は、近代京都イメージの変遷を江戸後期から通時的に整理したものであり、本論の重要な先行研究である。しかし、京都イメージに関する先行研究においては、占領期はしばしば見過ごされてきた。京都は、東京・大阪などの都市と比べて戦争による物理的な被害は大きくなかったが、GHQ司令部が置かれたことにより「アメリカ」の視線が注がれることになった。そうした状況下で、京都では戦後の都市としての方針がどのように議論されたのか、そこに「アメリカ」のまなざしはいかに関わっていたのかを明らかにする必要がある。さらに、他の地域のイメージに比して京都イメージの特殊性は、それがローカルなものでありながら同時に日本のナショナル・アイデンティティとも結びついている点にある。これについて、高木（二〇〇八）は、「近代都市・京都の、他とは違う文化的意義は、『古都』の言葉に象徴される、前近代の『歴史』『伝統』という文化的価値を背負った都市の性格にある」[6]というように、前近代との連続性や「古都」という言葉が示す天皇制との結びつきから論じている。本論は、これを参考にしつつ、占領期に焦点を当てることで、戦前と戦後の連続性や、敗戦・占領に伴うナショナル・アイデンティティのゆらぎ、そして「アメリカ」という他者との関係性の変化もまた、戦後の京都イメージ構築に影響を及ぼしていたことを明らかにする。

京都の占領期を扱うまとまった研究として、西川祐子『古都の占領』（平凡社、二〇一七年）があげられる。西川（二〇一七）は、自身の占領体験をもとにインタビュー調査と文献調査を行い、占領に伴う京都の行政の変化および京都に住む人々の生活状況について詳細に描き出している。このような占領の実像を地域史あるいは生活史として丹念に描き出す研究の重要性は言を俟たない。一方で、そうした研究をふまえたうえで、メディア上で占領期の地域イメージがいかに語られたのかを明らかにすることも、占領による地域の変化の全体像を捉え、それがどのような社会的磁場に支えられていたのかをより精緻にみるために必要な作業であろう。また、メディアを通して描かれるイメージは社会的に構築されるものであるため、これを読み解く作業は、京都研究に閉じるものでなく、日本社会の文脈に位置づけることができ、ローカル（京都）・ナショナル（日本）・アメリカという三者の相互作用のなかで京都イメージが創られていくさまをとらえることにつながる。戦後の京都イメージは、他者からのいかなるまなざしを受けどのようにつくられたのか、それは敗戦・占領の体験といかに結びついていたのか。これらの問いをふまえ、本論では、メディア言説の分析を通して、占領下の地域アイデンティティがどのように構築されるのかを明らかにすることに主眼を置く。

方法と構成

主な資料としては、『京都新聞』の記事を用いた。[7]京都の占領直前期および占領初期にあたる一九四五年の九月から一〇月は、戦後京都の方針や占領状況、対策などが盛んに語られた時期であるため通読し、重点的に分析した。それ以降に関しては、京都の今後の構想が語られることの多い年末と元日、その前後の紙面を一九四五年から一九五二年分まで入手したほか、観光都市化をめぐる都市イメージの議論を確認するため、京都の観光に関わる出来事の前後の記事を分析した。一九五〇年七月の国際観光都市法制定、一〇月の公布は、京都の都市イメージ構想の方針を決定づける重要なできごとであった。そのため、この前後の時期である一九五〇年六月から一一月までの期間についても『京都新聞』の記事を通読した。

また、占領後期の一九五〇年八月には現在まで続く雑誌『月刊京都』[8]が、京都の出版社である白川書院により創刊された。この雑誌は、「日本のふるさととしての京都の観光と美術の随筆誌」であり、「京都市観光局とも密接な連絡をとりつつ、全京都の公器的な存在」として刊行された。[9]本研究ではこれを通読し、補足資料として用いた。[10]『月刊京都』の創刊は前述の観光都市法公布の時期と重なることから、誌面では、占領期のなかでも特に京都の都市イメージに関する議論が活発であった。そのため、『京都新聞』で確認された言説を跡付ける目的から『月刊京都』を副次資料として用いた。

本論の内容は次のとおりである。第一節では、前史として近代以降の京都と都市イメージについて確認したうえで、京都の占領状況を整理する。次に第二節で、「東京」との対比という日本国内における関係のなかで占領期の京都の方向性がどのように模索されたのかを明らかにする。第三節では、占領に伴い京都が意識せざるを得なくなった「アメリカ」のまなざしを、京都はいかに受け止め内面化しようとしたのか、あるいはしなかったのかを考察する。それをうけて、東京とアメリカというふたつの他者を鏡として映し出された占領期京都の自己像はいかなるもので、そこに日本社会は何を見ようとしたのかを検討する。[11]

一、占領期京都の状況と都市構想

「天皇の故郷」としての京都

明治は近代であると同時に、明治天皇の「聖代」といわれた時代でもある。このような時代にあたり京都は、首都東京に対して「西京」と呼ばれるようになっていった。幕末の時代に江戸が「東都」と呼ばれた際には上昇感が伴っていたが、逆に京都が「西京」と称されるのには転落感があり、京都市民のプライドを深く傷つけるものであった。[12]さらに、安政開港により生糸が高騰し、西陣織が大打撃を受け、京都経済は低迷していた。その上、一八六四年の蛤御門の変により洛中の中心部分を焼失し、都市としての機能を失っていたといっても過言ではない状況にあった。このように精神的にも経済的にも危機的な状況の下で、京都は近代都市として再生することが最重要課題となる。[13]

ただし、東京遷都が行われたからといって、京都が東京に日本の「伝統」のシンボルの座を完全に明け渡したわけではなかった。伊藤（二〇一〇）は、「東京には天皇・皇室や皇族が住んでおり、皇居（宮城）の空間はしだいに特別なものとなっていった」ことを指摘し、こう述べる。「東京は近代になってから初めて天皇と結びつき、しかも商工業都市として膨張を続けており、天皇・皇室や日本の伝統の十分なシンボルにはなり得ない面もあった。それを埋め合わせるため、明治天皇と共に大日本帝国が発展し、天皇の権威が高まると、天皇と結びついた京都は、東京を含む全国の他の都市に対して特別な空間となっていった」。[14]原（二〇一四）は京都で生まれ育った明治天皇の個人的な京都への愛着にもふれている。[15]つまり、東京遷都後も京都と天皇の結びつきは断絶したわけではなく、京都は、東京や他の都市に対し「近代天皇の故郷」という「伝統」を表す都市アイデンティティを持ち続けた。[16]

しかし、第二次大戦後に大日本帝国的な天皇観が否定されていくなかで、京都は「近代天皇の故郷」としての優位性を誇示できなくなる。伊藤（二〇一〇）はこれに関して、「戦後に京都は天皇・皇室との関係において特権を失い、しかも他の戦災都市のように国からの援助が受けられなかったので、市当局が主導した開発は、他都市に比べ遅れ気味であった。その反面、御所・御苑を含め、古代から近世に由緒をたどれる有名社寺、四囲の山々、市街を流れる川など、文化・観光資源は数多く残されている。また、幕末・維新の歴史も市街の各地に詰まっている。これが京都を魅力あるものとし、また京都の住民の誇りの源泉となっている」[17]と述べている。では、「天皇の故郷」としての特権性を全面的に打ち出すことができなくなった占領期において、京都の都市イメージはどのようなものであったか。またそれはどのように戦前を引き継ぎ、あるいは変化したのだろうか。

京都の占領

日本に進駐したアメリカ陸軍は、日本を東西に分け、横浜の第八軍と京都の第六軍がそれぞれ管轄することとなった。京都に進駐する占領軍受け入れのための終戦連絡事務京都委員会の第一回会合は、一九四五年九月七日に京都府庁で実施された。そのなかで京都市長は、全国に先駆けて横浜、東京、そして京都に占領軍司令部が置かれる理由を問い、それに対して参事官が、関東、東京に進駐した第八軍と京都に進駐する第六軍の違いとして、米軍第六軍はフィリピン、特にレイテ島において、京都の伏見にあった旧日本軍第一六師団と熾烈な戦闘をかわした兵士たちからなる軍団であるという因縁を説明した[18]。第六軍司令部は四条烏丸の大建ビルに置かれることとなる(旧丸紅ビルで現在は商業施設COCON KARASUMA)。九月二一日、ハイライン大佐を団長とする進駐軍調査団が先鋭隊として到着し、入京する進駐軍の収容施設のための接収建物を確保するなど受け入れ準備が進められた。続いて九月二九日、第六軍司令官クルーガー大将が入洛し、京都は軍事占領による統治下に入った[19]。

京都には西日本統括の拠点が置かれたこともあり、大建ビル以外にも比較的大規模な接収が行われた。進駐軍関係者の住まいとして京都ホテルや京都府立植物園、平安神宮で有名な岡崎公園一帯もその対象となった。京都府立植物園の接収は実は代替案であり、GHQは当初、京都御所を接収の対象として要求していた。しかし、京都のそして天皇の象徴ともいえる御所を奪われることは府民だけでなく日本国民にとって大変な精神的苦痛を伴うとして政府側が抵抗した結果、植物園を代わりに差し出すことになった[20]。

こうしたなか、占領下において、京都は観光都市化を進めていくこととなる。一九四六年第九〇回帝国議会請願委員会にて「観光立国」という語が初めて登場し、占領下日本において観光の国際化が推進されていった[21]。ただし、当時の出入国に関する権限はGHQにあり、民間人の自由な出入国は禁止されていたため、実質的には観光を促す対象は米軍関係者に限られていた。京都の観光に関する議論が最も盛んになるのは、国会で京都国際文化観光都市法が制定された一九五〇年であったが、観光都市という方向性は占領が始まって間もない時期からみられ、一九四七年ごろには三年後に制定される新法案を視野に入れた具体的な議論や構想が『京都新聞』の紙面上で確認された。

占領初期の『京都新聞』の報道

京都進駐を目前に控えた時期、『京都新聞』における報道はどのようなものだったか。

一九四五年九月六日の記事では、「女が笑顔を見せると売笑婦と間違はる　知つて置きたい彼等の習慣」として「先方が若し『ハウデウユーデウ』とか『ハロー』とか『ヘイ』とか呼びかけて来た場合は、相手にならず態度に隙をみせないことが最も大切だと思ふ[22]」などと書かれており、まだ見ぬ進駐軍に対してかなり警戒していた様子がうかがえる。

一方で、占領前には進駐軍のための娯楽施設なども準備が進められ、そのことが京都の再建に一役買っていた側面もあった。一九四五年九月九日、「進駐する京都」特集の「急テンポでキャバレー六ケ所　ダンサー志望も既に二百名」という記事では、進駐軍の入洛は「京都の娯楽復興に拍車を加へ」、「再建京都にはまづ歓楽街から（中略）第一歩を踏み出した[23]」とあり、復興・再建という視点からどちらかといえば好意的にみる向きもあった。キャバレーに関する記事ではほかにも、「進駐軍は皆紳士　ダンサーのお株奪った素人娘」（一九四五年一二月一六日）と題して、京都一の広さを誇る「歌舞伎」のボールルームがカーキ色で埋まるさまや、進駐軍の下士官が若い日本人ダンサーにたどたどしい日本語で「ワタクシアナタガスキデス」と話しかける様子などを記述したルポルタージュも掲載されていた[24]。

京都の占領は、京都市民に対してアメリカ人からのまなざしが向けられるということであると同時に、京都市民もまたアメリカ人にまなざしを向け、自分たちがどのようにまなざされているかを内面化していく側面もあった。一九四五年九月一四日の『京都新聞』の記事では「不愛想はいけない〝イエス〟〝ノー〟をはつきりと」「進駐軍に好感を持たせやう[25]」と呼びかけている。さらに、一九四九年四月三日の『京都新聞』社説では「観光事業と美化運動」として次のような文章が掲載されている。

> 来訪の外人が日本を訪れまつさきに不快に感ずるのは、鼻たらし小僧の多いことと、乾物台の洗い物が表通りから見えることだという。鼻たらし小僧は、その両親、従つて市民のたしなみの乏しさ、衛生に対する無関心をあらわす。人前に見せるべからざる洗い物をヒラヒラさせるのは、下劣な品性を広告しているようなものだ[26]。

「鼻たらし小僧」は、「市民のたしなみの乏しさ」、「衛生に関する無関心」をあらわしているため、身だしなみを整えなければならない、さらに、洗い物を見えるところに置いておく「下劣な品性」も改めなければならないと注意を促している。アメリカを中心とする外国人からのまなざしは、日常生活においても意識されるものだったと思われる。京都を外国人に対していかに見せるかということは、観光京都の議論においても重要視されていく。

二、東京との対比

京都における「戦災」と「伝統」

第二次大戦後の京都におけるメディア言説では、京都が「戦災に見舞われなかった」ということが戦後の都市構想に結び付けられるようになる。

> 京都を母体に新しき日本創造――疎開跡も大きな復興あり
>
> 古い永い歴史を新しい歴史に繋ぎ、伝統を生かし未来に生きる新建設こそ京都の行くべき途である、京都は戦災に見舞はれず破壊から免れているだけに、全くの新しい構想をもつて望むには幾多の困難な点があらう、しかし破壊されていないだけにまた恵まれた点も多々ある訳で、この恵まれた点を最大限に活用して行くことが必要であらう[27]。

上記の『京都新聞』の記事（一九四五年九月四日）のように、戦災を免れた京都が中心となって復興を進めていくべきだという語り方は、『京都新聞』において繰り返し登場した。「焼けずに残つた唯一の大都市であるといふことは、別だん我々京都市民の手柄にはならない。むしろ敗戦の惨禍から立ち直るために、焼けなかつた京都は大きな責任を感じなければならない、進駐軍に交通整理をして貰ふなどは少しダラシが無さすぎる」[28]（一九四五年一二月一三日）というように、京都が「焼けずに残った唯一の大都市」であるという強調のされ方もめずらしくなかった。そこからみえてくるのは、戦災を免れたことと、「伝統」や「歴史」を残すこととの結びつきである。

これは、戦後の「日本らしさ」を担うものとしての京都イメージにもつながっていく。

> 従来の京都に国際都市としての十分の施設を強行しなければならない、と同時に市民自身が日本文化の淵源としての京都国際観光都としての□□［判読不能］と責任とをもち、これを心から護持することが絶対に必要だ。立派なホテル、ダンス場も必要であらうがより一層市民自らがやまと心の故郷に生をうけた栄光を感じて、いかにも明朗にいかにも気持よく振舞はなければならぬ。[29]

上記の記事（一九四五年八月三〇日）では、京都が「日本文化の淵源」、「やまと心の故郷」として語られている。このような表現自体は戦前にもみられた。ただし、戦前においては、京都の持つ「伝統」や「日本文化」のイメージはその根拠として「天皇とのつながり」が主張されていた。[30]それが、占領期においては、戦災を免れたということが選び取られ、戦後京都の都市イメージの一部となっていったのである。

「破壊された首都」と「守られた古都」

京都を中心に戦後日本の復興を進めていくべきだという主張を裏付けるものとして「戦災を免れた」ことが積極的に語られた。こうした戦後の京都イメージを強調するためにしばしば引き合いに出されたのが、東京との対比であった。戦前には、天皇との結びつきがまだ浅い東京に対して、京都は「近代天皇の故郷」であると主張することで優位性を保ってきた。[31]それが戦後には「戦災」都市であるかどうかという論点にすり替わってゆく。それを念頭に、京都と東京の対比および「非戦災都市」アイデンティティの内容について以下でみていく。

その故郷（東京）は、私に何ひとつ故郷らしい感じを与えては呉れない。（中略）私は知らぬ間にふる里に見すてられふる里を失つていた。東京をふる里に持つ者の哀愁をしみじみと味ひ、しみじみと嘆き、そして又何かサッパリとしたような愉快さをさえ感じた。

関東の大震災は東京の顔を変えた。そしてこん度の戦争でその顔は又一変した。だから私の想ひ出にある橋も町も丘も森も神社も、昔の姿でなくなつているのは当然と言うべきで、そうしたセンチメンタルに浸ろうとした私は、震災も空襲も受けず、維新からなる、或は千年も昔の京都に住んでいた故で、時代のはげしい転変に遅れていたのかも知れぬのである。[32]

これは『月刊京都』一九五二年一〇月号に掲載されたものであるが、東京が関東大震災で都市として大きく変化したことに加えて、第二次大戦の空襲によってさらに昔の面影を失ってしまったと嘆く。その一方で、「震災も空襲も受けず、維新からなる、或は千年も昔の京都」と表現している。このように、戦後の京都イメージに関する言説においては、東京を引き合いに出すことで「伝統」のイメージが強調される。戦後新たにつくられた東京に対し、戦前から変わらない「伝統」を残す京都という言説からは、戦前戦後の、断絶を象徴する東京と、連続性を象徴する京都というそれぞれの役割をみることができる。

『月刊京都』では文化人たちが東京との対比で京都を盛んに語る。詩人・神保光太郎は一九五二年六月号で、第二次大戦の文士部隊としてシンガポールに身を置いた際、恋しく思ったのは長く住んだ東京や生まれ故郷の東北ではなく、わずか三年を過ごした京都であったというエピソードを語り、「東京が良くもわるくも近代日本のあらぶる姿を象徴しているとすれば、その底を流れ、ふと、寂寒のひととき、日本人であつたといふ血の証を与へるのは、京都の持つあの古いが静かな情熱をたたえた雰囲気ではなからうか。（中略）ともかく、私にとつては、京都は秘蔵の花であり、郷愁の町であり、京都を憶ふと胸がいたむのである」[33]と綴っている。画家である須田剋太もまた、一九五〇年九月号で、「私は東京の街を好かない。日本の盛場のホコリとゴミのタイセキの色感は何かさもしくなる。所が京都は、余程の繁華街でない限り、しつとりとしていて何んとも言へぬ古代調がある。京都は実に日本の故郷かもしれない[34]」というように、京都に「日本の故郷」を見出している。

実際は、占領に伴い京都にも盛り場やキャバレー、スーパーマーケットなどが作られ、他の占領地と同様に、空間的なアメリカ化の影響を少なからず受けていたが、イメージに関しては東京との比較において、京都が「古き良き日本」や「本来の日本のあるべき姿」を残すという言説が多く見られた。戦後京都は「近代天皇の故郷」から「日本人の故郷」へと性質を変化させ、東京遷都以降京都が抱いてきた「西京」という言葉に象徴されるような東京に対する劣等感は薄れていく。敗戦・占領という経験は京都にとって東京へのリベンジを達成させながら、傷ついた占領期のナショナル・アイデンティティに対しては、「日本らしさ」のイメージを担うことで日本人の精神的避難所としての側面も持っていたのである。

「非戦災都市」アイデンティティ

前述のように、京都の戦後都市構想の議論では、他地域に比べ戦災が少ないという言説が積極的に選び取られてきた。これは、「非戦災都市」という戦後京都のアイデンティティを確立させていく。「非戦災都市」という言葉は、『京都新聞』および『月刊京都』で占領期を通して確認された。例えば、『京都新聞』(一九四七年一二月三一日)では、「唯一の非戦災都市として観光施設文化財温存を誇る京都、だが文字通り親切な観光都としてその施策が充足されてきたであらうか[35]」といった記述がみられる。『月刊京都』(一九五〇年八月号)ではより詳しく言及されている。

> 国民性の変転といふものは、一瞬も止つているものでなく、殊に戦後の日本には、アッといふ間に、新しい趣味や嗜好が採り入れられた。それは、非戦災都市の京都だけは特別だなどといふわけにはゆかない。近代的、活動的、積極的で、刺激に富み、明るく、色彩も強く、カーッと来るやうな強烈な分子を多分に盛つた(ママ)傾向のものでなければ、一概に、封建的だとか何だとか言つて、一顧にも値しないやうにいふのが、一種の流行のやうになつて来たのである。今日、競馬、競輪、さてはダンスやキャバレーが横行しているのが、その一端のあらはれ

だと考へられる。[36]

上記のような「非戦災都市の京都だけは特別だなどという わけにはゆかない」という指摘がなされること自体、その認識に近しい空気が一般化していたことの裏返しであろう。

文芸評論家・古谷綱武は一九五〇年九月号で、復員すると東京をはじめ名古屋・大阪・神戸は「昔日のおもかげをとどめない無残な焦土」であったが、京都だけは「戦争がなかつたかのようにも見えた」といい、「戦争の痛手も、心を感傷的にしただけであつたのは、それが、焼けない古都でながめたものだつたからであろう」と語っている。[37]さらに古谷は、戦後初めて京都を訪れたにもかかわらず、京都を「心のふるさと」だという。ここでは、実際の空間的な変化の有無は問題ではない。日本が占領下におかれ、「アメリカ化」が進行するなか、京都には「日本人の故郷」という印象が強く読み込まれるようになっていたのである。

それを裏付けるように、『月刊京都』(一九五二年一〇月号)では、「第二次大戦にも戦災を蒙らなかつた京都は、ひとしお民族のふるさととしての価値をたかめ、深い再認識のうちにある。京都がこのように貴重な価値を持ち、それなるが故に大切に保存されなければならないことはいうまでもない」[38]という議論もみられた。

ここに、京都の「非戦災都市」アイデンティティの特徴を見ることができる。京都が持つ「日本らしさ」の価値は戦災を被らなかったことで高まったとする背景には、東京との対比があったのだ。それだけでなく、もうひとつの他者「アメリカ」の存在による影響も大きい。「アメリカ」が京都の「伝統」に価値を認め、京都への空襲や原爆投下を避けたという通説は現在にもしばしば語られるものであるが、吉田守男『京都に原爆を投下せよ』(角川書店、一九九五年)が指摘するように、それは事実ではない。京都原爆が避けられたのは、それに伴う日本国民の反発が終戦後の占領統治に支障をきたすことが危ぶまれたためであり、少なくとも京都は、一度は米軍による空襲・原爆投下の第一の候補地とされた都市だった。さらにはGHQの西日本統括の本拠地が置かれたこと、御所に軍関係者の住居を建てる計画もあったこと、京都市植物園や岡崎公園のような大規模な接収、二条城目前を通る堀川通が米軍小型飛行機の滑走路になったことなどは、現在では忘却されている。この忘却の背後には、占領期に構築された「非戦災都市」イメージの存在も一定の影響をもたらしているだろう。

三、観光都市構想と「アメリカ」

京都の戦後都市構想にみる「アメリカ」のまなざしの内面化

では、京都の占領期における観光都市構想をめぐり、「非戦災都市」イメージとアメリカのまなざしとはいかに関わっていたのだろうか。

終戦後間もない『京都新聞』（一九四五年八月三〇日）の特集「新しき構想」では、京都が、「千年皇武の地としてのえもいはれぬ文化の匂ひがほのかに鼻を衝く日本の観光地でも東洋の観光地でもない、実に世界に冠絶する観光都」であるため、「市民自身が日本文化の淵源としての京都国際観光都として」責任を持つことが必要だと呼びかけられている。[39] このように京都は終戦直後から「国際観光都市」としての性格を模索し始めていた。しかし、その議論がより活発になってくるのは、一九五〇年の国際文化観光都市法の制定を目前に控えた時期である。『月刊京都』では、観光都市構想をめぐる議論が様々になされていく。

『月刊京都』創刊号（一九五〇年八月）には「観光京都のこれから」と題する熊谷直清（鳩居堂社長）の次のような文章が掲載されている。

京都は観光都市である、と頭から決めてかかつて、いろいろの論議もこの基盤の上に立つてなされているが、われわれは、この観光都市の、内容なり性質なりを、時々反省してみる必要があると思ふ。（中略）これらの京都のよさに、大体共通している点を考へてみると、いづれも、古典的、静的、内省的、消極的、閑寂といつた傾向のものばかりだといふことに気が付く。（中略）殊に、現在の状態で、アメリカの人たちにどの程度訴へているだらうか。どの程度の魅惑を与へているだらうか。——同邦の人たちでさへ、容易にとりつけない、お茶の大徳寺や、龍安寺の虎の子渡しが、異邦の人の心を、ほんとに捕へていると思へるだらうか。その場では、「おおワンダフル！」などとお愛想をいつてくれるだらうが、あんな退屈で、窮屈で、刺激のない見物は、もう懲りたといつて、二度とやつて来ない事実をどう考へるか。[40]

観光都市としての今後の京都の在り方を検討するうえで、「アメリカの人たちにどの程度訴へている」かという判断基準を提示し、「古典的」つまり「伝統」イメージのものばかりでは退屈されてしまうのではないかということが危惧されている。東京との対比においてあれほど魅力的に語られた京都の「伝統」が、「アメリカ」のまなざしを意識した際に揺らいでいる点が興味深い。しかし、多くの場合は、京都の「伝統」はアメリカ人からみても価値あるものだと語られていた。京都の「伝統」は「非戦災都市」アイデンティティと結びつくことで、「アメリカの承認」を獲得しようとしていくのである。

国際観光都市化への道と「ウォーナー伝説」

京都国際文化観光都市建設法は、一九五〇年七月に第八回国会を通過し、九月の住民投票を経て一〇月に公布、施行された。これは前年に発効された広島・平和記念都市建設法などを受けて、戦後京都を観光都市として復興整備していくことを目的とするものであった[41]。高山義三京都市長は一九五〇年八月一四日『京都新聞』紙面において、この法案制定に向けて市民に住民投票への協力を呼びかけた。そのなかで、市民全体の主に金銭的なうるおいのためには法案制定が必要だとしつつ、「日本全体としてみると東京が事務所とすれば大阪は店で京都が応接室か座敷という所だ、こういう京都の宿命的な文化観光都市の建設に市民も協力してほしい[42]」と語り、京都を「応接室」と表現していた。法案制定前の時期は京都の占領期のなかでもっとも観光に関する議論が活発化し、『京都新聞』でも連日、観光都市構想に関する記事が掲載されている。

そこでは、「ウォーナー博士」という人物への言及が頻繁にみられた。「ウォーナー博士」とは、原爆投下の候補地のひとつであった京都に対して、その文化的・歴史的価値を唱えて戦災から守ることに尽力したとされる人物である。このウォーナー博士の名は終戦直後から噂話レベルで実しやかに囁かれており、それが真実であると裏付ける根拠がないままに「ウォーナー伝説」として広がっていったという[43]。例えば、一九五〇年七月二二日の『京都新聞』では、観光都市法案提出に際して「総司令部ウィリアム議会課長から心強い激励を受けた」ことにふれつつ、「太平洋戦争に際して京都、奈良の爆撃を阻止したというウォーナー博士その他の心深き人のことを想起させる。率直にいえばウォーナー博士らの好意に応えるためには観光都市法案というような特別法の制定がなくとも、観光都市、文化都市建設のために不断の努力をなすべきものといってよい[44]」とある。さらに、大野木参議院議員は、「京都もいよいよこれから国際文化観光都市として建設されることになつたのでこの朗報を早速、戦時中京都を戦災から救うことに骨折つた米国のウォーナー博士にも伝えたい、そしてわれわれは今度の喜びをそのまま建設法案達成のため百万市民一丸の協力に移し世界に誇る大京都市を実現したい[45]」(一九五〇年七月二九日)と語った。

「ウォーナー博士」という名こそ出ていないが、「観光京都建設を推進せよ」と題する七月八日の記事でも、「〝京都は日本文化の象徴であり、爆撃の目標からとくに除外された世界平和の生きた記念像である〟とすれば、京都にある文化遺産を破壊する行為は、人類の敵であり世界平和の脅威者であるといわなくてはならないであろう。(中略)世界文化史上における京都の地位の自覚と世界平和への一磁石としての宣言をも意味するとしなくてはならない[46]」とあり、京都はアメリカによる爆撃の目標から除外された点が強調される。その京都の「文化遺産を破棄する行為」は「人類の敵であり世界平和の脅威者」とまで言い切っている。

このように、京都が「非戦災都市」であることは「アメリカ」の好意によるものであるという記述も度々みられた。実際には、終戦直前期京都への大空襲も現実味を帯びていたことが近年の研究で明らかになっているが[47]、占領期の京都におけるメディア言説では、「アメリカ」が京都の「伝統」に価値を見出し、戦災から守ったというような不確実な情報が一種の神話となって、『京都新聞』のなかでも散見されるのである。

以上のように、『京都新聞』における国際観光都市法の制定に関する議論で、「ウォーナー博士伝説」や「アメリカが京都を爆撃から守った」という話が引き合いに出されていた[48]。そこには、以下の二点を読み取ることができる。ひとつ目はアメリカまでもが価値を認めた京都であるから、観光都市法を制定すべきだということだ。ふたつ目は、「日本の故郷」である京都を「アメリカ」が守ったのであるから、京都が示す「日本らしさ」は「アメリカの承認」を得たものであるという認識である。

「日本人の故郷」としての京都と「アメリカ」の承認

以上のような議論を眺めてみると、京都は戦災による破壊を免れたため、「伝統」を生かしていこうという戦後京都の方向づけの背後には、戦火に見舞われ一から都市を作っていかざるを得ない状況にあった東京との差別化を図る意図が透けて見える。京都も決して戦争と無関係な都市だったわけではなく、戦時期には伏見区に旧日本陸軍の第一六師団を持ち、占領期にはＧＨＱ司令部が置かれ、岡崎一帯や京都ホテル、京都府立植物園を含む大規模な接収がなされるなど戦争の影も確実に引き継いでいる。しかし、「非戦災都市」という言説が構築されたことにより、京都は敗戦国日本において戦前から戦後の連続性を感じさせ、敗戦や戦争の記憶とは切り離された「日本人の故郷」のイメージを担うことを可能にした。

「敗戦国」の中での京都が確立したアイデンティティは、京都のローカル・アイデンティティでありながら、日本のナショナル・アイデンティティを下支えするという複雑なものであった。一九四五年九月二四日の『京都新聞』には次のようにある。「千年の皇都に住むわれわれは戦敗国民としての認識と大らかな気持ち、奥床しさをもち気品を忘れずに常に心を落ち着け整然と進駐軍を迎へたいものである」「常に日本民族たるの自覚をもつて卑しくも卑屈な態度をとることなく、常に誠意（まごころ）をもつてアメリカ人に接し、道義日本の真価を発揮するやうにつとめやう」[49]。ここでは、「千年の皇都に住むわれわれ」と「敗戦国民」というふたつの自己認識が重なり合う。ただし、「敗戦国」においても京都が「千年の皇都」を名乗ることができること自体、ふたつの意味で前述した「非戦災都市」言説とつながる。ひとつは、京都が戦災を受けず、戦前からの面影を残す街であるから「千年の皇都」であり続けられたということだ。それだけではなく、敗戦国となった日本において京都は第二次大戦とは切り離されたイメージの「非戦災都市」であるから、戦前との連続を強調するような「千年の皇都」という表現さえ「アメリカの承認」を得たものとして語ることができるのだ。

京都が、占領期において、戦前と戦後の連続性を象徴する特別な都市としての自意識をもっていたであろうことは、『京都新聞』（一九五〇年一月一日）の以下の記事をみるとわかる。

観光都市としての京都の失われなかつたことは、何よりも、有難いことなのである。事実、戦災というものは、形のあるものを壊してしまつたばかりでなしに、形のないものまでも壊してしまつたからである。もちろん、形のないものをこわしてしまつたことについては、実際には、戦災よりも、敗戦に伴う□□的な変革の方がより強力に作用したのであるかも知れない。（中略）

すでに、戦前、ブルーノ・タウトによつて、東京は日本ではない。東京はヨーロッパ文明の外観を具えてはいるが、しかし、本質的なものは何一つもつていない。

（中略）

しかし、京都はそうではない。京都においては、戦争が、戦前と戦後を、一つの時間の系列において、そのままに、結びつけているのである。もつとも、この、京都が、戦前とほとんど変わつていないことが、その変わつていないということの故に、京都の地位を対外的に変えてしまつているのは事実である。(50)

上記の記事には、本論で述べてきた占領期京都の都市イメージが持つ特徴を三点確認できる。一点目が、京都は戦災により失われなかったことを強調する点、二点目が、東京にはない「日本らしさ」を京都が持っているという主張、三点目は、「京都においては、戦前と戦後を、ひとつの時間の系列において、そのままに、結びつけている」との記述から読み取ることのできる、戦前戦後の連続性を体現するものとしての京都の位置づけである。

「非戦災都市」イメージに代表されるように、占領期京都の都市イメージは東京やほかの都市との差別化を図りつつも、日本のナショナル・アイデンティティとも密接に結びついていた。敗戦国日本にとって、「アメリカ」に否定されない形で、戦前から戦後の連続性を「日本らしさ」、「伝統」といった面から支えたのが、京都という都市であったといえよう。

以上のように、京都は戦災による被害の大きかった首都東京を引き合いに出し、非戦災都市であることを積極的に語ることによって、敗戦国日本が「敗北を抱きしめて」いくなかで、独自の役割を担おうとしていたことが明らかになった。東京は「日本らしさ」を備えた場所ではなく、京都こそが「日本の故郷」であり、日本の「伝統」的なものがアメリカによって次々と否定されていく占領期にあって、京都の「伝統」は「アメリカの承認」さえも得たものであるという語りも散見された。「非戦災都市」であるという占領期京都の都市としてのアイデンティティは、東京が「戦災都市」となると同時に、「ウォーナー伝説」に象徴される「アメリカ」が京都の「伝統」を守ったため戦災を受けなかったという言説にみられる、東京とアメリカというふたつの他者との関係性によって、強固になっていったものであると考えられる。

おわりに

歴史都市や古都のイメージが強い京都は、終戦直後の時期において、占領地としての経験をしており、そのことが戦後の京都イメージに影響を及ぼしていた。本論は、占領期のメディア言説（『京都新聞』、および『月刊京都』）から、戦後の京都の都市イメージが持つ特徴について考察してきた。その結果、戦前から京都が誇りにしていた「天皇の故郷」としての権威は、敗戦・占領により積極的に語られなくなる一方で、「日本人の故郷」というセルフ・イメージを見出していたことが明らかになった。そこでは終戦直後の東京の状況が対照的に示され、京都が「日本らしさ」や「伝統」を残す「非戦災都市」であることとその貴重さが強調されていた。同時に、占領地として「アメリカ」のまなざしが向けられることとなる。そのような状況下で、京都の都市イメージは「アメリカの承認」を得られる形でなければならず、その際頻繁に語られたのが「ウォーナー博士」により京都は戦災から守られたとする伝説であった。これにより「アメリカの承認」を得た「日本人の故郷」として、一九五〇年代初頭から国際観光地化を推進していく。

以上のように、敗戦・占領という経験は京都にとって、地域アイデンティティの構築と結びつくものであり、「アメリカの承認」を獲得しつつ東京との差別化を果たし、傷ついた占領期のナショナル・アイデンティティに対して、「日本らしさ」のイメージを担うことを可能にした。占領期京都の都市イメージは、「非戦災都市」言説に象徴されるように、敗戦や戦争の記憶とは切り離して語られ、その根拠として「アメリカ」のまなざしが流用されることで、敗戦国日本において、戦前から戦後の連続性を感じさせる日本人の精神的避難所としての自己像を見出すこととなった。その背後には、そうしたものを京都に求めるナショナルな欲望があり、共犯関係を結んでいたといえる。現在、京都は「日本の故郷」として知られる日本有数の観光地だが、そこに至るには終戦直後、本論でみたような「アメリカ」や「東京」との占領期特有の関係性の中で描かれた都市イメージの影響も小さくなかっただろう。

注

(1)「文化と観光の京都へ――新法案をどう生かすか」『京都新聞』一九五〇年七月二六日。

(2) 本論で扱おうとするのは、一般に京都イメージと呼ばれるものである。これは、観光社会学の分野で様々に検討されてきた地域イメージのひとつに位置付けることができるだろう。例えば、観光まちづくり論の文脈でも、地域イメージが観光資源として発見あるいは創造され、観光客のまなざしと交錯する場を生み出し、それが地域住民のアイデンティティの形成につながるということが議論されている。本論が扱おうとする京都イメージも性質としてこれに近いものである。しかし、本論で扱う資料中ではほとんどの場合「都市」という表現が用いられており、東京・大阪を中心とする他の都市との差異が論じられているため、ここでは地域ではなく都市という表現をしている。また、都市イメージと同様の意味合いで京都イメージ、地域イメージという言葉も用いている。本論はあくまで占領下のメディア言説に表れる京都のイメージを明らかにすることに主眼があり、それを読み解くべく、ひとまずこうした意味でこれらの語を用いているが、観光社会学等と関連づけたうえでこれらの語の概念整理をさらに精緻化する作業については、改めて別稿でまとめたいと考えている。

(3) 本論では、「歴史都市」や「伝統」といった言葉を多く用いているが、ここでいう「歴史都市」とは実際の歴史的建造物の有無ではなく、あくまでも「歴史的な風情を想起させる」イメージとして語られるものを指すこととする。「伝統」についても同様に、慣習としての伝統や時代を超えて長く引き継がれてきた事物ではなく、イメージとしての「伝統」やそのような意味合いを含んだ言説を示すものとする。

(4) 京都市が作成する「京都創生PRポスター」のキャッチフレーズで、『国家戦略としての京都創生』の機運を更に盛り上げるため、京都創生の担い手である市民の皆さんと全国の京都ファンに向けて、京都の情景等を使用し、京都が日本の財産、世界の宝であることをアピールする」という意図で作成されている。京都市公式サイト「京都市情報館」(最終閲覧日二〇二〇年二月三日)https://www.city.kyoto.lg.jp/sogo/page/0000035115.html。

(5) 吉田守男『京都に原爆を投下せよ――ウォーナー伝説の真実』(角川書店、一九九五年)。

(6) 高木博志「古都京都イメージと近代」(丸山宏、伊從勉、高木博志編『近代京都研究』思文閣出版、二〇〇八年)五八八頁。

(7) 当時の『京都新聞』がどの程度の読者を得ていたかは、占領期の新聞出版用紙割当基準部数からある程度推察できる。昭和二六年四月度時点で、『京都新聞』の割当部数は一三万八七五一であり、『夕刊京都』七万九八六八、『都新聞』八万七七七九、『夕刊京都新聞』八万五六五二と比較して京都のローカル紙の中では最も用紙が割り当てられていた。このことから、京都の地域メディアとしては一定の代表性があるものと考えられる。大久保久雄、福島鑄郎監修『新聞出版用紙割当制度の概要とその業務実績 第二巻:戦時占領期出版関係資料集三』(金沢文圃閣、二〇〇四年)三五頁。

(8) 現在の誌名は『月刊京都』であるが、創刊当初は『京都

――観光と美術』という誌名の月刊誌であった（本文では『月刊京都』と記載する）。掲載論稿の執筆者については、「京都の人々と全国の人々と半々ぐらいの割合」とされ、武者小路実篤を筆頭に著名な文化人の論稿も掲載されたほか、一般読者から募ったものもあれば、京都の有力企業の社長、観光協会、京都大学をはじめとする大学の教授、詩人、随筆家、評論家など多岐にわたる。

（9）「編集後記」（『月刊京都』白川書院、一九五〇年八月（創刊号））八四頁。

（10）『月刊京都』は、執筆者のほとんどが文化エリートや行政エリートたちであった。そのため、非エリートにどの程度共有されていたのか、読み手は『月刊京都』の論考をどのように受け止めていたのかについては明らかではない。この点は今後さらなる調査が必要である。ただし、『月刊京都』創刊の意図として「編集後記」には、「京都に生れ京都を愛するひと、京都に学んだ方、京都に旅して京都を慕ふ方々のご愛読をねがつてやみません」とあることから、少なくとも作り手の側は、京都に関心を持つ幅広い読者を想定していたことがわかる。また、「本誌は大体全国主要都市のデパートや大書店に出る筈になつていますが、最近の出版界はなにかと混乱していますので、小売店への配本が円滑をかくこともあるかと存じます。せいぜい直接会員になつて頂くのが、便利かと思ひます」とあり、出版界の混乱のため会員になることが確実に入手する方法であったようだが、全国主要都市のデパートや書店に出す予定になっていることから、京都以外でも読まれることを想定していたと考えられる。「編集後記」（『月刊京都』白川書院、一九五〇年八月（創刊号））八四頁。

（11）戦後日本にとって「アメリカ」は、そのまなざしを通じてナショナル・アイデンティティが模索される決定的に重要な他者であった。吉見俊哉『親米と反米』（二〇〇七年）は、「戦後日本人は、『アメリカ』という優越的な他者のまなざしと結びつくことで、アジアとの関係を忘却しつつ、新たな自己を立ち上げていった」と述べる。こうした「アメリカ」という他者のまなざしを検討することは、戦後京都の自己像を考えるうえでも不可欠であるといえよう。

（12）京都市『京都の歴史　八――古都の近代』（学芸書林、一九七五年）三頁～四頁。

（13）同前、一六頁～二〇頁。

（14）伊藤之雄『京都の近代と天皇――御所をめぐる伝統と革新の都市空間　一八六九～一九五二』（千倉書房、二〇一〇年）七頁。

（15）原武史『完本　皇居前広場』（文芸春秋、二〇一四年）二四三頁。

（16）拙稿「博覧会と都市の空間編成――京都市岡崎における『モダン』と『伝統』へのまなざし」（立命館大学大学院社会学研究科、二〇一七年三月提出修士論文）。

（17）伊藤、前掲、三一九頁。

（18）西川祐子『古都の占領――生活史からみる京都一九四五～一九五二』（平凡社、二〇一七年）四九頁～五〇頁。

（19）京都府警察史編集委員会『京都府警察史　第三巻』（京都府警察本部、一九八〇年）五七七頁～五七八頁。

（20）京都市『京都の歴史　九――世界の京都』（学芸書林、一九七六年）二九三頁。

(21) 工藤泰子「占領下京都における国際観光振興について」（『日本観光研究学会第二二回全国大会論文集』二〇〇七年一二月）九三頁〜九六頁。

(22) 『京都新聞』一九四五年九月六日。

(23) 『京都新聞』一九四五年九月九日。

(24) 『京都新聞』一九四五年一二月一六日。

(25) 「不愛想はいけない〝イエス・ノー〟をはっきりと」『京都新聞』一九四五年九月一四日。

(26) 「観光事業と美化運動」『京都新聞』一九四九年四月三日。

(27) 『京都新聞』一九四五年九月四日。

(28) 「文芸復興を京都から　劇場運動の一型態」『京都新聞』一九四五年一二月一三日。

(29) 「新しき構想二」『京都新聞』一九四五年八月三〇日。

(30) 拙稿、前掲論文。

(31) 伊藤、前掲、七頁。

(32) 稲垣浩「京都と映画と私」（『月刊京都』白川書院、一九五二年一〇月（第二四号））二四〜二六頁。

(33) 神保光太郎「京都を憶へば」（『月刊京都』白川書院、一九五二年六月（第二〇号））四三頁〜四五頁。

(34) 須田剋太「京都の顔」（『月刊京都』白川書院、一九五〇年九月（第二号））八二頁。

(35) 『京都新聞』一九四七年一二月三一日。

(36) 熊谷直清「観光京都のこれから」（『月刊京都』白川書院、一九五〇年八月（創刊号））八二頁。

(37) 古谷綱武「京都の障子」（『月刊京都』白川書院、一九五〇年九月（第二号））八〇頁。

(38) 宮本正雄「京都にも生活がある」（『月刊京都』白川書院、一九五二年一〇月（第二四号））三八頁〜三九頁。

(39) 「新しき構想」『京都新聞』一九四五年八月三〇日。

(40) 熊谷直清「観光京都のこれから」（『月刊京都』白川書院、一九五〇年八月（創刊号））八二頁〜八三頁。

(41) 京都市『京都の歴史　九——世界の京都』（学芸書林、一九七六年）五一一頁。

(42) 「革新から漸進へ　高山さん日曜放談　京都は日本の応接室　住民投票に協力を」『京都新聞』一九五〇年八月一四日。

(43) 吉田、前掲、一九頁〜二四頁。

(44) 「観光都市法案に全力を尽せ」『京都新聞』一九五〇年七月二二日。

(45) 「ホッとした、さぁ発足——一〇年計画へ市民も協力　大野木議員談（参議院議員）」『京都新聞』一九五〇年七月二九日。

(46) 『京都新聞』一九五〇年七月八日。

(47) 吉田守男『京都に原爆を投下せよ——ウォーナー伝説の真実』（角川書店、一九九五年）。吉田守男『日本の古都はなぜ空襲を免れたか』（朝日新聞社、二〇〇二年）。

(48) なお、京都市国際文化観光都市法という名称の「国際」という言葉は「世界」を想定されているようでありながら、占領期の日本にとって「世界」の中心として「アメリカ」が想定されていると考えられる。

(49) 『京都新聞』一九四五年九月二四日。

(50) 「観光京都に望むもの　京都のほんとの魅力は日本的な中にひそむ」『京都新聞』一九五〇年一月一日。

投稿論文

一九七二年の皇国少年

——今井正『海軍特別年少兵』と一九七〇年代初頭の戦争観をめぐる一考察

小谷七生
（神戸市外国語大学）

はじめに

問いの設定

本論では、一九七〇年代初頭の日本社会における戦争批判の様態を考察するために、今井正による映画『海軍特別年少兵』（東宝、一九七二年）とその受容動向を分析する。

この映画に焦点を絞る第一の理由は、本作が「反戦ヒューマニズム」の監督と七〇年代的な戦争批判を目指した脚本家による共同作業によって製作され、両者の相克の上に成立した映画だったからである。[1] そこには、一九七〇年代初頭の戦争観におけるふたつの要素が浮かび上がる。それは、戦後の戦争映画が作りあげてきた「反戦」意識の残存と、それが拒否してきた、「軍国主義」の「ステレオタイプ」のなかから戦争批判の手がかりを取り出そうとする新たな機運との絡み合いである。この点は、同時代の受容動向においても見いだすことができる。

『海軍特別年少兵』に注目する第二の理由は、この作品が年少兵という特異な集団に焦点を絞った点にある。一〇代半ばの「純粋」な少年たちは、「純粋」であるがゆえに、戦争遂行の大義名分を疑わず、大人たちの指導を受け入れた。その姿を描くことで、この映画は、少年たちを戦争に駆り立てた大人たち、とりわけ学徒将校の責任を問おうとしていた。

学徒将校は、『きけ、わだつみの声』（東横映画、一九五〇年）に代表されるように、従来の戦争映画において「反戦」意識の主体として描かれがちだった。しかし、一部の指導者だけが「軍国主義的」だったのではなく、多くの学徒将校もまた「軍国主義的」だったのであり、弱い子どもたちを「兵士」へと導いた責任があるのではないか。こうした批判意識を、この映画から見てとることができるのである。

なお、本論で書籍や論文を引用する際、旧仮名遣いは現代仮名遣いに、旧漢字は新漢字にそれぞれ改めて表記する。また、引用文中の［ ］内は著者が追加した部分である。それでは、先行研究の検討に入りたい。

先行研究と本論の位置づけ

戦後日本社会における戦争観の変容については、厚い蓄積がある。本論では特に七〇年代の戦争観に注目するが、その時代にも注目した代表的な研究としては、吉田裕『日本人の戦争観』（岩波書店、一九九五年）、福間良明『「戦争体験」の戦後史――世代・教養・イデオロギー』（中央公論新社、二〇〇九年）、成田龍一『「戦争経験」の戦後史――語られた体験／証言／記憶』（岩波書店、二〇一〇年）を挙げることができる。[2] これらの研究では、関係者の証言、教科書、ジャーナリズム、文学、戦争映画とその受容などを資料とし、戦争観を通時的に整理して変容を辿り、変化の要因を分析してきた。

また、そういった資料のなかでも特に「映画」というメディアを取り上げ、映画そのもののテクスト分析以上に、その時々での社会での受容のされ方を考察した研究も存在する。その代表例としては福間の『殉国と反逆――「特攻」の語りの戦後史』（青弓社、二〇〇七年）を挙げることができるだろう。本書は「特攻」を扱った数々の映画を取り上げ、各作品が「反戦」「犬死」「忠誠」「殉国」「反逆」といった様々な意味合いを込めて製作、受容された歴史を追った。

これらの先行研究に対して、本論は『海軍特別年少兵』に注目することで、「戦時期の価値観に立脚した上で戦争を批判する」という内在的戦争批判と、戦後の「反戦ヒューマニズムという観点から戦争を批判する」という外在的戦争批判の同時並行、あるいは「すれ違い」を、七〇年代初頭の特徴として析出することを目指している。

今井に関する先行研究についても、触れておきたい。今井について現時点でもっとも詳しい研究は崔盛旭『今井正　戦時と戦後のあいだ』（クレイン、二〇一三年）だが、そこでも本作はわずかに言及されてる程度である。ただし、特定の映像作品を手がかりに、戦争に関する集合的記憶の変容や日本社会の変化を探る研究は多い[3]。それらの研究では、特定の映画作品にまつわる製作状況や公開時の社会状況を分析したり、映画での描写に対する観客の反応を考察したりするという方法がとられることが多い。本論では、そうした先行研究の方法論を踏襲したい。

映画『海軍特別年少兵』に関する研究はほとんど見当たらないが、映画の題材となった「海軍特別年少兵（以下、特年兵）」制度については、ある程度充実した資料が存在する。海軍特年会編『海軍特別年少兵』（国書刊行会、一九八四年）は、元海軍予備学生の小池猪一を編者として、制度の詳細や、元特年兵らの証言を多数載せている。論考としては、日本近現代史を研究する向井啓二による「海軍特別年少兵ノート」（『種智院大学研究紀要』種智院大学、二〇〇三年）がある。この論考は、特年兵制度の整理を主としている。また、一ノ瀬俊也による「皇軍兵士の誕生」（『岩波講座アジア・太平洋戦争〈五〉戦場の諸相』岩波書店、二〇〇六年）は、特年兵を含む少年兵全般の制度と実態を解明している。その他、当事者による回想なども存在する[4]。

このように、特年兵制度や少年兵、当事者による資料はいくらか存在する[5]。ただし、それらの多くは特年兵制度の仕組みの記録や、少年兵一般について考察したもののなかの一資料として位置づけられている。そして、戦後の社会が、特年兵の戦争体験をどう受け止めたかということについて特に焦点を当てて論じている箇所は少ない。

特年兵の戦後史

本論に入る前に、特年兵制度について基本的な情報を整理しておく。本制度は、一九四一年に海軍によって開始された。海軍は、中長期的な目的から、年少の優秀な少年を採用して特別教育を行うことを目指したのである。募集された兵士の年齢は一四歳以上、一六歳未満だった。正式名称は「練習兵」だが、一般的には「特年兵」とよばれ、特に優秀な者には、海軍大佐にまでなれる道が用意されていた。特年兵らは一年弱という短期間で、「普通学」（数学、物理、化学、国語、歴史、地理、英語の七科目）を一五〇〇時間、「軍事学」（各個教練、分隊教練、執銃教練、陸戦教育、装填訓練など）を八〇〇時間こなすという、厳しいスケジュールのなかで訓練を受けた。第一期〜第四期生までの、合計約一万七〇〇〇余名が特年兵となったが、そのうち約五〇〇〇人が戦死したと言われる。

　これほど大がかりな制度であったにも関わらず、戦後、その忘却が進んだ。では、その忘れられた特年兵が戦後初めてマス・メディアに取り上げられたのはいつなのか。それはおそらく、一九七〇年の読売新聞「あゝ十四歳　海軍練習生」という記事においてだった。当記事によると、元特年兵の生存者、小塙清寿（こはなきよはる）が特年兵制度の資料集めをし、十数年がかりで慰霊碑の建造までこぎつけた。しかし、「驚いたことには手がかりはまったく消えていた」という。また、「死んでいった戦友のことが忘れられない。しかも記録にも残っていないなんて……。靖国神社に集まった戦友たちも、〝どうしてわれわれだけがまっ殺されているのか〟と怒っていた」との記述もある。防衛庁にある『海軍沿革史』をはじめ、どの資料にも特年兵制度についての記載がなかったため、小塙は、厚生省援護局の海軍関係の資料倉庫にわずかに残っていた名簿を探し当て、調査を進めた(6)。戦後二五年間もの長い間世間から忘れ去られていたことに加え、児童を巻き込んだという戦争の残酷さを思い起こさせるこの制度の存在が報道されると、大きな反響を呼んだ。成田による先行研究が指摘したように、新たな「証言」によって、戦争が語り直されたのである。そしてこの二年後には、特年兵を主人公とした映画『海軍特別年少兵』が製作されることとなる。

一、映画『海軍特別年少兵』の誕生

製作経緯とあらすじ

　映画『海軍特別年少兵』は、東宝八・一五シリーズと名付けられた、アジア・太平洋戦争を題材とする大作シリーズのなかのひとつとして公開された。本作は、実質的にシリーズ最終作となった六作品目であったが、それまでに以下の五作が上映されている。第一作目は、『日本のいちばん長い日』（一九六七年、監督・岡本喜八、脚本・橋本忍）。第二作目は、『連合艦隊司令長官　山本五十六』（一九六八年、監督・丸山誠治、脚本・須崎勝弥）。第三作目は、『日本海大海戦』（一九六九年、監督・丸山誠治、脚本・八住利雄）。第四作目は、『激動の昭和史　軍閥』（一九七〇年、監督・堀川弘道、脚本・笠原良三）。そして第五作目は、『激動の昭和史　沖縄決戦』（一九七一年、監督・岡本喜八、脚本・新藤兼人）であった。これらの作品群は、いずれも陸軍や海軍のトップ、あるいは政府の人間など、戦争の指導者を主人公においているという共通項を持つ。作品の趣向も、有名俳優を起用して特撮を駆使し、航空機や戦艦による激しい戦闘シーンを懲らした「大作映画」だった。そのなかで、『海軍特別年少兵』は異質であった。同シリーズのなかで、初めて、名も無き少年兵や、その家族ら一般市民を主軸においたからだ。[7]

『海軍特別年少兵』の梗概は、次のようなものだ。皇国少年として育った主人公たちが、それぞれ報国のため、あるいは貧しい家計を助けるために、自ら特年兵制度に応募して海兵団に入団する。海兵団での生活は、厳しい規律と訓練で管理され、体罰も横行していた。教官たちが抱く、自らの指導方法に対する信念や、各家庭の戦争に対する考え方には様々なものがあった。しかし「純真」な特年兵は、訓練が進むほどに迷いなく忠実な軍人へと育っていく。一九四五年二月、米軍の押し寄せる硫黄島には三八〇〇名にのぼる特年兵がいたが、その多くは自ら玉砕覚悟で米軍に向かい、その命を落とした。

この作品の監督に抜擢されたのが今井だった。ヒューマニズムに基づいて戦争を反省し、戦争指導者たちを批判したり、軍部の不合理を糾弾したりする映画は、敗戦直後から一貫して製作され続けてきた。『また逢う日まで』(東宝、一九五〇年)や『ひめゆりの塔』(東映、一九五三年)を撮った今井正は、そうした映画監督の代表格だと言える。七〇年代初頭、今井はすでに「反戦ヒューマニズム」の映画人としての評価が定まっていた。本論が対象とする『海軍特別年少兵』もまた、表面的には「反戦ヒューマニズム」に基づく作品であるように見える。

他方で、一九七〇年代初頭には、今井正に代表される「反戦ヒューマニズム」とは異なるアプローチで、戦争を批判する映画が登場していた。『軍旗はためく下に』(東宝、一九七二年)や『あゝ決戦航空隊』(東映、一九七四年)などの作品は、軍隊やそれを支えた銃後の人びとの心情に立脚したうえで、戦争を遂行する軍の上層部やそのイデオロギーを批判しようと試みていた。[8] そして、こうした同時代の傾向を意識して、脚本家・鈴木尚之は、『海軍特別年少兵』のシナリオに、「反戦ヒューマニズム」には収まり切らない戦争批判を盛り込んでいた。

今井は一九一二年生まれで、高校時代から左翼運動と関わっていたが転向し、京都JOスタジオ(のちの東宝)へ入社した。「反戦」思想の持ち主だったが、デビュー時が戦中だったこともあり、「軍国主義的」国策映画を九作撮った。[9] また、戦中に「軍国主義的」国策映画を作ったことを悔いる言葉を戦後に度々残している。[10] その反省から戦後には「反戦映画」も積極的に製作した。敗戦直後から五〇年代までの作品群が特に興行面で成功し、批評家からの評価も高かった。代表作『青い山脈（前後篇）』（東宝、一九四九年）が、「戦後民主主義映画の代表的作品」[11]、あるいは「ヒューマニズムあふれる傑作」[12]と評されるように、民主主義映画の旗手として知られた。しかし、六〇年代以降の存在感は希薄になっていた。[13]今井が本作と関わる背景にはこのような流れがあったが、次は、より具体的に今井ら製作陣と作品の関係をみてみたい。

製作者の意図と懸念

今井は『海軍特別年少兵』で、少年兵に焦点を絞ることの意義について次のように語っている。「戦後の二七年間に数多くの戦争映画が、反戦という立場からも生まれましたが、徹底的に庶民の側から戦争を捉えた作品はまだまだ少ないと思います。また、戦争が社会のどこかで起きている限り、幾度、描いても描き足りた、ということはない問題だと思います」[14]。この言葉には、今井らしさが現れている。今井らしさとは、自身が戦中に「反戦」を唱えられなかったことへの後悔を抱え、「戦後民主主義」的な映画を進んで撮った姿勢や、指導者側よりも庶民に寄り添う映画作りを好んだ態度である。

ただし、これは脚本家の鈴木尚之の意図でもあった。鈴木は『海軍特別年少兵』と同時期に、今井の作品『婉という女』（ほるぷ映画、一九七一年）や『あゝ声なき友』（渥美清プロ、一九七二年）も担当している。一九二九年生まれで、五四年に東映に入社した鈴木の代表作には、沢島忠監督『人生劇場・飛車角』（東映、一九六三年）や、内田吐夢監督『飢餓海峡』（東映、一九六五年）などがある。これらの作品に共通するのは、社会の下層を取り上げて、そこに社会全体の問題を象徴させるという方向性であり、その点で、鈴木と今井の作風には類似点があると言える。

鈴木は、『海軍特別年少兵』シナリオのあとがきに次のように記す。「一四歳の少年兵という、想像もつかぬ残酷な群像を描くことによって、戦争とインテリ、体制とインテリ、その問題を考えるのが、この脚本執筆の過程における大きな課題であった」[15]。やはり、「残酷」な状況におかれた「純粋」な少年たちをとおして、当時の「インテリ」を描こうとしていたのであり、鈴木の作劇は一貫していると言える。

これらを考慮すれば、『海軍特別年少兵』は、一九四五年から五〇年代までに、穏健な人道主義によって社会の不正義を告発するスタイルを高く評価された今井と、六〇年代に頭角を表した鈴木との合作だったと言えるだろう。では、この映画は当時の社会においてどのように受け止められたのだろうか。そしてその受け止められ方は、七〇年代初頭の日本社会における戦争観といかなる関係があるのだろうか。

ただし、その分析に移る前に確認しておきたいことがある。今井は、『海軍特別年少兵』を製作するにあたって次のような懸念を抱いていた。「戦争を題材に扱うことは両刃の剣であって、あまり格好良く描いたりすると変な好戦映画になりかねない危険性を含んでもいる」という点だ[16]。敗戦から二五年以上経った時代に、自分たちは「敗戦」の意図を込めたつもりの戦争描写が、「格好良く」てポジティブなものとして伝わってしまう危険性を今井は口にしていた。この「格好良く」という言葉は、後述する『海軍特別年少兵』批評においても重要な意味を持つので、ここに記しておきたい[17]。

二、『海軍特別年少兵』の受容と一九七〇年代初頭の日本社会

評論家たちの見方

映画の評価を知る上での指標のひとつに、「キネマ旬報ベストテン」がある。『海軍特別年少兵』は、七二年の日本映画部門で七位を獲得した。それなりに高い評価を受けたが、『キネマ旬報』をはじめとする映画雑誌に掲載された批評記事は、多いとは言えない。ただし、新聞記事ではいくつか言及されている。新聞記事、新聞広告を確認しよう。

朝日新聞に掲載された批評は、以下のようにこの映画を評価している。

> 今井正監督、久々の力作だ。東宝のいわゆる戦争ものシリーズの中で、初の秀作といいきっていいだろう。（中略）いわゆる反戦映画といわれるものは、被害者意識にだけ依存し、ともすれば安易なセンチメンタリズムにおちいりやすい。だが、この映画は、純粋に被害者としかいいようのない少年兵を中心にすえたことで、映画のつくり手たちが単なる被害者の立場に立つことを許さない。従って当然、観客も安易に被害者側に立ち、戦争責任を自分の外側にだけ求める甘さは許されない[18]。

この評価は、今井や鈴木にとってはほぼ狙いどおりに作品が解釈されたと思えたものだったのではないか。「反戦」の

意図が伝わっているだけでなく、少年兵に悲惨な運命を辿らせてしまった社会の一員として、観客ら自身にも戦争責任を思い起こさせると書いている。ただし、少年兵を「純粋に被害者としかいいようのない」と形容している箇所には、もう少し厳しい見方も可能である。

なぜなら、少年たちは強制的に皇国少年に仕立て上げられたとはいえ、最終的には殺戮に手を染めた（あるいは手を染めようとした）からである。つまり、明らかに加害者としての一面も持っていた。ただ、彼らが少年だったことや、たとえ戦争に疑問を持つ者がいたとしても、それに反対する行動は容易には実行に移し得なかった社会状況を加味すると、やはり彼らには被害者としての要素が多分にあったとは言えるだろう。

次に、新聞広告をみる。広告のなかに、その作品に関する肯定的な言葉が並ぶことは当然だが、瓜生忠男は、「八・一五シリーズの最高傑作であり、不戦の誓い、平和への願いを新たにさせる必見の名画である」と書いた(19)。また岩崎昶は「あの戦争を経てきた大人たちには、悲しみと悔いと恥とで胸を切り裂かれる」と記した(20)。

感想の世代差と皇国少年の「魅力」

以上は主に評論家たちの評論だったが、次に注目したいのは、より一般の視聴者、特に若者たちの反応である。朝日新聞は、「国のために死ぬ　ボクらにはわからない『海軍特別年少兵』映画をめぐって」と題した特集記事のなかで、観客の感想に紙幅を割いている(21)。この記事では、作品を鑑賞した感想を、「中学生～大学生の観客たち」「出演した少年たち」「一人の高校教師」と整理して掲載した（「中学生～大学生の観客たち」ついては一二本、「出演した少年たち」については四本、「一人の高校教師」については一本）。これらのなかから、代表的な感想を抜き出し、その傾向を分析する。

「中学生～大学生の観客たち」（戦無派）の感想には、「特年兵」に共感できないという声が目立った。例えば、「あの少年たちは死を生きがいにしているみたいだった。間違っていると思う」（江東区、中学三年）。そして、「彼らの頭の中にはただひたすらに国のために尽す、という言葉だけがあった。戦争を知らずに育った私たちにとって、その言葉は理解しようとしても、することはむずかしい。二度と戦争を繰り返さないためには、戦争とは何かを理解しなくてはならない」（品川区、高校二年）などである。これらの感想では、一九七〇年代初頭の若者たちが、同世代であるはずの「特年兵」に共感できないと述べており、戦争体験の断絶を示すものである。

他方、七〇年代の安易な日常を叱るようなものも多く見受けられた。例としては、「彼らが苦しい生活に耐えられたのは愛国心があったからだ。現代社会で安易に暮しているわれわれ学生には、そのようなものはどこかに吹飛ばされている」（板橋区、大学一年）。また、「今は髪の毛を長く伸ばし、シンナー遊びや悪いことをしている。親も注意しない。なっていない。今は目標がない。昔は国のため、勝つためという目標があった。今は自由だ、自由だということをタテに悪いことをしている」（中学一年、男）（彼のみ、区の記載なし）といったものである。過酷な戦争体験を持ちだして、現実を批判するという種類の言説が、体験者である年長世代だけでなく、体験を持たない若者たちによっても生み出されていたことがうかがえる。[22]

また、「出演した少年たち」の言葉にも注目したい。これらにも、先述の一般観客と同様、「反戦」の気持ちとともに、少年兵への憧れともとれる感想が散見された。ひとり目は、「戦争の無意味さを改めて感じた。だが、『お国のために』ということが、『庶民のために』ということなら少年だって銃をとる場合もある——というのもボクの感想だ」（柏谷正二、大学二年）と述べた。別の俳優は、「年少兵同士の仲間としての連帯もうらやましい。いまの高校生仲間は、なんだかんだいったって、相手をどう追越すかだけで一生懸命だ。つながりなんてありゃあしない」（中村まなぶ［のちの中村梅雀］、高校一年）と語る。そして、もうひとりは「利己主義だからね、みんな。ボクは、精いっぱいエネルギーがぶっつけられるものがやってみたかった」（福崎和宏、高校一年）などといった意見を口にした。

なお今井は映画完成前に、主人公の俳優らについて「長髪族の『戦争を知らない子供たち』が、くりくりの丸坊主の年少兵に扮して演じている」ことや、戦争経験がなく、戦時中の子供たちよりも体格がよい彼らを起用することの大変さを語った上で、「彼らも作っているうちに戦争というものをおぼろげながらハダで感じていったようで、後半には『オレたちでこの反戦映画を作ってるんだ』と逆にハッパをかけられるようになりました」と述べている。[23] 今井が披露した、主人公の俳優少年らから「『オレたちでこの反戦映画を作ってるんだ』と逆にハッパをかけられ」たというエピソードと、その主演俳優たちが残した、特年兵への憧れを抱いたという証言は、『海軍特別年少兵』という映画に携わった監督と俳優との間に存在する思いの微妙な差を表しているのではないか。

最後に、「海兵団入団経験者である高校教師」（戦中派）の感想は次のようなものだった。「この映画をみて、戦争の悲惨さとともに、何かに生命をかける戦争のカッコよさを感じている少年は少なくない。戦争はなぜ起こったのか――を考える少年よりも、画面の少年たちの生き方に感覚的に共鳴する少年が多いからだ。（中略）この映画への少年たちの反応を聞きながら、現代史教育のなってないことを痛感させられた」。この教師は、本作が「反戦映画」として成り立っていたかどうかということよりも、多くの少年少女が本作を見て「戦争のカッコよさ」を感じたことへの不安を口にしている。「海兵団入団経験者」である教師は、今井と同様、本作が「変な好戦映画」として若者に伝わってしまった可能性を懸念したのが分かる。この新聞記事が伝えるように、「反戦映画」に対する感想も、決して一面的ではなかった[24]。その理由を探るために、次は公開時の社会状況について分析する。

三、公開時の社会状況との関わり

七〇年代の若者たちと死生観

本作公開時の七〇年代初頭は、戦後二五年が経ち、高度成長が続くなかで、戦争の記憶の風化が進んでいた。また、よく知られるように、大学・短大への進学率は、「戦後わずか三％であった」ものが、七〇年代に入ると「二九％を越えた」[25]。高等教育の機会拡充という利点はありつつも、過酷な受験戦争の到来や、学校や学生の「質」が「量」に追いつかないなどといった弊害も生まれた。先述の若者による「いまの高校生仲間は、なんだかんだいったって、相手をどう追越すかだけで一生懸命だ。つながりなんてありゃあしない」という言葉は、若者をとりまくこういった社会状況のなかから生まれたと言えるだろう。

こうした社会において、戦争における死に対しても従来とは異なる考え方が定着していた。戦死に関する議論を進めたのは、戦後世代の知識人たちだった。すでに、一九五〇年代後半から、戦後世代による言論活動が目立つようになっていたが、その傾向は六〇年代をとおして固まっていった。例えば、一九三二年生まれで、敗戦時に一三歳だった作家の小田実は、六五年に「難死」という言葉を作った。「難死」とは、「特攻隊員の死のように、たとえば『散華』という名で呼ばれるような美しい」死の対比として、多くの一般市民が辿った、「ただもう死にたくない死にたくないと逃げまわっているうちに黒焦げになってしまった、いわば、虫ケラどものの死」を意味したものであった。(26)

またこの時代に、戦後世代の死生観を分析した井上俊は、「戦後の文化は、あくまでも生を肯定し、尊重する態度、ないし価値をはっきりと定着させた」。その一方で、「生そのものが平板化し、貧困化」したと述べる。そう考えることで、三島由紀夫などの思想にひかれて「カッコよく死にたい」と考えるようになった若者の心理を説明したのである。(27)

井上が書いたような、平和な日常に生きる若者が抱きやすい「カッコよく死ぬことへの憧れ」は確かに存在した。その考察の的確さは、少なくない若者が『海軍特別年少兵』を見て、「主人公らに憧れる」という趣旨の感想を持った事実にも現れている。本作の作り手は「反戦」の願いを込めていたつもりだったが、受け手にはある種のカタルシスを与えたことも否めない。そして、軍隊が「格好良く」映ったことのもうひとつの要素に、人びとが海軍に投影するイメージの問題が絡んでいた。次はその「海軍史観」について触れたい。

肯定的な「海軍史観」

七〇年代は、戦無派が台頭し、日本の経済大国化が進むなかで、アジア・太平洋戦争への反省や後悔が薄らいできた頃でもあった。そして、自国の歴史を肯定的にみる、という風潮も生まれ、その一例として海軍を「美化」する動きが起きた。吉田裕は次のように指摘する。「海軍が、最終的には陸軍に押し切られたとはいえ、超国家主義的で侵略主義的な陸軍に対する抑止力、あるいは抵抗勢力として一貫して機能したという主張」や、「海軍軍人と海軍という組織の自由主義的で合理主義的な体質の強調」が六〇年代後半から高まり、一種の海軍ブームが起きたというのだ。(28) 日本人は、自己の歴史を肯定するよりどころとして、粗雑な陸軍に対するスマートな海軍、というイメージを作りあげ、それを好んで取り上げるようになった。特定の部分を取り出して肯定的に評価しており、これを一種の戦争の「美化」と呼ぶことも可能だろう。

海軍ブームの特徴は、先に挙げた東宝八・一五シリーズ第二作目『連合艦隊司令長官　山本五十六』(一九六八年)でもみられた。主人公は、米国の強大さを知っており、最後まで日米開戦に反対した海軍大将、山本五十六だ。その知性と勇敢さを強調して描いた本作では、山本がほとんど神格化されているといっていいほど、英雄として設定されている。山本が海軍のトップだとすると、『海軍特別年少兵』は、海軍内では山本と正反対に位置する末端の少年兵たちを扱っている。しかし『連合艦隊司令長官　山本五十六』に端的にみられる「海軍史観」は、『海軍特別年少兵』にも現れていると言える。後で詳細を書くが、特年兵を指導する上官らはみな善人で、そして特に下士官は知性も備えている。愛を持って暴力をふるう教班長以外は、いっさい少年らに手をあげない。経験者たちによる体罰横行の史実からすると、「美化」されているとも言える。こういった海軍の肯定的な描き方も、「反戦」より「憧れ」の視線を生み出した一因ではないか。

四、「反戦映画」の表現

今井の映画「文法」

これまで確認してきたように、七〇年代初頭の日本社会における観客たちは、今井の意図に反して、この映画に「憧れ」を読み込んだ。このような結果をもたらしたのは、戦無派世代の増加、六〇年代末から七〇年代初頭の文化状況などの複合的な要因があった。それらに加えて、ここでは、今井の演出のなかに、「戦争への憧れ」という読みを誘う部分があったのではないかという点を指摘したい。

今井の演出方法をあえて簡潔に述べるなら、それは、特定の人物に焦点を当て、丁寧かつリアルに日常の姿を描くという方法だと言える。今井は、戦時期にいわゆる「戦意高揚映画」を撮っているが、派手な戦闘シーンより、切磋琢磨して戦艦の設計に励む人々の姿などを重点的に描いた[29]。そのような描き方は、鑑賞者による登場人物への感情移入を容易にする。それは、『海軍特別年少兵』でも同じだった。

特年兵たちの苦しい訓練と連帯感が丁寧に描かれているため、観客は懸命に生きる彼らを羨ましく感じることができた。すなわち、今井が得意とした、人びとの日常に密着し、叙情的に描くという手法は、それが「軍国主義的」国策映画であっても、「反戦映画」であっても、変わらずに継続していた。今井自身は、「あまり格好良く描いたりすると変な好戦映画になりかねない」と述べていたが、確かに劇中の少年たちの姿は一見「格好良くない」。貧困に苦しむ家庭の事情も、体罰で苦しむ特年兵も描けている。しかし、それゆえにこそ、その困難さを超えて徐々に仲間と団結し、国に命を捧げていく彼らの姿を観て、「うらまやしい」と感じる観客が現れたのだった。皇国少年の悲劇を描いたはずが、皇国少年を魅力的に描いてしまったのだ。もちろん、「ひたむきに努力する」姿そのものに感心し、見る側が共感するのはある意味自然である。問題は、「戦争のむなしさ」や、「理不尽に命を奪われたことへの怒り」よりも、「大きな目標に向かって努力する特年兵」の魅力が上回って伝わったという点にある。

　これは、今井のそうした映画「文法」の善し悪しという問題ではない。鑑賞者の心を強く惹きつけた結果、その感動が作り手の目指していたものとは別のものになる可能性を秘めていることを、今井はもっと自覚すべきだったということではないか。「反戦映画」のつもりが必ずしもそうでなくなったというのが今井の気持ちだったとしたら、自らの持つ「文法」を、より効果的に利用するほどには、制御しきれていなかったとも言えるのではないだろうか。

善人ばかりの教官たち

　同様の問題は、教官の描き方についても指摘できる。映画のなかでは三人の教官が対比的に描かれる。

　ひとり目は、工藤上曹で、三〇歳の教班長だ。「教育は力だ」と言い、過剰な体罰も辞さず特年兵を指導するが、その厳しさは、貧しい少年らを独り立ちさせたい愛情ゆえだということが示される。

　ふたり目は吉永中尉で、二五歳の教官（担当は英語）、東京帝国大学出身の文学士である。「教育は愛だ」と信じ、少年らに優しく接する人物で、体罰を好む工藤と対立する。

　そして三人目が山中中尉である。吉永中尉と同じく二五歳の教官（担当は数学・物理・化学）で、東京帝国大学理学部卒業のエリートだ。上記ふたりの論争には興味を示さず、教育も投げやりである。しかし、その無気力さは、「特年兵制度」そのものを生み出した国家への怒りから来ていたことが徐々に明確となる。

　多くの観客は、「海軍精神注入棒」という堅い樫の木でできた棒で体罰を繰り返す工藤に拒否反応を示すだろう。工藤は愛の鞭のつもりであっても、傍目には無節操に暴力を振るっているだけのようにみえる。そして、愛と優しさをもって教育する吉永に好印象を抱く。山中は、最初は単にやる気のない教師にしか映らないが、内面には戦争への怒りを秘めていた。

教官たちの描写には、本作が抱える「反戦映画」としての限界もうかがえる。それは、方針が違っても、教官は皆、本心では少年たちをいたわっているという設定である。今井は、工藤の体罰を強調して描いているが、その体罰も、愛情が行き過ぎた結果だと説明される。それにより、「教官と生徒の愛情物語」という文脈に回収されてしまうのだ。

ただし、現実には、人権を無視した指導によって追い詰められた特年兵は多く存在した。例えば、元特年兵による次のような回想が、七〇年の新聞に掲載されている。記事には、「猛訓練。軍人精神。戦場。敗戦。徹底抗戦。竹ヤリづくり。そして徹底抗戦の中止指令。仲間のなかから発狂者が出た。首をつった者も出た。弾薬庫に火を放って爆死を図ろうとした者もいた」とある。[30]

こうした証言を考慮すれば、「少年たちを死に追いやる引き金になった父や教官たちすべてが非を悟って善人になってしまう筋立てと共に、真の悪が浮かび上がってこない点が物足りない」という当時の指摘はもっともだろう。[31] また、社会学者の荒瀬豊は、「作者がこの特異な制度による犠牲者に注目したからには、この特別な少年たちを死に追いやった加担者の一人一人の考えと行為とを、少年たちの場から解きあかし告発する姿勢が必要だったのではないか」と批判している。[32]

しかし、脚本を担当した鈴木の意図は別にあった。鈴木は次のように説明している。「この脚本で最も重点を置いた工藤上曹の人間像こそ、戦争に対してもっとも無力であったインテリゲンチャに対する断罪者であり、その断罪によって真の反戦が成り立つのではないだろうか」[33]。つまり鈴木の狙いは、愛の鞭による体罰という方法で少年兵たちと対峙した工藤の過ちを指摘しながら、その工藤よりもより非道な存在として、「インテリゲンチャ」、すなわちここでは学歴エリートである学徒将校を断罪をすることだった。

鈴木はいわゆる「海軍史観」や「学徒兵」などを相対化する視座をシナリオに書き込んでいた。例えば、作品の最後で絶体絶命となり、特年兵らには捕虜となってでも生き残ってほしいと告げる吉永に対し、工藤は次のように反論する。「もう遅い。（中略）彼らは軍人だと言っているのです。死して虜囚の恥ずかしめを受けず……江波たちは純真にそれを信奉しています。そうしたのは私です、あなたです」。自分たちの教育が特年兵たちを誤らせたという後悔をより強く感じていたのは、エリートの吉永ではなく、非エリートの工藤のほうだった。この場面は映画撮影時にも削られず、むしろ重要シーンのひとつとの位置づけで撮られたことが、画面からも伝わる。よって、今井も重要視したセリフであることには変わりない。

しかし、作品全体を通しての監督の今井の演出は、鈴木の意図を十分にくみ取ることができなかった。なぜなら、既述のように、批評家や一般観客の言葉からは、工藤と吉永の関係性に注目したものよりも、少年たちのひたむきさや師弟愛の強さに言及したものが圧倒的に多かったからだ。鈴木が目的とした学徒将校の断罪というテーマは、影を潜めてしまった。この事実は、戦後日本を代表する「反戦ヒューマニズム」監督としての今井の限界を示している。そして、このことに関しては、荒瀬豊が次のように鋭く指摘した――「今井正はこのんで戦争や社会問題をとりあげてきた作家である。しかし、取りあげるテーマが現在から時間的な距離をもったものであるばあいには、たんなる抒情がよびおこす共感以外に作者は状況を切開する論理のメスをもたねばならないだろう」[34]。つまり、「状況を切開する論理のメス」より「抒情」が目立つ今井の表現の枠組みでは、もはや七〇年代初頭の戦争観を把握することが困難だったのだ。そうした齟齬が露呈したという意味において、『海軍特別年少兵』が一九七〇年代初頭の戦争観を体現する作品だと言えるのである。

おわりに

以上、今井正監督作『海軍特別年少兵』を分析対象とし、一九七〇年代初頭に公開された戦争映画とその受容傾向や社会状況を分析してきた。

第二章で明らかにしたように、今井が「反戦」の思いを込めて撮った本作は、おそらく彼が予期していた以上に「反戦」以外の感情を観客に与えた。本論でも紹介したような多様な受け止め方は、どの時代にもあり得た可能性はあるが、それでも、軍隊での生活に一種の憧れの気持ちを吐露する感想がマス・メディアに掲載された要因には、以下の二点があったと考えられる。

第一に、第三章で明らかにしたように、一九七二年という時代性が関係していたと考えられる。戦争の記憶がない戦無派の若者には、平和な時代の日々が空虚に感じられ、いわゆる「散華」した特年兵は輝かしいもの、憧れの対象として映った面も多々あったのである。

第二に、今井の監督としての個性である。これは第四章で確認できた。今井は、「軍国主義的」国策映画時代から一般市民の生活を緻密に描くという手法で映画を撮ってきた。だが、『海軍特別年少兵』では、皇国少年と教官たちの関係性に寄り添うことで、その関係が一部の人びとにとっては理想的な関係に見えてしまった。脚本家の鈴木が重要視していた学徒将校批判の試みは、今井の演出によってその印象が薄くなってしまったという側面は否定できない。

以上のことから、一九七〇年代初頭の日本社会における戦争観については、次のような理解が可能である。七〇年代初頭の日本では、戦争の悲惨さを忘れた、あるいは知らない世代が増加しており、戦争経験者が戦争の悲惨さを彼らに伝えることが困難になりつつあった。あえて一言で述べるならば、かつては共通基盤だった「戦争体験から反戦へ」という回路が、その機能を衰えさせつつあったのである。特年兵という新たに「発掘」された存在は、今井にとっては従来ながらの「反戦ヒューマニズム」を担う存在として、鈴木にとっては新たな戦争批判の回路を開くための存在として、注目された。両者は、戦争を遂行する制度とそこから生まれる心情とを実態に即して緻密に描くという点では一致していたが、根底にある問題意識が異なっていた。両者が共存・混在していたからこそ、多様な受容があり得たのである。

今井と鈴木の問題意識のすれ違いと、それを受け止めた当時の観客の様態からは、次のような視座を得ることができる。従来の日本社会は、「戦争体験から反戦へ」という回路を前提とすることで「反戦映画」という一種のジャンルを成立させてきた。しかし、「反戦」要素と「軍国主義」要素とを、映画の演出レベルで完全に切り分けることは困難である。『海軍特別年少兵』は、結果的に、「反戦」であれ「軍国主義」であれ、理念に身を捧げるという点では共通するものがあるということを、特年兵の姿を通して浮き彫りにしたのである。それは、従来の「反戦映画」が見落としてきたものだった。

もっとも、これらの知見をそのまま一九七〇年代初頭の戦争観とするには、留保が必要である。今後は、同時代の別の映画作品や、あるいは映画にとどまらない言説をより広く調査・分析する必要があるだろう。それについては稿を改めて論じたい。

注

（1）「反戦」とは、簡潔に言えば「戦争に反対する」という意味だが、その具体性は話者によって変わるきわめて曖昧なものである。それゆえ、発話内容の如何にかかわらず、戦争に反対するメッセージを置けば、それは「反戦」のメッセージだと受け止められる。したがって、「反戦」という言葉を厳密に定義することは難しく、むしろ「反戦」という言葉の機能を考察すべきだが、それは本論の課題ではない。ここではさしあたり、今井正に従った「反戦」の定義を試みたい。今井は『海軍特別年少兵』製作時に、本作の撮影は「『戦争という』無意味で、厖大な悲惨を再び繰り返さないためにも必要なこと」(今井正「顔と言葉　反戦映画はまだ足りない」『キネマ旬報』一九七二年八月下旬号、四三頁)と述べている。そのことを踏まえ、「戦争の悲惨さを繰り返さないという意志」として定義する。なお、映画が持つ多様な意味作用を、「反戦」かどうかという基準で判断し、現在の高みから映画を評価することは、自重しなければならない。しかし、戦後日本において、戦争を描いた映画は、社会に偏在していた戦争の記憶と結び付きながら、「反戦」的か否かを常に議論されてきた。それを考慮すれば、「戦争映画を語ること」それ自体が、批評家や観客といった語り手の戦争認識を示すひとつの方法だったと言える。

(2)　吉田は、一九五一年に調印されたサンフランシスコ講和条約における日本の戦争責任への言及が曖昧なままだったことに注目し、その影響がのちの時代にも続いていたと述べる。つまり、日本は戦争責任問題に関し、対外的には必要最小限度の戦争責任を認めて、国内においては戦争責任の問題を否定するという、「ダブル・スタンダード」を構築したと指摘したのだ。一九七〇年代初頭の戦争観ついても、同様の枠組みで説明されている。

また福間は一九六九年の「わだつみ像破壊事件」を取り上げ、そこに戦争体験をめぐる世代の断絶を指摘している。わだつみ像を「反戦・民主主義のシンボル」とする戦中派と、「反動のシンボル」と考える全共闘系の若い世代との衝突を、この事件に読み込んでいるのである。

そして成田は、六〇年代から七〇年代にかけて戦争は「証言」によって語られるようになったと整理する。多数の文献を取り上げ、戦記の書き換えや、加害者の意識をより強くした新たな語りが生まれたことを証明する。

(3)　高井昌吏編『「反戦」と「好戦」のポピュラー・カルチャー――メディア／ジェンダー／ツーリズム』(人文書院、二〇一一年)や、戦争社会学研究会編『戦争社会学研究』第二巻の特集「戦争映画の社会学」などが挙げられる。

(4)　文筆家の小川万海子が編集した『「雪風」に乗った少年 十五歳で出征した「海軍特別年少兵」』(藤原書店、二〇一九年)は、先述の海軍特年会編『海軍特別年少兵』を参考にしつつ、元特年兵の協力をもとに当時の様子を解説している。加えて、資料となるのは特年兵当事者による手記である。一例として、塚田義明『戦艦武蔵の最後――海軍特別年少兵の見た太平洋海戦』(光人社、一九九四年)、井上理二『駆逐艦磯風と三人の特年兵――波涛の中の青春』(光人社、二〇一一年)、小淵守男『巡洋艦「大淀」十六歳の海戦――少年水兵の太平洋戦争』(光人社、二〇一一年)などがある。

(5)　当事者による著作は、前掲書を例にすれば、塚田の一九九四年が最も早く、敗戦から五〇年前後経ってからの振り返りだという要素は見逃せない。戦時中、あるいは敗戦直後の作品ではないことから、その内容は戦時から長い年数を経てからの回想だという点を踏まえ、研究対象とすることが求められるだろう。

(6)『読売新聞』一九七〇年八月二日朝刊、一三頁。

(7)なお、『沖縄決戦』では多数の民間人の死を映し、『軍閥』では毎日新聞社の記者の奮闘も描かれている。よって、シリーズの他の作品でも民間人の描写は重要な位置を占める。ただし、作品全体としてみた場合に、主人公が民間人であるのは本作が唯一といっていい。

(8)『軍旗はためく下に』では、戦没者追悼式典に天皇が参加する資格があるのかという疑問を呈し、『あゝ決戦航空隊』では、ポツダム宣言受諾を承認した天皇は、周囲の軍人にそそのかされて間違った判断をしたのだという苦言を役者のセリフに込めていた。

(9)今井の「軍国主義的」国策映画は次の九作品である。『沼津兵学校』(東宝、一九三九年)、『われらが教官』(東宝、一九三九年)、『多甚古村』(東宝、一九四〇年)、『女の街』(東宝、一九四〇年)、『閣下』(東宝、一九四〇年)、『結婚の生態』(東宝、一九四一年)、『望楼の決死隊』(東宝、一九四三年)、『怒りの海』(東宝、一九四四年)、『愛と誓ひ』(東宝、一九四五年)。

(10)一例として今井の次のような言葉が残っている。「僕は、学生時代、左翼運動をやって何回かひっぱられたあと、転向手記を書いたし、戦争中には『戦争協力映画』と言われても仕方ないようなのを何本がつくっている。そのことは、自分の犯した誤りの中でいちばん大きいと思っているんです。だから、自分の弱さを知っているだけに、戦後もなかなか自信が持てなかったわけですよ」。(今村昌平他編『戦争と日本映画――講座日本映画　第四巻』岩波書店、一九八六年、二〇四~二〇五頁)。

(11)今井正監督を語り継ぐ会編『今井正映画読本』(論創社、二〇一二年)一九四頁。

(12)今村昌平他編『戦後映画の展開――講座日本映画　第五巻』(岩波書店、一九八七年)一二〇頁。

(13)なお、今井の略歴は、今井正監督を語り継ぐ会編『今井正映画読本』(論創社、二〇一二年)、映画の本工房ありす編『今井正「全仕事」――スクリーンのある人生』(東銀座、一九九〇年)、新日本出版社編集部編『今井正の映画人生』(新日本出版社、一九九二年)の三冊を参照した。

(14)今井正「顔と言葉　反戦映画はまだ足りない」(『キネマ旬報』一九七二年八月下旬号)四三頁。

(15)鈴木尚之「シナリオ　海軍特別年少兵」(『キネマ旬報』一九七二年八月下旬号)九五頁。

(16)今井正「顔と言葉　反戦映画はまだ足りない」(『キネマ旬報』一九七二年八月下旬号)四三頁。

(17)なお、戦争を「格好良く」描いてしまうと、それは「反戦映画」の機能を果たさないのか、という点については、野上元が次のように指摘する。「特攻隊員を美化しているという批判」のある映画にも、「特攻戦術という人命軽視の思想を軍が持っていた」というメッセージがあるのなら、それは「反戦映画」として成立する、というのだ(野上元「戦争映画の社会学のために――塚本版映画『野火』を題材として」『戦争社会学研究』

第二巻、二四頁)。筆者はこの議論の重要性を承知しており、その可能性に反論しない。ただし本論では、明確に「あまり格好良く描いたりすると変な好戦映画になりかねない」と懸念していた今井の思いを軸にして分析する。

(18)『朝日新聞』一九七二年八月一二日夕刊、七頁。

(19)『読売新聞』一九七二年八月五日夕刊、一〇頁。

(20)同前。

(21)『朝日新聞』一九七二年八月一四日朝刊、二二頁。

(22)この動向は、井上義和が提唱した「活入れ」の一種とも呼べるのではないか。井上の場合は、二〇〇〇年代頃から多くの人びとが陸軍特攻基地があった知覧を巡り、「特攻隊員の物語に触れることで自分の生き方を見つめ直し、ある種の前向きな意識状態に持っていく」ようになった傾向を元に、「活入れ」の定義を説明している(『未来の戦死に向き合うためのノート』創元社、二〇一九年)一一四頁。

(23)今井正「顔と言葉　反戦映画はまだ足りない」(『キネマ旬報』一九七二年八月下旬号)四三頁。

(24)新聞広告には中三女子の言葉として次のような感想も載った。「私はわがままな少女です。でも特年兵が『子供ではない、兵士だ』と叫んだ時、心から自分を恥じました。〝戦争を知らない子供たち〟とかいっていばっている人々勝手気ままな人々、人のめいわくを考えない今の若者たち、ぜひ見て欲しい!」(『読売新聞』一九七二年八月五日夕刊、一〇頁)。このような一種の「活入れ」ともとれる言動を同世代に促す中学生がいたことは興味深い。またこの文句を、記者が選択して載せたということは、「現代人の若者はわがままである」という言説がある程度存在し、そして「反戦映画」を見ることは「教育的」な動機につながると、宣伝をする側が判断した世間の風潮があったからこそだと考えられる。

(25)清水義弘『教育と社会の間――七〇年代の教育を考える』(東京大学出版会、一九七三年)五頁。

(26)小田実「『難死』の思想――戦後民主主義・今日の状況と問題」(『展望』筑摩書房、一九六五年一月号)三六頁。

(27)井上俊「『死にがい』の喪失――戦無派世代の死生観」(『思想の科学』思想の科学社、一九七〇年八月号)一一頁。

(28)吉田、前掲、一四六頁。

(29)海軍造船中将だった平賀譲博士の伝記映画『怒りの海』(東宝、一九四四年)は、今井が海軍省の後援のもとで製作した「軍国主義的」国策映画であるが、戦闘シーンなどはほとんどなく、博士たちが高性能の巡洋艦設計に日夜努力する姿を描いている。

(30)『読売新聞』一九七〇年八月一四日夕刊、八頁。

(31)『読売新聞』一九七二年八月八日夕刊、六頁。

(32)荒瀬豊「今井正『海軍特別年少兵』下士官礼賛を正当化するな」(『映画芸術』一九七三年四月号)六四頁。

(33)鈴木尚之「シナリオ　海軍特別年少兵」(『キネマ旬報』一九七二年八月下旬号)九五頁。

(34)荒瀬豊「今井正『海軍特別年少兵』下士官礼賛を正当化するな」(『映画芸術』一九七三年四月号)六四頁。

投稿論文

特攻隊慰霊顕彰会の歴史

――慰霊顕彰の「継承」と固有性の喪失

角田　燎
（立命館大学）

はじめに

特攻隊慰霊顕彰会（正式名称：財団法人特攻隊戦没者慰霊顕彰会）という団体がある。戦後から現在に至るまで「特攻」戦没者の慰霊顕彰を行ってきた団体である。[1] 初期の立ち上げや運営は、戦没特攻隊員の戦友や指揮官といった戦争体験世代[2]が行い、現在では、戦後派世代が運営の下毎年慰霊祭を行っている。

会報から、特攻隊慰霊顕彰会の歴史を繙いていくと、二〇〇〇年代に大きな変容が起きていることがわかる。具体的には、慰霊顕彰の対象を「特攻」戦没者に限らず、「大東亜戦争」の全戦没者を慰霊顕彰しようとする話が浮上したことである。また、それまで「特攻」として認められてこなかった「大和特攻」が「準特攻」として認定され、「特攻」の範囲が拡大されたのである。この時期は、戦争体験世代の高齢化が深刻化し、多くの戦友会が活動を終了し、解散する時期であった。[3] 特攻隊慰霊顕彰会では、この時期に戦争体験世代から戦後派世代への世代交代が行われていた。では、「特攻」の範囲の拡大と世代交代はどのように関わっていたのか。

戦争体験世代によって創設された戦友会の多くは、当事者以外を会に迎えることはせず、解散していった。これに対して、特攻隊慰霊顕彰会は、戦後派世代を迎え入れることによって会の活動を継続させた。だが、そのことが、「特攻」へのこだわりを失わせ、「特攻」の範囲の拡大を生んだのではないか。本論では、戦争体験世代が創設した団体を戦後派世代が受け継ぐことによって、団体にいかなる変容が生じているのかについて検討する。

先行研究・分析対象

これまでの戦友会や元兵士たちの団体の研究として、吉田裕[4]や「戦友会研究会」[5]の研究などがあげられるだろう。吉田は、戦友会の会報などの資料から、アジア・太平洋戦争を戦い、生き残った下士官を中心とした兵士たちの戦後史を跡づけ、戦後社会を元兵士がどのように生き抜いたのかを明らかにしている。

「戦友会研究会」は、当初部外者には謎のベールに覆われていた元兵士たちの「記憶の貯蔵所」と言われた戦友会の実態を明らかにした。戦友会は、「部隊」や「戦地」といった「過去に一定の集団に所属した人びと」が、「その集団を通過した後、過去におけるその共通所属を唯一の成員資格とする別の集団」をつくる「再集団化集団」である。[6] 戦友会は、敗戦という特殊な状況が生み出した現象と捉えられ、戦争体験世代で完結する「一代限り」のものと見られ、その団体の継承などについては議論されてこなかった。

そうした中で、遠藤美幸は戦友会の高齢化に伴う活動の質的内容の変化と世代交代について論じている。[7] 遠藤が研究した戦友会には、二〇一三年頃から戦後派世代が会に参加するようになり、戦友会活動の活発化を示唆したが、他方で戦争体験の「誤った継承」の可能性を孕んでいたという。その結果が戦争体験の解釈と継承に関する内部の葛藤を生み出し、戦争体験世代は会から遠ざかり、戦友会は解散へと向かったという。遠藤の研究によって「一代限り」と思われていた戦友会という団体の戦後派世代への継承の可能性とその困難さが指摘されたといえる。

これまで戦争体験世代が創設した団体の研究は、再集団化集団である戦友会が中心であった。敗戦から七〇年以上が経過した現代では、戦友会など戦争体験世代によって創設された戦争に関する団体の多くが解散し、活動を終えている。戦後派世代を含めた非当事者も集い、現在でも活動を続ける団体も存在するが、そのような団体に関する研究はこれまでされてこなかった。戦争体験世代が減少した現在の社会で、団体が如何にして戦争体験世代から戦後派世代に運営の「継承」をさせ、そこで何が生じているのかを明らかにすることが求められている。

　そこで、本論では、特攻隊慰霊顕彰会の歴史を繙くことを通じて、戦後派世代への団体の「継承」が如何に行われているのか、そのメカニズムを明らかにする。そのためには、戦争体験世代が如何に特攻隊慰霊顕彰会という団体を作り上げてきたかを明らかにしなければならない。特攻隊慰霊顕彰会は、戦友会のような再集団化集団のように「過去に一定の集団に所属した人々」が集ったわけではなく、特攻隊戦没者の慰霊顕彰を行いたい非当事者も含めた集団であった。彼らは、戦友会のように、「部隊」や「戦地」といった括りではなく「特攻」という大きな枠組みで慰霊顕彰会を運営していたのである。しかし、「特攻」という大きな枠組みの中には、多様性と対立が存在していた。そうした中で戦争体験世代はどのように「特攻」として集団化したのか。それを明らかにしなければ、戦争体験世代から戦後派世代へ団体がどのように「継承」されているのか正しく分析することは出来ないだろう。

　したがって本論では、特攻隊慰霊顕彰会の分析を通じて、戦争体験世代がどのように「特攻」という枠組みで集い、慰霊顕彰を行ったのか。そしてその枠組みや、運営などを戦後派世代はどのように「継承」したのかを明らかにする。

　分析の資料として、特攻隊慰霊顕彰会の刊行物及び、特攻隊慰霊顕彰会について言及のある文献などを使用した。

一、特攻隊慰霊顕彰会の成立

特攻隊慰霊顕彰会設立前史

　本論に入る前に、特攻隊の歴史的事実について、簡単に概観しておこう。特攻隊とは、主として爆弾を搭載した航空機による艦船などに対する体当たり攻撃（航空特攻）のことを指す。それ以外にも、海軍の「震洋」、陸軍の㋹（マルレ）艇などのモーターボートによる艦船への体当たり攻撃（水上特攻）、改造魚雷「回天」による体当たり攻撃（水中特攻）などがあった[8]。ここで重要なのは、「特攻」とは、我々が真っ先に想像する航空特攻だけではなく、水上、水中など様々な形で行われたということである。そのため、一言に「特攻」といっても内部には多様な戦争体験があった。また、旧日本軍には空軍が存在しなかったので、陸海軍別々に行われていた。つまり、「特攻」といっても、航空、水上、水中といった違いや、陸海の違いがあり、その体験は一様ではなかった。

敗戦後は、「特攻」に関わった部隊の戦友会や、特攻隊の基地があった地域などで特攻戦没者の慰霊が各地域、各戦友会等で行われていく。その中で、戦友会でも特攻基地のあった地域でもなく「特攻」全体の枠組みで、慰霊を行う動きが現れる。特攻隊慰霊顕彰会の前身である特攻観音奉賛会である。その中心になったのは、部下たちを「特攻」に送り、戦後批判にさらされていた陸海軍の特攻隊の指揮官たちであった。

一九五二年春、特攻隊戦没者の慰霊を目的に元海軍大将及川古志郎、元陸軍大将河辺正三等が発起人となり、特攻平和観音像が造立された。一九五二年五月五日音羽の護国寺で開眼の供養が行われ、この平和観音像は特攻平和観音と呼称されることとなった(9)。翌年には、観音像は世田谷山観音寺に奉安された(10)。

及川、河辺の元両大将は、特攻隊戦没者の慰霊供養が末永く続けられていくためには、何らかの形で慰霊団体を結成することが必要であるとして、特攻観音奉賛会を立ち上げることになった。そこで、及川古志郎元軍令部総長・元海軍大将、河邊正三元航空総軍司令官・元陸軍大将、清水光美元第一艦隊司令長官・元海軍中将、菅原道大元第六航空軍司令官・元陸軍中将、福留繁元第二航空艦隊司令長官・海軍中将、寺岡謹平元第一航空艦隊司令長官・元海軍中将が、代表世話人となり特攻観音奉賛会が設立された(11)。代表世話人が中心に関係者が観音堂に集まって毎月一八日に月例法要を行い、法要後に会の運営について協議を重ねた。奉賛会は、会則は作らず、会長以下の役職を定めず、代表世話人を中心に有志会員の奉仕で運営された(12)。

特攻観音奉賛会は、陸軍、海軍といった区切りや、部隊、地域を超えて、「特攻」という大きな括りで慰霊事業を行っていた。だが、その内部にはその大きな括り故に、指揮官と兵士たちの対立や陸海軍の対立があったという(13)。

そのような対立を抱えながらも、特攻観音奉賛会は代表世話人を中心に運営され、毎年世田谷山観音寺で年次法要を行っていた。しかし、昭和四〇年代末になると代表世話人の高齢化が深刻化し、名前だけを残して実質的に解散状態となる(14)。

特攻隊慰霊顕彰会の設立

特攻観音奉賛会が、実質的に解散状態になった事を聞いた明治三〇年代から大正一桁年代生まれの旧軍士官有志らが一九七八年初めごろに、会の再編成に乗り出した[15]。彼ら旧軍士官有志たちは決して直接的に「特攻」に関わりのあった人々ばかりではなかった。だが、「至純至高の祖国愛から、肉弾となって散華された特攻勇士を慰霊顕彰する奉賛会がなくなったことは、その理由がどうであれ、まことに残念至極のことで[16]」あり、「不滅の英霊をお祀りいたすのに、これを観音寺だけにお頼りしているのに忍びず、みずからの力によっても慰霊顕彰の誠を尽くし、これを後世にわたって継ぐべきであると決意して特攻隊慰霊顕彰会を設立した[17]」という[18]。

彼らは、関連諸団体の会長等有力者に発起人になってもらい、さらに各団体から代表者を送ってもらい、設立委員会をつくり、再建運動に着手した。その中で、「特攻隊の慰霊顕彰は絶対に必要だが、それは何も特攻観音に限ったことではない、他にもいろいろ道があるので、慰霊顕彰の原点に立って幅を広げるべきだ」という意見が圧倒的になったという。その意見を受け、特攻観音奉賛会を再整備するだけではなく、特攻隊に関する刊行物や、「特攻」の慰霊祭を靖国神社で行うなど、「特攻」の慰霊顕彰を行う特攻隊慰霊顕彰会が設立されることになる[19]。

会長には、元陸軍中佐であり、元皇族である竹田恒徳が迎えられ、特攻に所縁のある戦友会、団体から理事が選出された[20]。

この会の設立は、あくまで「特攻観音」を「奉賛」する団体が、「特攻」の「慰霊顕彰」をすることになった事を意味する。「特攻」の「慰霊顕彰」は「特攻観音」を「奉賛」することより、意味するところは広かった。特攻隊慰霊顕彰会の設立をきっかけに「特攻」としての集団化が本格的に始まる。もともと同じ部隊等に所属した元兵士が戦後に再集団化した戦友会とは異なり、非当事者を含む人々が新たな団体を結成したのである。彼らは、「特攻」という大きな括りで集団化するために、シンボルとして竹田恒徳という元皇族を会長に据えたのである。

二、「特攻」としての集団化

では、特攻隊慰霊顕彰会は「特攻」全般の慰霊顕彰を行うために、いかにして「特攻」を定義し、「特攻」として集団化したのか。

特攻隊慰霊顕彰会は、設立後、特攻隊の戦史を編む『特別攻撃隊』を発行した。この戦史は、「陸海軍特別攻撃隊の全部を網羅して」いる、「わが国の最初の試み」であった[21]。この『特別攻撃隊』は、航空だけではなく、水上水中といった「特攻」についても網羅されていた。だが、この「特別攻撃隊の全部を網羅」した『特別攻撃隊』には、戦艦大和を旗艦とする第二艦隊の沖縄に対する海上作戦、いわゆる「大和特攻」については、触れられていない。

「大和特攻」が「特攻」として認められない背景には、生き残る可能性のある「決死」と必ず死ぬ「特攻」は違うという認識があった。「特別攻撃隊の攻撃が何故『特別』であるのか。それは、『脱出不可能』な状態で『必ず死ぬ』状態で戦果を挙げようとしたからであ」り、「戦艦大和の出撃も特攻的性格は持っていたいが、厳密な意味では特別攻撃隊とは違う[22]」という意見などもあったため、「大和特攻」は、「特攻」として認められなかった。

この意見と同様に、「必死」なのが「特攻」であり、「決死」とは違うという共通認識が特攻隊慰霊顕彰会にはあった。例えば、会員の山田輝彦は、「『特攻』の定義は実にむづかしい。（中略）それは、制度的に計画、立案、遂行された、生還率ゼロ・パーセントの作戦行動とでもいふしかない。戦史の上で決死隊といふものはある」。「しかし、特攻はいはば必死隊である。目的の達成は『死』であり、行為は不可避の『死』に向かっての進行なのである[23]」と語っている。

この「必死」の「特攻」と「決死」の区別を根拠に特攻戦没者は、他の戦没者と比べ「特別」であると考えられていた。理事の菱沼俊雄によれば、「一般戦死者も特攻戦死者も、祖国の為に戦死したことに違いはない。靖国の神格に差別を設けるのは如何なものか」と特攻隊の慰霊祭への批判的な意見もあったという。それに対して菱沼は、「生への執着と死への恐怖を絶ち切って、祖国の為必死必中の特攻を行うことは、１００％の死を意味し、生還の可能性を残す99％の決死攻撃とは、『生命の維持』という観点から見れば、正に天と地の差があ」り、特別であると主張した[24]。

このように、特攻隊慰霊顕彰会では、「決死」を含む他の「一般戦没者」と「特別」な「特攻」戦死者を明確に区別し、特別である「特攻」戦没者の慰霊顕彰を行っていたのである。この「一般戦没者」との区別の上に成り立っている「特別」な「特攻」という意識、つまり、他の「戦没者」とは異なる「特攻」の固有性に重きを置こうとするスタンスが、特攻隊慰霊顕彰会内部で共有されていた共通認識であった[25]。

そして、必ず死ぬ「特攻」に志願した特攻隊員達は、その犠牲によって「戦果」を得て「世界からの尊敬」を受け、「平和と発展の礎」になったことが強調された[26]。それらを根拠に特攻隊員の死は、断じて無駄ではない死として意味付けられるのである。

「特別」な「特攻」という共通認識や、特攻隊員は無駄死にではないという意味付けが特攻隊慰霊顕彰会でなされているとはいえ、内部の会員に戦中の共通の体験があったわけではなかった。そうした中で、会報を通じた「特攻」としての集団化が求められたのである。設立初期の特攻隊慰霊顕彰会の会報では、「戦史」「体験記」や各地・各部隊等の慰霊祭の報告が求められ語られた。編集人が特攻の秘話を求め、会員がそれに応えている様子が伺える。会報『特攻』の四号の編集後記では、「この〝特攻〟の記事の中に、たとえ一人宛であっても、隠されたエピソードを掲載出来れば、せめてもの慰霊の一助となるのではなかろうか。行事の報告や投稿の中に、珠玉の如く輝く亡き人の生前のことがらをご紹介し続けることを念じております[27]」といい、特攻隊員の「秘話」を求めている。「秘話」や「隠れた逸話」は繰り返し求められた[28]。この要請を受けてか、会報『特攻』にはこの時期「秘話」を銘打った記事や、特攻隊員の手記や特攻隊での訓練の様子が掲載された[29]。

会報では、特攻隊の訓練の体験記、戦没者の遺書、手記の紹介、秘話の掘り起こしなどが行われていたが、一九八〇年代～一九九〇年代という時代は、終戦後四〇年～五〇年近く経ていたこともあり、新たな特攻隊員の秘話や体験記が発見され投稿されるというわけではなかった。むしろ目立つのは、各部隊の戦記や、これまで各部隊、各地域の活動によってすでに掘り起こされていた「秘話」を記事として紹介するものである。

秘話と同様に当時求められたのが、各地、各部隊で行われている慰霊祭の報告や各部隊の「戦史」や「体験記」である。編集後記では、「〝特攻〟という名を冠する以上は、各地で行われている特攻慰霊の諸行事を広く網羅しなければならず、又海軍陸軍全般の眼で見なければなりませんが、夫々地域毎、或いはグループ毎で慰霊祭が熱心に行われている現状から、情報の集まりが十分ではありません。此の一年間に行われた各地、各グループの催しをご紹介すること、これが次号以降の課題であると痛感致します[30]」といい、協力が求められた。

この編集人の求めに応じて、会報『特攻』上での慰霊祭の報告が徐々に増えていく。また、各地、各部隊の戦史なども紹介されはじめた。これらの記事では、共通の戦場での体験を持つ戦友に対して体験を書くというより、戦中の自分たちの戦場、戦闘、部隊を知らない人たちに向けて書かれていた。例えば、水中特攻兵器の記事では、回天や伏竜といった兵器がどのような兵器なのかという基本的な説明が行われており、明らかに共通の戦場での体験を持つ人々（ここで言うならば、回天あるいは伏竜の戦友）ではなく、非当事者・非体験者を念頭に書かれている。

慰霊祭の報告でも同じように共通の戦場での体験を持つ人々ではなく、「特攻」として集った人々に対しての説明がなされることがあった。義烈空挺隊や震洋隊の慰霊祭の報告では、その慰霊祭を行っている土地が、各特攻隊にいかに所縁のある土地で、どのような慰霊がなされているのかが報告されている。[31]

これらの「秘話」や、「戦史」「体験記」、慰霊祭の報告がなぜ求められたのか。当時既に終戦から四〇年前後という時間が経過していた。そのため、各地域、各部隊の戦友会などによる慰霊がその間に行われるようになり、各地域、各部隊の慰霊の枠組みが成立、定着していた。その中で、「〝特攻〟という名を冠する」団体である特攻隊慰霊顕彰会は、「各地で行われている特攻慰霊の諸行事を広く網羅しなければ」ならなかった。そこで求められたのが、前述した「特攻」の「秘話」と、各地、各部隊の慰霊祭の様子の報告である。これは、各地域、各部隊で慰霊を行っている特攻隊に所縁のある人々に特攻隊慰霊顕彰会という団体を宣伝するものであったと同時に、多種多様な体験を「特攻」として括り、それに基く集団化を可能にするものであった。

伊藤公雄は、「小部隊戦友会に比べて、大隊以上を現集団としてもつ大部隊戦友会においては、対面関係は、充分には成立して」おらず、「かつて充分な対面関係をもってはいなかったが故に、会合において、過去の話題を名刺代りにしなければ、全体として会話が成立しにくいのではないか」と指摘している。[32] 特攻隊慰霊顕彰会は、繰り返し述べているように、陸海軍、各部隊という枠組みを飛び越えて、「特攻」として集団化しているのが、最大の特徴である。そのため、共通の戦中の体験があったわけではなく、対面関係も大部隊戦友会以上に薄かった。そのため名刺代わりに、自分たちが何者であるのかを各部隊の「戦史」を語り、「秘話」を語る事によって説明し、現在の状況を説明するために慰霊祭の紹介をすることが求められたのである。
いわば、「秘話」「戦史」語りによって、自分達がいかに「特攻」に関わってきたのかを共有し、慰霊祭の報告を通じて、現在「特攻」に対してどのような思いを抱いているのかを共有しようとした。また、各地、各部隊などで行われる特攻隊の慰霊祭を網羅することによって、「特攻」を名乗る正当性を得ようとした側面もあった。各地、各部隊の慰霊祭を網羅した会報『特攻』という会報を持つことは、特攻隊慰霊顕彰会にとっては大きな意味があったのである。

三、「顕彰」から「東京裁判史観」批判へ

瀬島龍三の登場と財団法人化

一九九二年五月、特攻隊慰霊顕彰会の初代会長である竹田恒徳が逝去する[33]。後任には、戦時中大本営参謀を務め、戦後は、伊藤忠商事の会長などを務めた瀬島龍三が就任した[34]。瀬島は、「大東亜戦争」について、「多くの反省点はあるものの、存亡の危機にあって、必死に日本を守ろうとした人々の行動は再評価されるべきではないか」と常々思っており、戦没者の慰霊顕彰事業を積極的に行っていた[35]。

瀬島は、「特攻隊員が青春の身をもって決然体当たり攻撃を敢行、国に殉じられた貴い事実は、将来永遠に伝えてゆかねばならないと思います」と述べ、特攻隊慰霊顕彰会を法人とし、末永く慰霊事業を存続させることを企図した[36]。

瀬島のもと特攻隊慰霊顕彰会は、一九九三年一一月一八日に財団法人化が認定された。新財団の名称は、「特攻隊戦没者慰霊平和祈念協会」となった。この名称変更の背景には、同一のカテゴリーの財団は認可しないという当局の方針があった。当時既に太平洋戦争戦没者慰霊協会が認可されており、「特攻隊慰霊顕彰会」の名称では認可されなかったのである。そこで切口を変えて、平和祈念協会の名称を挿入するよう当局の要望があり、特攻隊戦没者慰霊平和祈念協会となった[37]。

特攻隊戦没者慰霊平和祈念協会への移行後、第一回の追悼式を大々的に行う。この追悼式には、総理大臣や大臣の代理、三笠宮、竹下、中曽根元総理などを来賓として呼び、参列者も一〇〇〇人に及ぶ盛況であったが、一方で来賓を招くために、例年合同慰霊祭を行っている靖国神社から千鳥ヶ淵墓苑への移動を余儀なくされた[38]。追悼式を千鳥ヶ淵墓苑で行ったことについて、当時の理事長である最上貞雄は、以下のよう

に述べている。特攻隊の慰霊祭は、この時まで二〇年来、「戦死者に対する慰霊行事は英霊が再会を誓い、今神鎮まりますする靖国の社頭にて行うべきが当然」であるという考えから靖国神社で行ってきた。だが、「今回は財団設立を祈念しての追悼式で」、来賓を招いたため「真に残念で憤慨に耐えないところですが、現状は靖国神社では出来」ないということになった。「そこで何処か場所をお借りして、無宗教方式で追悼式を行うことにしました。他の場所をお借りすると、最も相応しい処として、千鳥ヶ淵墓苑を選んだ」[39]という。

瀬島が中心となって行った財団法人化に伴う名称変更や、千鳥ヶ淵墓苑での追悼式には、特攻隊慰霊顕彰会内部からの反発があった。会報の編集人の田中賢一は、「任意団体の頃は『特攻隊慰霊顕彰会』だったのに、法人になるとき厚生省の小役人の言い分を聞いたとかで、顕彰がとれて平和祈念とか場違いの言葉がくっ付いてしまった」[40]とこの名称変更に公然と異議を唱えている。また、慰霊祭を靖国神社ではなく、千鳥ヶ淵墓苑で行ったことに対して大きな反発があったという[41]。

このような反発の背景には、「慰霊」よりも「顕彰」を重要視する姿勢があった。会報の編集人である田中は、「一言に慰霊顕彰と」いっても、「生き残った者が集って慰霊祭をやっているだけでは年寄りの自己満足に過ぎ」ず、「特攻隊で戦死した人達の精神を語り伝えることが肝要であって、それが慰霊の最大なものと信じ」ていると語っている[42]。別の文章においても、「苛烈な戦を生き残った者の責務は、国に殉じた人々の精神を後世に語り伝えることである」。「慰霊祭をやるが、それが我々の贖罪にも似た自己満足であっては意味がない」。「慰霊祭をやるからにはつとめて若い人を誘い込んで、奏上する追悼文も聞かせ、その場の空気を吸はせるようにしなければならぬ。直会にかこつけ老人共が懐旧の思いにひたる、それが主眼ならば英霊の怒りを招くであろう」[43]と述べている。

田中は、生き残った者のみで行われる戦友会のような慰霊祭は自己満足であると否定し、老人が懐旧の思いにひたるのが主眼であるのならば英霊の怒りを招くとまで言い切っている。そこで重視されていたのは、決して当事者の「贖罪」ではなく、あくまで死者を「顕彰」し「国に殉じた人々の精神を後世に語り伝える」ことであった。

「東京裁判史観」批判

一方、一九九〇年代になると、戦争責任をめぐって、日本政府の軌道修正が明確となった。過去の「負の歴史」の清算が始まった時期であったといえる[44]。社会で侵略戦争認識が定着し始めた一方で、政府の政策転換に反発する動きが、一九九〇年代半ば頃から急速に台頭してくるのである[45]。

特攻隊慰霊顕彰会内でも、「村山談話」や「細川首相侵略戦争発言」などに対する反発が活発に行われていくことになる。特攻隊慰霊顕彰会内でも、「村山談話」や「細川首相侵略戦争発言」などに対する反発が活発に行われていくことになる。特攻隊員の顕彰を行うという彼らのスタンスは、そもそも「保守的」「右派的」な主張と親和性が高かった。それに加えて、自分たちや戦没した特攻隊員が戦った戦争を侵略戦争と規定する一連の社会や政治の流れは、「東京裁判史観」がこの国を退廃させていると彼らに認識させたのである。以降「東京裁判史観」の批判が活発にされていく。特に攻撃の対象となったのは、「東京裁判史観」による教育であった。

彼らにとって、戦後の教育は、米国の占領政策と、それに乗っかった日教組の「東京裁判史観」に染めぬかれたものであった[46]。若者は、その教育を受けたために、「日本古来の美風は失われ、歴史伝統は否定歪曲され、権利のみ主張する無国籍集団と化してしまい、我々の主張など到底受け入れるものではない」という状況になってしまった[47]。そして、マッカーサーの指令と東京裁判によって、大きく歪められた日本の歴史を正すことなくして、特攻戦没者の心情を理解することはできない。それゆえに、戦前、戦中の歴史と戦没特攻隊員の魂の再発掘は、緊急かつ重大な課題であるとされた[48]。

だが、上述したように、戦死した人達の精神を語り伝えようにも、「東京裁判史観」による教育を受けた人々には、戦死した人達の心情は理解されない。そのため、特攻戦死した戦没者の偉業を後世に伝えるだけではなく、それが正しく理解できる日本人、日本の青少年を作ることにも力を尽くさねばならないと主張した[49]。「慰霊祭」に「はつとめて若い人を誘い込んで、奏上する追悼文も聞かせ、その場の空気を吸はせるようにしなければなら」ないと考えたのも、そのためであった。彼らの理想とするところは、若者によって慰霊顕彰が担われることであった。

このような若者を求める姿勢の背景には、切迫した後継者問題が存在した。一九九〇年代後半から二〇〇〇年代初頭は、終戦から六〇年余りが経過し、一〇代で戦争に出征した人でも七〇代後半になるなど、特攻隊戦没者の「戦友」の高齢化が深刻化していた。一九九〇年代後半から戦友会の解散が目立ち始め、二〇〇〇年代前半には戦友会の解散が急増した[50]。特に二〇〇五年は、戦後六〇年ということもあり、戦友会解散のピークであった[51]。特攻隊慰霊顕彰会に関係する戦友会でも解散が相次いだ[52]。しかし、特攻隊の精神を後世に語り伝え、顕彰することを目的として設立された特攻隊慰霊顕彰会では、解散の議論はされず、あくまで後継者が求められた[53]。

自分達の後継者である若者を得るためにも、「侵略戦争」認識が広まる現状を打破する必要があると考えられたのである。そこで、求められたのが、特攻隊員を世に宣揚・顕揚することであった。田中にとって、当時の日本の状況は、「平身低頭の外交姿勢、教科書問題、靖国神社のことなど、どれ一つとして英霊の御心に背くもの」であり、「これらのことを弾劾し世論の矯正に努めることは、慰霊の最たるもの」であり、会員の寄稿にも、それに資することが求められた。「戦没特攻隊員を世に顕揚し、それをもって自虐的反日的な徒輩を打破る[54]」ことが期待されたのである。

慰霊という側面からも、特攻隊員の宣揚は求められた。田中は、「老兵」の行う慰霊祭が「早晩なくなるのは当然である。戦死した戦友や同僚を思う純情は美しいが、後に続く者あるを信じて逝った英霊に対しそれだけでよいのか。とくに特攻隊戦没者に対しては、史実と精神を世に宣揚することが最大の慰霊になる[55]」と語り、慰霊の為にも特攻隊員の「真実」と「精神」を世に宣揚することが求められた。つまり、慰霊のためにも、戦没特攻隊員の精神を世に宣揚することによって、時局の矯正を目指したのである。会報『特攻』の編纂の意図も、その点にあった[56]。

四、「特攻」の宣揚と固有性の喪失

「特攻」の宣揚と「特攻」の拡大

特攻隊慰霊顕彰会は、高齢化し、後継者を求める中で、特攻精神の宣揚による世相の矯正を目指していく。そこで目指されたのが、特攻隊の偉業と精神を世に宣揚し、時局を矯正し、靖国神社をめぐる状況を「正常化」することや、戦前・戦中のような教育を再び行うことであった。

その一方で、会報『特攻』では、樺太真岡郵便局の女性交換手の話や、沖縄地上戦の経過、宮城事件、ガダルカナル島の戦い、硫黄島の戦いなど、「特攻」以外の記事が増えていく。このような「特攻」と関係の薄い記事を掲載する意図は、単に会報の頁を埋めるためだけに掲載されたのではなかった。それらを記事にするのは、「特攻精神」を読み取ったからである。

例えば、アジア・太平洋戦争の、ガダルカナル島の戦いを紹介する意図は、「戦争末期の特攻隊に劣らぬ精神の発露を見る史実がある」[57]ためだった。真岡郵便局の女性交換手について も、「女性交換手の精神は、国に殉じた特攻隊員と何ら変わることはない」と記されていた。[58]

特攻隊と変わらぬ精神を見出すのは、アジア・太平洋戦争における事象だけではなかった。日露戦争についても、「特攻という名称はなかったが、我々の父祖は今次大戦の特攻に劣らぬ精神をもって戦場に臨み、祖国に安泰をもたらした」[59]とされた。それゆえに、広瀬中佐による旅順港閉塞作戦は、「当時特攻という言葉はなかったが、正に特攻作戦である」[60]と位置づけられた。実際に会報『特攻』六三号(二〇〇五年五月号)では、日露戦争戦勝六〇周年を記念して、日露戦争が特集され、六〇頁の会報のうち、四〇頁余りが日露戦争についての記事で埋まっていた。

さらに特攻隊慰霊顕彰会では、日露戦争という近現代に留まらず中世や古代史にも「特攻精神」を見出していく。鳥居強右衛門は、「特攻の元祖」と呼ばれ、「当然死ぬとわかっていて公のため行うのを特攻という」[61]と言われた。防人については、「特攻隊ではないが、東国から遥々筑紫の国に赴くことは、特攻出撃にも近い心情にあったと思う。特攻隊員こそ昭和の防人だったという感を深くする」[62]とされた。

このように、「特攻精神」を近代以前の歴史に見出すことの意図は、それが日本の伝統のものであることを示すためであった。「特攻」が日本の伝統のものであるということは、「特攻」を世に宣揚する大義名分になり得た。アジア・太平洋戦争の特攻以外の事例に、「特攻精神」やそれと近いものを見出すことは、「特攻」だけではなく、アジア・太平洋戦争で戦った戦死者全てが同様の精神や、特攻隊員と同じ「美しさ」を持っているという根拠になっていくのである。田中は、「特攻の事だけではない」。「国体護持の為、皇基無窮を念じ、命を捨てた人達がいたが、特攻隊員と何ら異なることはない」。「この精神を民族の糧とするには、一にかかって教育にある」と主張した。[63]田中は「特攻」以外で死んだ人も、特攻隊と同じ精神があり、その精神を民族の糧としなければならないとしたのである。

瀬島に代わり、会長に就任していた山本卓眞は、「特攻隊とは別の形での壮烈な戦史が、大東亜戦争の各地に刻まれています。会員各位には、特攻烈士の慰霊顕彰と共に、他の数多の、壮烈な戦死を遂げた将兵とご遺族にもご配慮頂きたいと思います」[64]と述べている。会員に対して、特攻隊員の慰霊顕彰だけではなく、「大東亜戦争」の戦死者に対しても配慮を求めたのである。

過去の特攻隊慰霊顕彰会では、「決死」を含む「一般戦没者」と「特攻」の戦没者は別だとする共通認識が存在した。そして、「特別」であるからこそ、多くの人びとがそこに、「美しさ」や「殉国の精神」「特攻精神」を読み取ったのであり、それを読み取れたからこそ、「戦没者」ではなく、「特攻隊戦没者」を慰霊顕彰してきた。

無論、田中たちも、特攻が「特別」であると感じていた。だからこそ、「東京裁判史観」を払拭する為に、「特攻精神」を世に宣揚することを目指したのである。だが、「東京裁判史観」という「大東亜戦争」の全てを否定する歴史観を払拭するために、「大東亜戦争」の各所に「特攻精神」を見出し、「大東亜戦争」それ自体が素晴らしいものであったと主張するようになった。そこでは、死ぬとわかっていて公のために行うことが「特攻」とされ、従来明確に区別されていた「決死」との区別がなされなくなっていくのである。

大東亜戦争全戦没者慰霊団体協議会との合併案

二〇〇四年に会長を辞任し、名誉会長に就任していた瀬島は、「大東亜戦争」の戦没者の慰霊を、より包括的に行う団体である大東亜戦争全戦没者慰霊団体協議会（以下慰霊協）を設立する。一方の特攻隊慰霊顕彰会は、後継者獲得のために日本会議、自衛隊ＯＢ会等諸団体並びに各会員に協力を求めた[65]。また、自衛隊ＯＢが後継者になるのを期待し、自衛隊ＯＢを理事として会に迎えている[66]。

しかし、入会する自衛隊ＯＢの数は多くはなかった。自衛隊ＯＢを迎えても先は長くないと判断した、特攻隊慰霊顕彰会は、慰霊協に慰霊団体が集約されることを期待し、協力関係を築こうとした。この慰霊協との協力関係には、屋上屋を重ねるとか、会費の二重払いなどの指摘もあったが、山本は「もっともではありますが、将来の慰霊団体集約方向に備えての措置に伴う過渡的な問題とご了解願いたいと思います」[67]と語っていた。特攻隊慰霊顕彰会に勧誘した自衛隊ＯＢからも、「唯でさへ色々な慰霊団体があって、安易に入会するこ

とはためらざるを得ないのに、その上更に慰霊協が設立されては、余計躊躇せざるを得ない」と言う声も上がっていた。(68)

この自衛官ＯＢからの、「多くの慰霊団体があって入会に迷う、慰霊団体が一本化されれば動き易い」という意見を受けて、特攻隊慰霊顕彰会では、二〇〇六年の一二月に理事会・評議員会の後に懇談会が開かれる。「旧軍関係会員が現役として活動できる時代の終焉を目前にして、協会の先き行きをどう考えるのか」という問題を念頭に、「慰霊協との合併統合という考え方を、一つの叩き台として出席者の意見を伺」ったという。結果的に大半は、「現在その様なことを考えるのは時期尚早である」、「特攻の名称を消してはならない」という意見であり、慰霊協との合併統合ではなく、以降も特攻隊慰霊顕彰会として活動していくことになった。(69)

これまで述べたように、特攻隊慰霊顕彰会では、「東京裁判史観」という「大東亜戦争」の全てを否定する歴史観に対抗するために、「大東亜戦争」の各所に「特攻精神」を見出してきた。だが、それは結果的に、自分たちの慰霊顕彰の対象が何なのかを曖昧にしていったのである。自衛官ＯＢを後継者として期待していた彼らは、自衛官ＯＢが、参加しやすいように、慰霊協と合併しようとした。特攻の名称を消してはならないという声から辛うじてこの合併案は流れる。だが、彼らの本来持っていた「特別」である「特攻」の慰霊顕彰という姿勢は、確実に揺らいでいたのである。

「大和特攻」の「準特攻」認定

二〇〇〇年代には、慰霊協との合併案以外にも、「特攻」の慰霊顕彰の揺らぎが見て取れる事例がある。それは、「大和特攻」の「準特攻」認定である。

特攻隊慰霊顕彰会は、二〇〇六年三月に「大和特攻」を「準特攻」認定する。当時、特攻隊慰霊顕彰会では、一九九〇年に初版を刊行した『特別攻撃隊』の五訂版作業を進めていた。その中で「大和特攻」が「準特攻」として認定されるのである。(70)

当時の理事長菅原道熙によれば、これまで『特別攻撃隊』は、「大和」に「全く触れずに推移して」きたが、「近年になって旧海軍関係の会員の中から、第二艦隊の出撃命令には特攻と明記されていて、戦死者はその認識の下に死んで行ったのであるから、協会としては『特別攻撃隊』に取り上げるべきではないか、との声が挙がる様にな」った。「会員からの提言を受けて、調査と討議を重ねた結果、大東亜戦争末期に我が国が死力を尽くして戦った特攻作戦の全貌を、より正確に後世に伝える為には、『大和』以下第二艦隊の沖縄出撃の戦死者を、『特別攻撃隊』でも取り上げるべきであるとの結論に達し」たという。しかし、「後世、史実認識の混乱を避ける為に、特攻戦死者としてではなく、特攻戦死者に準ずる〝準特攻戦死者〟として取り扱うことに」した。[71] しかし、「大和特攻」を「準特攻」として認定したからには、特攻隊慰霊顕彰会としては、他の戦没者にも「準特攻」として認定しなければならなかった。それゆえに、回天の母潜水艦や、地上戦に参加した特攻隊員などを「準特攻」として認められたのである。「大和特攻」の戦没者や、回天の母潜水艦の戦死者などは、「準特攻戦没者」として、二〇〇八年に刊行された『特別攻撃隊』改め、『特別攻撃隊全史』(第一部特別攻撃隊五訂版、第二部準特攻戦没者名簿)』に収録された。[72]

従来の特攻隊慰霊顕彰会では、「決死」と「特攻」は明確に区別されていた。だが、「東京裁判史観」批判のなかで、「大東亜戦争」の各所に「特攻精神」を見出していった。それらに「特攻精神」を見出していたにもかかわらず、「大東亜戦争」末期の象徴である「大和特攻」を無視し続けることは出来なかった。当時は、映画『男たちの大和』のヒットや、大和ミュージアムの開館などで戦艦大和に関心が集まっていた。その中で、「大和特攻」に全く触れないということは「特攻」の名を冠する以上できなかったのである。

おわりに

特攻隊慰霊顕彰会は、再集団化集団ではなかったが、戦争体験世代が集う彼らの集まりには戦友会と重なる部分もあった。彼らは、自分たちや自分たちの戦友、部下が「特別」な特攻隊であること(あったこと)を確認するために集まっていた。「特攻」として集い、「特攻」の戦史を編むことは、戦後「特攻」を認める公的機関が存在しない中、重要な意味を持った。また、「特別」さを確認しあえる重要な場でもあったといえよう。そして、この「特別」さは、「必死」である作戦に従事した「特攻」戦没者と、その他の「決死」を含む「一般戦没者」を明確に区別することによって成り立っていたのである。

特攻隊の慰霊顕彰を目的とする特攻隊慰霊顕彰会と、構成員の親交と慰霊を目的とする戦友会とは、根本的に目的が違った。戦友会の構成員は基本的に原集団に規定され、その活動も構成員の親睦と慰霊という「内向き」の活動に終始した。一方、特攻隊慰霊顕彰会は、原集団を持たない開かれた団体であり、その活動も戦没者の慰霊顕彰という「外向き」の活動だった。戦友が集い、往時を偲び慰霊祭を行うという戦友会の「慰霊」のあり方は、「特別」な「特攻」を「慰霊顕彰」する特攻隊慰霊顕彰会にとって、不十分なものであった。そのため、特攻隊慰霊顕彰会は戦友会の「慰霊」を否定し、特攻隊の「慰霊顕彰」を目指すのである。

彼らにとっての慰霊顕彰とは、「特別」な「特攻」を未来永劫語り継ぐことであり、その「特別」さを世に伝えることであった。そうした中で、自分たちや戦友が戦った戦争を侵略戦争であると規定する「東京裁判史観」が世に蔓延しているという認識を深め、世に「特攻」の「特別」さを伝え、なおかつ「大東亜戦争」の各所に「特攻精神」を見出すことによって、「東京裁判史観」に対抗しようとした。だが、それは結果的に従来明確に区別されていた「特別」な「特攻」戦没者とその他の「一般戦没者」の区別を曖昧にする「特攻」の「特別」さ自体の拡大という結果をもたらした。

また、後継者の獲得が困難を極めたことも相まって、「大東亜戦争」そのものを慰霊顕彰する団体との合併まで模索された。戦後派世代に禍根を残さない為に「特攻」の定義問題を片付けようとするが、それは結果的に従来「決死」であるとして、「特攻」と明確に区別されていたものを「特攻」と認めることになるのである。「決死」を含む「一般戦没者」と明確に区別することによって成り立っていた「特別」な「特攻」という特攻隊慰霊顕彰会の固有性は、この時失われてしまうのである。特攻隊慰霊顕彰会は、戦友会と違い開かれた団体であるからこそ、慰霊顕彰という事業の継承は可能になった。だが、開かれているがゆえに、そこに本来あった「固有性」は失われたのである。

以上のことから浮かび上がるのは、非当事者・非体験者によって担われる「顕彰」の営みと固有性の関わりである。戦場体験者が多く死没し、すでに多くの戦友会が解散した今日、「英霊」を「顕彰」する団体は、戦後生まれの非当事者や非体験者によって担われている。慰安婦問題や靖国問題がたびたび外交問題に発展するなか、ナショナル・アイデンティティを保持すべく、「英霊の崇高さ」が語られることは少なくない。だが、そこでは必ずしも、個々の「英霊」の固有の体験に重きが置かれるわけではない。むしろ、国内外の「加害責任批判」や「東京裁判史観」に抗う論拠が、さまざまな

「英霊」のなかに見出される。そのことは、結果的に死者の個々の状況への想像力を後景化させ、多種多様な「英霊」を平板化する。死者を「顕彰」することは、死者を直視しようとしているように見えて、実は、その固有性を剥ぎ取っている。

本論で扱った特攻隊慰霊顕彰会は決してその団体のみの閉じた事例ではない。むしろ、現代の「戦争の語り」に広く見られる現象を如実に浮かび上がらせている。多くの戦友会が解散している今日、「慰霊顕彰」の団体はますます非体験者によって担われることになる。そこでの死者への関心が、その固有性から目を背けさせることにつながってはいないか。特攻隊慰霊顕彰会の戦後史は、こうした現代の「顕彰」の特質を照らし出している。

注

(1) 特攻隊慰霊顕彰会は複数回の名称変更を行っている。一九九三年に特攻隊慰霊顕彰会から財団法人特攻隊戦没者慰霊平和祈念協会へ、二〇一一年に公益財団法人特攻隊戦没者慰霊顕彰会（略称特攻隊慰霊顕彰会）に名称変更している。本論では、混乱を来さないために基本的に特攻隊慰霊顕彰会と表記する。

(2) 本論でいう「戦争体験」は、兵士としての戦争体験を指す。

(3) 戦友会研究会『戦友会研究ノート』（青弓社、二〇一二年）二三五頁。

(4) 吉田裕『兵士たちの戦後史』（岩波書店、二〇一一年）。

(5) 高橋三郎、高橋由典、新田光子、溝部明男、伊藤公雄、橋本満『新装版共同研究戦友会』（インパクト出版会、二〇〇五年）。

(6) 高橋三郎、高橋由典、新田光子、溝部明男、伊藤公雄、橋本満、前掲、一一二～一一三頁。

(7) 遠藤美幸「「戦友会の変容と世代交代」（『日本オーラルヒストリー研究』一四号、二〇一八年）九～二一頁。

(8) 吉田裕『日本軍兵士』（中公新書、二〇一七年）五二頁。

(9) 「特攻平和観音由来」（会報『特攻』一号、一九八四年）二頁。

(10) 菅原道熙「特攻隊戦没者慰霊顕彰事業の戦後の歩み　その三・その四」（会報『特攻』八一号、二〇〇九年）四三～四五頁。

(11) 菅原道熙「特攻隊戦没者慰霊顕彰事業の戦後の歩み　その五・その六」（会報『特攻』八二号、二〇一〇年）一二～一三頁。

(12) 菅原道熙「特攻隊戦没者慰霊顕彰事業の戦後の歩み　その五・その六」（会報『特攻』八二号、二〇一〇年）一二～一三頁。

(13) 大貫健一郎・渡辺考『特攻隊振武寮』（朝日新聞出版、二〇一八年、二三二～二五一頁）や、「世田谷観音寺と特攻隊慰霊顕彰会の歴史」（会報『特攻』一〇九号、二〇一六年、二三～三八頁）などから特攻観音奉賛会内部に旧陸海軍間の対立や兵士と士官の対立が存在した事が伺える。
(14) 秋山紋次郎「特攻隊慰霊顕彰会設立運動の大要」(会報『特攻』四号、一九八七年)三〜四頁。
(15) 菅原道熙「特攻隊戦没者慰霊顕彰事業の戦後の歩み その五・その六」(会報『特攻』八二号、二〇一〇年)一二〜一四頁。
(16) 秋山紋次郎「特攻隊慰霊顕彰会設立運動の大要」(会報『特攻』四号、一九八七年)三〜四頁。
(17) 丸田文雄「特攻平和観音奉賛会と特攻隊慰霊顕彰会について」(会報『特攻』一号、一九八四年)二頁。
(18) 旧軍士官有志たちは、特攻隊に所属等の経験がなくとも、特攻に深い思い入れを持つ契機が個々人にあったようである。例えば、初代の理事長である丸田文雄は、一九一〇年生まれの陸軍士官で元戦闘機パイロットであった。その後大本営陸軍参謀を務め、陸軍の特攻作戦に終始反対したという。そして、晩年に自分が惜止できなかった特攻隊員の慰霊顕彰に力を注いだという。鈴木瞭五郎「丸田理事長を偲んで」(会報『特攻』五号、一九八七年)八頁。
(19) 秋山紋次郎「特攻隊慰霊顕彰会設立運動の大要」(会報『特攻』四号、一九八七年)四頁。
(20) 「回天会」、「特攻殉国の碑保存会」、「全日本空挺同志会」「㋹顕彰の若潮会」「幹候九期(操縦)の会」などが参加していた。
(21) 生田淳「特攻を支えた魂」(会報『特攻』一四号、一九九二年)五〜七頁。
(22) 「解説・特別攻撃隊」(会報『特攻』二四号、一九九五年)一〇頁。
(23) 山田輝彦「特攻の精神」(会報『特攻』九号、一九九〇年)六頁。
(24) 菱沼俊雄「特攻戦死した同期生」(会報『特攻』一五号、一九九二年)二十三頁。
(25) 本論で「固有性」という語を用いる際には、福間良明の議論を参考にしている。福間良明『「戦跡」の戦後史』(岩波書店、二〇一五年)では、「固有性」という語は、個々の死者や地域の戦争体験に固執し、他の地域・団体等の戦争体験との連続性・共通性を語ろうとしない傾向という含意で用いられている。
(26) 「特別攻撃隊の頌」(会報『特攻』四号、一九八七年)二頁。
(27) 「編集後記」(会報『特攻』四号、一九八七年)八頁。
(28) 「編集後記」(会報『特攻』八号、一九八九年)八頁、「編集後記」(会報『特攻』九号、一九九〇年)八頁。
(29) 秘話を銘打った記事として、「特攻秘話 全機強行着陸を命ぜられた挺進飛行第二戦隊三浦中隊」(会報『特攻』一二号、一九九一年、四〜七頁)などがある。特攻隊員の手記や遺書については、水野帝「若杉是俊日記妙」(会報『特攻』一一号、一九九〇年、一六〜二一頁)などがある。特攻隊の訓練などについての記事として、門奈鷹一郎「伏竜特攻訓練余話 海底散歩の道連れ——忙中閑あり地獄の底も」(会報『特攻』一二号、一九九一年、八〜一一頁)などがある。
(30) 「編集後記」(会報『特攻』三号、時期不明)八頁。
(31) 「震洋隊のメッカ川棚で慰霊大祭」(会報『特攻』一一号、一九九〇年)二頁、「平成二年度義烈空挺隊慰霊祭」(会報『特攻』一一号、一九九〇年)四頁。

（32）伊藤公雄「戦中派世代と戦友会」（高橋三郎、高橋由典、「新田光子、「溝部明男、「伊藤公雄、「橋本満前掲）一五五～一五六頁。

（33）「竹田会長御逝去」（会報『特攻』一五号、一九九二年）一頁。

（34）瀬島は、特攻隊慰霊顕彰会の初期から関係があったようで、初期の寄付者の名前に瀬島の名前がある。「寄付者芳名」（会報『特攻』二号、一九八四年）五頁。

（35）瀬島龍三『大東亜戦争の実相』（ＰＨＰ文庫、二〇〇九年）六頁。

（36）瀬島龍三「会長就任のご挨拶」（会報『特攻』一五号、一九九二年）一頁。

（37）最上貞雄「財団法人特攻隊戦没者慰霊平和祈念協会認可さる」（会報『特攻』一八号、一九九三年）二四頁。本論では混乱を避けるために、特攻隊戦没者慰霊平和祈念協会時代も、特攻隊慰霊顕彰会と記述する。また、二〇一一年には、公益財団法人に移行し、現在の名称になっている。

（38）会報『特攻』（一九号、一九九四年）一頁。

（39）最上貞雄「追悼式を何故千鳥ヶ淵墓苑で」（会報『特攻』一九号、一九九四年）二八頁。

（40）田中賢一「金石に刻すことの意義と我々の責務」（会報『特攻』二〇号、一九九四年）一頁。

（41）「三月三一日靖国神社」（会報『特攻』二三号、一九九五年）一頁。

（42）「特攻碑の紹介」（会報『特攻』一九号、一九九四年）九頁。

（43）田中賢一「金石に刻すことの意義と我々の責務」（会報『特攻』二〇号、一九九四年）二頁。

（44）吉田前掲、二二六頁。

（45）吉田前掲、一一七頁。

（46）「橋本首相本年も参拝せず」（会報『特攻』三三号、一九九七年）二頁。

（47）小倉武「日頃思っていること」（会報『特攻』三一号、一九九七年）一八～二一頁。

（48）生田淳「沖縄航空特攻作戦」（会報『特攻』二二号、一九九五年）四頁。

（49）「反日教科書の是正について（一）」（編者から）（会報『特攻』三二号、一九九七年）一八～二一頁。

（50）吉田前掲、一四八頁、二三二頁。

（51）戦友会研究会前掲、二二五頁。

（52）田中市郎衛門「特操之碑　頌徳祭」（会報『特攻』五八号、二〇〇四年）九頁。皆本義博「若潮の塔最後の慰霊祭」（会報『特攻』五八号、二〇〇四年）一一頁。皆本義博「海上挺進第三戦隊の最後の慰霊祭」（会報『特攻』六〇号、二〇〇四年）一四頁～一五頁。

（53）編集人の田中賢一の所属する空挺同志会は、義烈空挺隊の慰霊祭を主催している。この団体は、旧軍空挺部隊、自衛隊空挺の現職自衛官、および自衛隊空挺部隊に在職していたもので構成されていた。そのため、田中は、「他の戦友団体と違い歴とした後継者がおり祭典も堪える事はない」と強調している。特攻隊慰霊顕彰会で解散の議論がされずに、後継者が求められたのは、身近に後継者を獲得した団体があったことも影響していた。田中賢一「沖縄における義烈空挺隊の慰霊祭」（会報

『特攻』六〇号、二〇〇四年）六頁～七頁。

(54)「編集担当よりお知らせとお願い」（会報『特攻』三一号、一九九七年）二八頁。

(55) 田中賢一「慰霊祭について思うこと」（会報『特攻』六〇号、二〇〇四年）三六頁。

(56) 会報『特攻』（五六号、二〇〇三年）三三頁。

(57)「今期の戦史⑤ガ島の攻防」（会報『特攻』六一号、二〇〇四年）二六頁。

(58)「靖国神社　八月拝殿に掲示された昭和天皇の御製を拝誦し」（会報『特攻』三七号、一九九八年）二六頁。

(59) 田中賢一「陸軍記念日に懐う」（会報『特攻』六三号、二〇〇五年）三頁。

(60) 田中賢一「正気の歌に拾う特攻隊員の正気」（会報『特攻』四七号、二〇〇一年）二四頁。

(61)「鳥居強右衛門」（会報『特攻』六五号、二〇〇五年）四三頁。

(62) 田中賢一「万葉集の防人の歌を読み特攻隊員の遺詠を連想する①」（会報『特攻』六六号、二〇〇六年）三八頁。

(63) 田中賢一「万物流転と不変のもの」（会報『特攻』六五号、二〇〇五年）三〇～三一頁。

(64) 山本卓眞「年頭のご挨拶」（会報『特攻』七〇号、二〇〇七年）三頁。

(65)「平成一七年事業計画」（会報『特攻』六二号、二〇〇五年）三九頁。

(66) 菅原道熙「お知らせ」（会報『特攻』六二号、二〇〇五年）三九頁。

(67) 山本卓眞「平成十八年初頭に当たり」（会報『特攻』六六号、二〇〇六年）六頁。

(68) 菅原道熙「財団法人　大東亜戦争全戦没者慰霊団体協議会（慰霊協）の紹介」（会報『特攻』六九号、二〇〇六年）五七頁。

(69) 菅原道熙「平成一八年第二回理事会・評議員会報告（平成一八年一二月二日）（会報『特攻』七〇号、二〇〇七年）六三頁。

(70) 菅原道熙「お知らせ」（会報『特攻』六九号、二〇〇六年）五八頁。この時は、「准特攻」という字が用いられているが、後に「準特攻」と改められる。

(71) 菅原道熙「お知らせ」（会報『特攻』六九号、二〇〇六年）五八頁。

(72) 菅原道熙「お知らせ」（会報『特攻』六九号、二〇〇六年）五八頁。

投稿論文

シベリア抑留者による「捕虜」概念の拒絶と受容

堀川優奈
（東京大学）

はじめに

アジア・太平洋戦争時の日本軍では捕虜となることが禁じられていたことは、「生きて虜囚の辱を受けず」という『戦陣訓』の文句とともによく知られているだろう。この訓戒が多くの兵士から投降という選択肢を奪ったことはウルリッヒ・ストラウスが指摘している。[1] 兵士だけでなく民間人の集団自決をも招いたとされるが、それは軍隊内部だけでなく、当時の社会に広く共有された規範であったことを示しているという。[2]

「生きて虜囚の辱を受けず」に象徴される捕虜忌避の規範は他方で、日本軍の加害行為を説明する際にも言及される。藤田久一は、『戦陣訓』へは言及していないものの、降伏は恥ずべきことという規範と降伏した連合国軍兵士に対する軽蔑心とが捕虜虐待につながったと指摘している。[3]

このように日本軍と捕虜というテーマは、玉砕の悲劇あるいは捕虜虐待という日本軍の問題性を指摘する文脈で多く論じられ、捕虜をめぐる法制度や捕虜収容所の運営、その歴史などを説明することが主な関心となってきた。秦郁彦は捕虜となった日本人の歴史を記述することを通して、『戦陣訓』に見られる規範がどのように形成されたかを探っている。[4] 内海愛子は日清戦争以後の日本軍による捕虜取り扱いを論じ、加害行為を明らかにしている。[5]

だが実際に捕虜体験がどのように受け止められたか、つまり捕虜となった兵士の主観において、「生きて虜囚の辱を受けず」の規範がどのように意味づけられたかは、充分に論じられていない。

捕虜となった当事者が『戦陣訓』の「生きて虜囚の辱を受けず」の教えとどのような論理で向き合い、捕虜体験をどのように解釈し意味づけたのか。本論ではこれを明らかにすることで、これまで充分に研究されていない「シベリア抑留者」の戦争体験を明らかにすることをめざす。

分析対象とするのはシベリア抑留者という、ソ連の捕虜となった人々である。シベリア抑留研究は、主として歴史学によって担われてきた。日本で抑留研究が本格的に着手されたのは二〇一〇年代に入ってからである。研究の遅れの理由として、ペレストロイカ以前にはソ連の公文書が閲覧できなかったこと、イデオロギー的要素を含むため冷戦中に客観的な研究ができる対象ではなかったことなどが指摘されている。[6]そのため抑留研究はまだその端緒にあり、小林昭菜や富田武[7]らの研究は日本、ソ連、アメリカの公文書を主な史料として実態解明に取り組むものであった。戦友会研究会[8]が、抑留中の政治教育のイメージが強いために、シベリア抑留が当事者にとって語りづらい体験であることを抑留者研究の困難として挙げているように、本論が関心を持つ当事者の体験への主観的意味づけに焦点を当てた研究はほとんどない。体験記を資料とするシベリア抑留研究はあるが、[9]これらも公文書を史料とする研究群と同様に、収容所の実態解明が主たる関心対象となっており、当事者にとってその体験がどのような意味を持つかという本論の関心とは異なっている。本論は当事者による捕虜体験の意味づけに光を当てることで、シベリア抑留体験に新たな知見を提示することをめざす。

一、分析対象

シベリア抑留は、一九四五年八月九日にソ連軍がソ連・満州国境を越えて侵攻してきた日ソ戦争を契機とし、約六〇万人といわれる日本軍兵士や民間人がソ連の収容所に留め置かれた体験である。シベリア抑留者についても、前節で見たような、「捕虜」への忌避感が指摘されている。たとえば富田武は、抑留者は国際法上「捕虜」であるという立場に立ったうえで[10]、その著書において「シベリア抑留」の語を使う理由を説明した三点のうちのひとつとして、[11]『戦陣訓』による教育のため日本軍将兵が「捕虜」概念を忌避したことを挙げている。[12]すなわち「シベリア抑留」あるいは「抑留者」という呼称そのものが、「捕虜」への忌避感の表れであるというのだ。[13]

「シベリア抑留」は今日では一般的な呼称であるが、この概念の使用によって「シベリア抑留者＝捕虜」が自明ではないという問題が浮かび上がってくる。先に示したとおり、富田が抑留者を国際法上「捕虜」であったとの断りをあえて記していたのも、「シベリア抑留者」と「捕虜」とが、簡単に等号で結ばれ、互換的に用いることができるものではなく、その関係について自覚的に論じなければならないことを意識していたからである。すなわち、捕虜という概念を、当事者たちはいかに拒絶し、いかに受容したのか。本論がシベリア抑留者を分析対象とするのは、当事者の説明によってその論理が分析可能となるからである。

捕虜であったことを一時は否定し、また別の状況において肯定するという両方の主張をした事例として、本論では「全国抑留者補償協議会」（以下「協議会」と略記）というシベリア抑留者団体を取り上げる。「協議会」は、一九七七年九月一〇日に結成された「全国抑留者補償協議会山形県連合会」と、九州を中心とする「全国強制抑留者補償要求推進協議会」が合体し、一九七九年五月に「全国抑留者補償協議会」として発足した。最盛期には一七万人の会員を抱え、抑留者の補償を目的として活動した運動団体である。[14]「協議会」が発行していた会報誌『全抑協広報』（第一一号までは『全抑協ニュース』）によれば、二〇一〇年六月に「戦後強制抑留者特別措置法」が成立したのを見届けた翌年の五月二三日、会員の平均年齢が八八歳に達したことを理由として解散した。[15]

以下では、まず「協議会」が運動最初期に捕虜であったことを否定していたことを示し（第二節）、次に捕虜としての立場を積極的に打ち出したことを明らかにし（第三節）、捕虜の否定から肯定への転換がなぜ可能になったかを分析し（第四節）、まとめと今後の課題を提示する。

二、捕虜であったことの否定の論理

一九七九年五月八日に行われた「全抑協大会」において、当時の会長の斎藤六郎は「戦時国際法」（ジュネーヴ条約）[16]に即して『捕虜』とは戦時交戦中、敵の手中に陥り捕われの身となったものをいいます。[……]また降伏軍の将兵は捕虜とされるのが国際法の建前であります[17]」と「捕虜」を定義した後、これを前提として、国際法、国内法の両方から、自らの捕虜解釈を披露する。斎藤の国際法の解釈は次の文に明らかである。

国際法上の降伏軍の将兵という理解は、局部的な、地方的な軍隊の降伏を予想しておるものであり、やはり全体の国としての降伏に到るまでは敵戦力の復活を抑制するという意味で捕虜を公認しているのであり、日本の如く国全体が降伏する。戦力を放棄する。一切の抵抗を終始するという場合は事実上の戦争の終了を意味する。「ポツダム」宣言はそのことを定めたもので、日米英支ソの意志によって降伏文書にそれぞれ署名調印をなしたものである。日本の戦力は消滅した。また日本将兵を捕虜とする法的根拠もなくなったのである。[……]「ポツダム」宣言はその第九条によって「日本軍は武装解除の後、家庭の人とならせる、捕虜として抑留することはない」と規定しているわけで、あいまいな国際法の解決を明確に規定づけたもので、関係国がこれに拘束を受けることは当然であり、ソ連の行為は国際法違反である[18]。

ここで述べられていることを少し整理してみよう。第一に、捕虜の定義において持ち出されている「降伏軍」とは局所的な軍隊の降伏を意味していると主張している。なぜならば、敵兵を捕虜とするのは敵の戦力を抑制する目的があるからであり、敵が全面的に降伏した場合、捕虜をとる理由がなくなる。日本の降伏はこの全面的な降伏に当たるのだ、というのが前半の主旨である。

第二に、武装解除後は「捕虜として抑留することはない」という斎藤の解釈はポツダム宣言の規定[19]に基づいていて、ジュネーヴ条約の文言を補強するものであり、前半の主張を裏打ちしているということが、後半で述べられている。

次に見るのは国内法の観点からの主張である。

昭和二〇年八月一八日、大本営大元帥より、国内法限り俘虜と認めずとの、当時の帝国憲法第十一条の統帥権に基く勅令が発せられております。当時の帝国憲法は条約や国際法の効力の上に統帥権があるとせられておりますので仮りに国際法上、捕虜と判断しても、日本の国内においては通用しないのであります。[20]

「俘虜」は「捕虜」の同義語であり、この「勅令[21]」が、彼らが捕虜ではなかったことを保証しているという論理である。さらにはたとえ国際法で彼らが捕虜であったとしても、勅令は国際法に優越していたため、ソ連に捕らわれた彼ら抑留者は捕虜ではなかったという主張をしている。

斎藤六郎の主張からは、戦時中の軍隊の規範である「虜囚の辱を受けず」が、戦後三〇年以上が経過していたこの時点でなお強い効力を持っていたことがわかる。その強さは、外務省に陳情に訪れた斎藤六郎ら「協議会」会員と園田直外務大臣とのやり取りにも表れている。

「これまでの国会での政治答弁で、政府は何度も私共を捕虜であると答弁している。私共は国の義務を放棄したものではなく、お国の命令によって涙をのんでソ連軍に降伏したものであり、六十、七十にもなる今日になって捕虜ということは絶対に承知できない。大臣として胸の中に入れてほしい」と誠意をもって進言したところ、外務大臣はお答えしたいとして、「八月十五日以降ソ連に抑留された日本軍将兵、軍層［引用者注：軍属の誤りか］は捕虜とは認めない」と明言された。[22]

ここで言及されているように、この陳情には前提となる国会答弁がある。たとえば一九七九年二月の衆議院予算委員会で、抑留者は捕虜であったか否かを瀬野栄次郎分科員が質問している。それに対し、山田中正外務参事官が「ソ連の勢力下に入りました軍人軍属は捕虜である」と答え、田中六助国務大臣が「国際的には捕虜だということの解釈しかしようがない」「国際法上捕虜であるということが政府の統一見解だというふうに言わざるを得ない」といった答弁をしている。[23]瀬野栄次郎も抑留体験者であるが、「捕虜」か否かを政府側に明言させようと重ねて問いただしている。その姿勢に、この問いが抑留の当事者にとって持つ重要性を読み取ることができる。

つまり「協議会」会員にとって捕虜と見なされることは、命を賭して戦うという「国の義務」を放棄したと見なされることと思われていた。六〇歳を過ぎてもなお捕虜であったことを認めることを拒む思いの強さは、『全抑協広報』のこの号の一面が「ソ連抑留日本将兵は捕虜にあらず／園田外相明言する」の大見出しで飾られていることからもわかるだろう。

　ここまで述べてきたことを整理しよう。「協議会」が自分たち抑留者を捕虜ではなかったと正当化する論理は、第一に国際法から見れば、局所的降伏を前提とする「捕虜」には該当せず、第二に国内法の「俘虜と認めず」の勅令が保証しているというものであった。「虜囚の辱」の教えは戦時中の価値観であるが、「協議会」会員の外務省陳情は、戦後三〇年以上経過してもなお彼らにとって「捕虜」かどうかが無視できない問題であったことを表しているのである。

三、捕虜であったことの肯定の論理

肯定の立場での主張

　捕虜であったことを必死で否定していた一九七九年からわずか一年後、「協議会」は立場を一八〇度転換し、今度は捕虜であったことを理由に補償要求をするようになる。それが最初に表れているのは、「第二回大会特集号」である『全抑協広報』第六号だ。捕虜に言及があるのは第二回大会で掲げられた「昭和五五年度運動方針」のうち、「大平答弁書に対する反論」の箇所である。

　まず「大平答弁書」とは何かを確認しよう。これは第九一回国会（参議院）に一九八〇年四月五日付で提出された「戦後ソ連強制抑留者の処遇改善に関する質問主意書」（質問第一二号）に対する、大平正芳総理大臣の答弁書第一二号（同年四月一五日付）のことをさす。そのうち補償に関しての要点は、第一に戦争の犠牲は「国民の等しく受忍しなければならなかつたところ」であるので国に補償の義務はないこと、第二に抑留者に対しては恩給法等で特別の措置を講じているので「この種の問題に対する国の措置は終わつたもの」であるという理解であった。

　これに対し「協議会」はどう反論し、補償要求を正当化したか。五点挙げられているがここでは以下の二点を見てみたい。

　第一に述べられるのは「日ソ両国はハーグ条約慣習法の拘束を受け更に一九五四年以降はジュネーブ第三条約の適用を受ける」ため、抑留中の労働賃金も同法に基づいて支払われるべきであるという主張だ(24)。これは「大平答弁書」第一の要点への反論で、国に補償の義務があることの主張であるといえる。

　第二の論点は次のとおりである。

日本政府の主張する如く敗戦国として請求権を放棄することが常とすれば、捕虜を多く生ずるのも敗戦国の常であり、かくてはジュネーブ協定の人道的規定は空文と化するのではないか、ジュネーブ協定は交戦当事国双方を拘束するのであって日本政府は捕虜に対する補償を憲法上行うべき義務を有する。[25]

「ジュネーブ協定」はここでは「ジュネーヴ条約」と読み替えて差し支えないだろう。つまり日ソ共同宣言による請求権放棄をよしとするなら、敗戦国は捕虜への補償をしなくてもよいことになる。しかし敗戦国のほうが捕虜を多く出すのだから、請求権放棄を認めることはジュネーヴ条約の否定につながる。とはいうものの、日本もジュネーヴ条約の拘束を受けるのだから、補償を行うのは義務であるという論理である。このような論理で「協議会」は補償を主張し、「この種の問題に対する国の措置は終わつた」という国の主張への反論としている。

すでに見たとおり、以前の「協議会」は捕虜であったことを強く否定していたのであり、上記のような補償要求は唐突に見える。このように大胆に転換された肯定の立場はどのような論理で主張されたか。

国際法の観点から[26]

捕虜であったことの否定の論理のうち国際法の観点は、自分たちは全面降伏の後に捕らえられたため、局所的降伏を条件とする「捕虜」には該当しないというものであった。肯定の論理のうち国際法の観点についてはまず、運動の場を司法の場に移すことを決めた「協議会」が、弁護士を呼んで開催した座談会中の、次の発言を見てみよう。

捕虜の抑留は戦力の一時的な拘制であって、日本のように無条件降伏し、軍隊が解散したあとの将兵を、自国の経済労力として使用するために抑留する等のことは国際法原則に反することです。[27]

「捕虜の抑留は戦力の一時的な拘制」であるという認識は、捕虜否定の論理と同様だ。しかし上記の引用箇所では、それを捕虜でなかったことの論拠とはせず、むしろ捕虜であったことを認めることで、別の国際法違反を引き出す。すなわち、武装解除後の捕虜捕獲行為をソ連のジュネーヴ条約違反だとする主張に展開される。この違反行為は日ソ中立条約違反、戦闘終了後の将兵の速やかな帰還を定めたポツダム宣言違反と並び、慰藉料請求の根拠として挙げられている。

国内法の観点から

捕虜否定の論理における国内法の観点は、「俘虜と認めず」という勅令、そしてそれが国際法に優越するというものであった。ここで加えて確認しておくべきは、統帥権が国際法に優越するというのは、大日本帝国憲法の定めるところであったという事実である。当時の天皇の勅令は日本国憲法ではなく大日本帝国憲法に基づいて解釈しなければならないというのが、捕虜否定の立場を採っていたときの「協議会」の見解であった。[28]

では捕虜肯定の立場に転じた彼らは、国内法についてどのような見解を示したか。『全抑協広報』第一三号には、「協議会」が一九八一年四月一三日付で東京地裁に提出した訴状が掲載されており、その欄外に記載された「全抑協の理論的原則」には、次のように書かれている。

> 延四億日、死亡者六八、〇〇〇名、重傷者四八、〇〇〇に及んだソ連の強制労働は、国際法原則及びその条約に違反するもので、その被害者に対する補償は、日本国憲法上、国に科せられた義務である。[29]

前半は前項で見たとおりソ連の「強制労働」の国際法違反を訴えるもので、後半でその補償を日本に求める主張をし、それを憲法に定められた義務だとしている。つまり国内法の観点では、大日本帝国憲法に依拠すべきとする見解を一切捨て、日本国憲法に依拠した主張を採用している。よって「俘虜と認めず」への言及もなくなり、「協議会」にとって捕虜であったか否かという問いは、ジュネーヴ条約への依拠を選択することで消えたのである。

現代における補償要求で裁判闘争をすることになった以上、すでに失効した大日本帝国憲法への依拠をやめるのは当然ともいえるだろう。ではソ連の違反行為の補償が日本の義務であるという論理は、憲法のどこに定められているだろうか。[30]

まず憲法第二九条三項に「私有財産は、正当な補償の下に、これを公共のために用ひることができる」とあることが、ひとつの根拠となる。つまり「協議会」の主張は、国としてソ連に賠償すべきところを、抑留者がソ連での労働によって肩代わりさせられたという実態があり、これが日ソ共同宣言での請求権放棄という公共目的のために利用されたというものである。[31] ソ連への請求権はジュネーヴ条約等に基づく抑留者の私有財産であり、これが公共のために利用されたのであれば、「正当な補償」がなされなければならないという筋立てである。

次に根拠となるのが、第九八条二項「日本国が締結した条約及び確立された国際法規は、これを誠実に遵守することを必要とする」である。[32] これは訴状中では言及されていないが、前述の「全抑協の理論的原則」と同様、そして他の憲法条項とともに訴状の欄外に挙げられており、[33] 補償要求の根拠と「協議会」が考えていたといえる。ジュネーヴ条約では捕虜の補償を所属国の責任としており、補償を退ければ「誠実に遵守」に反し第九八条第二項違反となるという主張を組み立てていく。

以上のように、「協議会」は捕虜否定の論理を手放すことで、捕虜であったことを肯定する立場に立って補償運動を進める道を選択した。本節では、捕虜否定の論理自体が否定されたことを論じたのではなく、あくまで捕虜否定の論理を構成していた国際法ないし国内法という観点が、捕虜肯定の論理の中ではどのように変わったのかを述べた。

しかしながら、ジュネーヴ条約に依拠して補償要求をした事実から、捕虜であったことを受け入れたと論じるのは少し早急である。「生きて虜囚の辱を受けず」の規範はどうなったのか、という疑問がまだ残っている。これに答えなければ、彼らが捕虜であったことを主体的に肯定したということはできないだろう。

次節ではこの問いに、その後の運動の展開を分析することで答えたい。

四、肯定への転換を可能にしたもの

本節では、捕虜であったことの否定から肯定への転換がなぜ可能になったのかを明らかにしたい。「生きて虜囚の辱を受けず」の教えによって捕虜であったことを否定していた「協議会」は、ジュネーヴ条約に依拠した補償要求をするにあたり、肯定の立場へと転換した。そこでは、「捕虜」の概念はどのように受け入れられたのだろうか、また上記の教えは、どう受け止められたのだろうか。

捕虜と人道

まず「協議会」が『戦陣訓』に言及している箇所を手がかりとしよう。

国内における「生きて虜囚の辱め［原文ママ］を受けず」という捕虜政策は、他方、敵国捕虜に対する人道無視の処遇となり、日本はこのため戦後の国際裁判で責任を取らせられることになった。[34]

『戦陣訓』のこの文句に象徴されるような捕虜に対する姿勢が、日本が捕獲した捕虜に対する加害行為を招いたことは、第一節でも言及したとおりである。しかしながら、ここで注目したいのは「人道」の語である。捕虜をどう処遇するかが人道の問題として捉えられ、人道無視の責任が問われている。『全抑協広報』の同じく第一二号の別の箇所でも、「人道」についての記述がある。

捕虜の人権を守り人道的に処遇するというのは国際的戦争のルールです。このルールを無視して戦争に突入した日本は、数々のルール違反を重ねました。[35]

この引用箇所の少し前に、ハーグ陸戦法規と一九二九年のジュネーヴ条約への言及があるので、「国際的戦争のルール」はこのふたつを示しているといえるだろう。「はじめに」で論じた捕虜否定の立場における国際法の観点でも、ジュネーヴ条約への言及はあったが、そこでは捕虜の定義が参照されるのみであった。[36]捕虜肯定の立場を採るに至って「協議会」は、ジュネーヴ条約に人道のための法という文脈的な意味づけを与えていくという変化があった。

前節で指摘したとおりジュネーヴ条約は補償要求の重要な根拠であり、一九九七年に上告が棄却されるまで重要な柱であり続けるのだが[37]、「協議会」の活動にとってジュネーヴ条約が重要であるのは裁判のためだけではなく、人道という普遍的な価値のためでもあるとされていく。

捕虜と戦争観

訴訟提起を伝える号のうち、補償要求運動の今後について論じた「これから先の舵取りをどうするか」という記事に、次のような念押しの記述がある。

全抑協の運動はジュネーヴ条約の国内実施に基く、犠牲者の補償をはかることが目的です。戦後の一般的処理として受止めるのではなく、戦時、平時を問わず、国家の特別な制度として法制化することを望むものです。

［……］今後日本の自衛隊の規律、国家の戦争観を直接左右する重要な問題なのです。(38)

これも整理が必要だろう。まず運動の目的として確認されるのは、犠牲者つまり捕虜となった者に対する補償である。しかしここでのジュネーヴ条約は、シベリア抑留者補償という一度きりの目的のために利用されるべきものとは考えられていない。「補償」は、終わった戦争のためだけでなく、平時であるかどうかに関わらず、現在そして未来の日本のために制度化されるべきだというのだ。

後段で言及されている自衛隊は、前段の補償問題からは一見飛躍があるようだが、『全抑協広報』の別の箇所でも自衛隊への言及があり、「協議会」が自衛隊に関心を持っていたことがうかがえる。たとえば「協議会」が総理府に陳情に訪れた場面での「自衛隊を抱える日本の国としても、捕虜補償に踏み切ることが望ましく、国のためでもあると思う(39)」という斎藤六郎会長の言葉が紹介されている。

捕虜が自衛隊という現代の問題としてどのように認識されているかは、次の記述から読み取ることができる。戦後の「民主的大改革」が取り残した改革が「人道に関する捕虜の権利」であるとしたうえで、以下のように述べられている。

捕虜条約を無視して大戦に突入した日本は、戦後の国際裁判で夥しい戦犯処刑者を生んだ。［……］人道の確立は戦後改革の主要なものであったが、軍隊の解体に引続く平和憲法の制定は、この改革を不要のものとした。しかしこれは政治の誤解である。国際法上、他国の攻撃を受けた国は、自衛権発動によって、自動的に交戦法規上の権利主体となる。憲法第九条とは別の次元で交戦権を取得するに至るのである。してみれば、捕虜の権利の確立は平和日本にとっても重要な課題であった筈である。［……］サイパンの邦人道連れ玉砕にして然り、その軍隊に捕虜の地位が確立されていぬ限り、かかる悲劇は今後とも避けられない。(40)

ここでは「捕虜の地位」が確立されていなかったために起

きた過去の出来事がふたつ指摘されている。すなわちひとつは加害者となって戦犯を生んだことであり、もうひとつは被害体験ともいえる玉砕を招いたことだ。これらの過去の出来事をふまえ「人道に関する捕虜の権利」の確立がなされるべきであったが、戦力を放棄した戦後の日本はこの改革を「不要のもの」と理解したために、未来において同様の悲劇を繰り返す可能性をはらんでいる。そのためにジュネーヴ条約に基づいた制度をつくって捕虜の権利を確立することが、現在、未来の日本の平和にとって重要であると主張されている。

先の記述の中でもう一点、重要な論点となっている「捕虜の権利」「捕虜の地位」とは何かについても確認しておかなければならない。これは「人道に関する捕虜の権利」の言い換えであるが、より具体的には、以下の記述を参照することで明らかになる。

> 我が国の捕虜政策は戦陣訓により、国際法規は無視し続けた。捕虜をつかまえた将兵は「捕虜の名与［原文ママ］ある地位」を知らなかった。(41)

捕虜の地位とはすなわち名誉ある地位のことであるのだ。ここでは『戦陣訓』に象徴される捕虜政策、つまり「虜囚の辱」と「名誉ある地位」が対置されている。先ほどの引用箇所に立ち戻れば、戦犯や玉砕といった過去の戦争の悲劇を繰り返さないためには、「虜囚の辱」のような忌避の「捕虜政策」を捨て、捕虜の名誉ある地位を確立しなければならないという主張であったのだ。

さて、ジュネーヴ条約の国内整備が「自衛隊の規律、国家の戦争観」に関わるというのが、本項のはじめの引用文にあった記述である。ここまでは前者の「自衛隊の規律」について、一見距離のあるシベリア抑留の体験が、問題としてどのように連続していたかを見てきた。次に、後者の「国家の戦争観」について確認しておきたい。

「協議会」にとって、ジュネーヴ条約は「真実の平和主義に根差している」ものであり、補償要求運動は平和のための運動であると位置づけられる。(42)「真実の平和主義」とは何かについて、端的に述べられているのが以下の記述だ。

> 私共はシベリア捕虜の苦しい体験から、日本の平和と国民の人権を真実守り抜くためには、ひとりよがりの勝手な平和論ではなく、世界に共通する戦時国際法の上に

立ってものを考え、行動することが絶対の条件であると確信します。(43)

Ａ４紙面の一ページ全てが割かれた「戦時国際法の無視は日本の将来を危うくする」というこの記事では、本項で見てきたのと同主旨のことが繰り返し訴えられている。すなわち、『戦陣訓』に見られる「独自の戦争観」が戦犯を生んだこと、自軍の兵についても捕虜の地位を否定したために投降がゆるされず玉砕を招いたこと、戦後日本は捕虜の地位を確立しなければならなかったがそれを怠ったこと、などである。

ここでの主張は、戦後日本の平和論は「ひとりよがり」であることだ。なぜなら世界共通の戦時国際法、つまりジュネーヴ条約の国内整備を怠っているからだ。「真実の平和主義」に根ざすジュネーヴ条約を根拠とする抑留者への補償を拒絶する日本は、まさに「独自の戦争観」を反省していない、ここで批判されているあり方の国家である。補償実施という形でジュネーヴ条約の理念を実行に移すことが戦争観を見直すことにつながり、真実の平和主義に近づくことができる。よって「協議会」はその運動を「国家の戦争観」に関わると位置づけたのである。

小括

まずここまでの分析を振り返り、そのうえで捕虜の否定から肯定への転換がなぜ可能になったかという本節の最初に掲げた問いに答えたい。

第一に、捕虜否定の論理においては捕虜の定義のために参照されていたにすぎなかったジュネーヴ条約が、捕虜肯定の論理では補償の根拠として参照され、人道という普遍的な価値のために重要なのだという主張につなげられたことを示した。

第二に、平和というもうひとつの普遍的価値のためにジュネーヴ条約の重要性が主張されたことを示した。その法整備による補償は、シベリア抑留という過去の捕虜のためだけでなく、戦犯や玉砕の悲劇を繰り返さないために必要なのだという論理が組み立てられる。それは自衛隊のあり方と日本の戦争観とにかかわるものであるというのが、「協議会」の主張であった。

このように、捕虜であったことを否定する立場から肯定する立場へと、なぜ転換することができたのか。それは『戦陣訓』という規範そのものの重要性を否定する論理を確立できたからである。そもそも捕虜であったことを頑なに否定しなければならなかったのは、『戦陣訓』に象徴される「虜囚の辱」という捕虜のあり方を内面化していたからである。『戦陣訓』そのものを否定することで、捕虜であったか否かという概念の規定にこだわる必要がなくなった。

それではなぜ『戦陣訓』を否定できたかというと、シベリア抑留者の団体である「協議会」の運動がジュネーヴ条約を補償要求の柱とし、人道と平和というふたつの普遍的価値をめざすことができたためだ。捕虜は名誉ある存在であり、人道的に処遇すべきことをジュネーヴ条約は謳っている。それは『戦陣訓』とは対照的な捕虜の姿を示していた。

このような論理を確立でき、「協議会」は『戦陣訓』の規範としての拘束力を運動体として転回させることができた。すなわち、捕虜であったことを肯定する立場への転換が可能になったのである。

おわりに

本論は、捕虜となることを恥辱としたアジア・太平洋戦争において捕虜となってしまった人々が、戦後にその体験とどのように向き合ったかを、シベリア抑留者の団体「全国抑留者補償協議会」を事例として分析した。

「協議会」は当初は捕虜であったことを頑なに否定する立場であり、その理由を国際法、国内法の観点から主張していた。しかし後に捕虜であったことを肯定する立場に転じた。彼らは運動の過程で独自の戦争観ないし平和観というべきものを掲げ、それが捕虜忌避規範を生み出していた『戦陣訓』という軍隊的価値観の否定に結びついていたという点で、注目すべき事例であるだろう。軍隊あるいは戦時日本社会で内面化された価値観を、戦後になり当事者がどのように対象化したかはさらに論じるべき重要な研究課題である。

ここで本論の限界を二点挙げたい。一点目はシベリア抑留体験について本論で論じることができたのは、運動体の主張における捕虜体験への意味づけの変化のみであり、個々の体験の分析には至らなかったことだ。第二節で指摘したように、「協議会」は「私共は国の義務を放棄したものではなく、お国の命令によって涙をのんでソ連軍に降伏したものであり、六十、七十にもなる今日になって捕虜ということは絶対に承知できない」というような、「捕虜」への強いこだわりを抱いていた。本論で論じた『戦陣訓』の規範の否定が、そのようなこだわりを相対化し、むしろ強制労働や過酷な収容状況や寒さや飢えの体験を、まさに「シベリア抑留」の体験として表出できるようになったのではないか。体験分析によってこうした問いに取り組むことが今後の課題である。

二点目は、否定から肯定への転換が一九八〇年に見られたのはなぜかという問題を残したことだ。本論では、肯定の論理が補償要求運動の中でどのように可能になったかを論じたに留まり、なぜ一九八〇年の時点で立場を転換したのかを明らかにすることができなかった。肯定への転換は、ジュネーヴ条約を根拠とした裁判の開始とほぼ同時期に起こっているが、補償獲得のための戦略という運動内部の要請によってだけでは説明することができないだろう。むしろ「協議会」の運動に留まらない、シベリア抑留をめぐるより広い動きに目を向ける必要がある。たとえば「ソ連における日本人捕虜の生活体験を記録する会」という団体が一九七五年に発足し[44]、一九八四年に最初の体験記『捕虜体験記Ⅱ　沿海地方篇』出版に至っている。この体験記は「捕虜とは何か」をテーマとして掲げ[45]、「捕虜」の否定も肯定も先取りしない姿勢で編まれている。一九八〇年前後にはシベリア抑留と「捕虜」をめぐってこのような別の運動もあったのだ。「協議会」と「ソ連における日本人捕虜の生活体験を記録する会」というふたつの団体が全く無関係であったとは考えがたく、相互に何らかの影響を及ぼしあっていたのではないか。「捕虜」と一九八〇年という時期の関係を問うことは、「協議会」の転換の背景を説明するに留まらず、シベリア抑留体験を明らかにするための重要な課題である。

注

(1) Straus, Ulrich, *The Anguish of Surrender: Japanese POWs of World War II*, Univ of Washington Pr, 2005.（＝吹浦忠正訳『戦陣訓の呪縛――捕虜たちの太平洋戦争』中央公論新社、二〇〇五年）。
(2) 同前。
(3) 藤田久一「国際法からみた捕虜の地位」（木畑洋一ほか編『戦争の記憶と捕虜問題』平文社、二〇〇三年）一五〜三四頁。
(4) 秦郁彦「日本軍における捕虜観念の形成」（『軍事史学』二八(二)、一九九二年）四〜二三頁。
(5) 内海愛子『日本軍の捕虜政策』（青木書店、二〇〇五年）。
(6) 小林昭菜『シベリア抑留――米ソ関係の中での変容』（岩波書店、二〇一八年）。
(7) 富田武『シベリア抑留者たちの戦後――冷戦下の世論と運動　一九四五――五六年』（人文書院、二〇一三年）。
(8) 戦友会研究会『戦友会研究ノート』（青弓社、二〇一二年）。
(9) 若槻泰雄『シベリア捕虜収容所――ソ連と日本人』（上下、

サイマル出版会、一九七九年、再版‥『シベリア捕虜収容所』明石書店、一九九九年）。長勢了治『シベリア抑留全史』（原書房、二〇一三年）。

（10）シベリア抑留者の法的身分については藤田勇が整理している（藤田勇「戦後五〇年と捕虜問題」（『日本の科学者』三〇（一〇）、一九九五年、‥五一七―二二頁）。それによると、捕らえられたのが戦闘員であれば「捕虜（POWs）」、非戦闘員である民間人であれば「抑留者（Internees）」とジュネーヴ条約（一九四九年）において区別されている。なお厚生省援護局の統計によると、ソ連地域からの引揚げ者数のうち「邦人」に対し軍人・軍属が約九五・九％を占めるので（厚生省援護局編『引揚げと援護三十年の歩み』厚生省、一九七七年、六九〇頁）、シベリア抑留者のほとんどが捕虜であったといえる。

（11）他の二点は以下のとおり。（一）日ソ戦争は日本軍の一方的潰走でありポツダム宣言受諾後に投降したこと、（二）国際法で規定される軍人・軍属以外も抑留されたこと。なお二点目については注（10）を参照されたい。

（12）富田武「日米ソ公文書に見るシベリア抑留――研究の現状と課題」（『ロシア史研究』二〇一二年、九〇）六六～八七頁。

（13）これに関連して、「ソ連における日本人捕虜の生活体験を記録する会」という抑留者団体は、団体名に「捕虜」を冠しているという点で本研究の問いにとって重要であるが、紙幅の都合もあり、次稿以降の課題としたい。

（14）長澤淑夫『シベリア抑留と戦後日本――帰還者たちの闘い』（有志社、二〇一一年）。

（15）『全抑協広報』（二〇一一年、第三六二号）一頁。

（16）ジュネーヴ条約には一九二九年のものと一九四九年のものがあり、この時点で「協議会」がどちらを視野に入れていたかは不明である。捕虜の待遇に関しては他に一九〇七年「陸戦ノ法規慣例ニ関スル条約」（ハーグ条約）がある。三つの条約は制定順により詳細になり、前の条約を補完する関係にある（立川京一「日本の捕虜取扱いの背景と方針」（防衛省防衛研究所編『太平洋戦争の新視点――戦争指導・軍政・捕虜』、防衛相防衛研究所、二〇〇八年））。

（17）『全抑協ニュース』（一九七六年、第一号）一一頁。

（18）同前。なお引用資料中の旧仮名遣いは適宜現代仮名遣いに改めた。以降も同様。

（19）ポツダム宣言第九条「日本国軍隊ハ完全ニ武装ヲ解除セラレタル後各自ノ家庭ニ復帰シ平和的且生産的ノ生活ヲ営ムノ機会ヲ得シメラルヘシ」。

（20）『全抑協ニュース』（一九七六年、第一号）一一頁。

（21）対応する文言は大本営陸軍部命令第一三八五号の「詔書渙発以後敵軍ノ勢力下ニ入リタル帝国陸軍軍人軍属ヲ俘虜ト認メス」である（山田朗「日本の敗戦と大本営命令」『駿台史学』一九九五年、九四）一三二～一六八頁。

（22）『全抑協ニュース』（一九七九年、第一号）二頁。

（23）第八七回国会衆議院予算委員会第一分科会、一九七九年二月二七日。

（24）『全抑協ニュース』（一九八〇年、第六号）八頁。

（25）『全抑協ニュース』（一九八〇年、第六号）八頁。

（26）本節の目的は「協議会」が捕虜肯定の立場をどのような論理で展開したかを分析することにあり、以降で参照するジュネーヴ条約並びに憲法の条文によって抑留者の法学的立場を明らかにしたり、「協議会」の主張の正当性を論じたりするものではないことを、ここで改めて確認しておく。
(27)『全抑協広報』(一九八一年、第一二号)一一頁。
(28)『全抑協ニュース』(一九七九年、第一号)一二頁。
(29)『全抑協広報』(一九八一年、第一三号)五頁。
(30) ここで挙げる二点の他に、第一三条(個人の尊重)、第一四条(法の下の平等)、第一七条(公務員の不法行為による損害の賠償)、第一八条(奴隷的拘束及び苦役の禁止)が訴状ではまとめて挙げられている。
(31)『全抑協広報』(一九八一年、第一三号)八頁。
(32) もっとも日本はアジア・太平洋戦争開戦時にまだジュネーヴ条約(一九二九年)を批准していなかった。よってジュネーヴ条約に定められた捕虜への補償が「確立された国際法規」であったことを説明することは、「協議会」にとっての課題であった(『全抑協広報』一九八一年、第一二号、一三頁)。
(33)『全抑協広報』(一九八一年、第一三号)九頁。
(34)『全抑協広報』(一九八一年、第一二号)六頁。
(35) 同前、九頁。
(36)『全抑協ニュース』(一九七九年、第一号)一一頁。
(37) 長澤、前掲書。
(38)『全抑協広報』(一九八一年、第一三号)一一頁。
(39)『全抑協広報』(一九八一年、第一四号)一頁。
(40)『全抑協広報』(一九八三年、第三一号)一頁。
(41)『全抑協広報』(一九八一年、第一五号)一六頁。
(42)『全抑協広報』(一九八五年、第五六号)五頁。
(43)『全抑協広報』(一九八四年、第四二号)二〇頁。
(44)「風化させまいシベリア抑留「資料、手記を下さい」」『読売新聞』一九八二年六月四日朝刊、二三頁。
(45)『オーロラ』(一九八五年、第一一号)一〇頁。なお『オーロラ』は「ソ連における日本人捕虜の生活体験を記録する会」の会報誌。

書評論文

近年の模型とミリタリーの関係をめぐる研究について

松井広志『模型のメディア論』（青弓社、二〇一七年）を中心に

一ノ瀬俊也
（埼玉大学）

近年、松井広志『模型のメディア論――時空間を媒介する「モノ」』（青弓社、二〇一七年）をはじめとする、模型とミリタリー・カルチャーの関係を追求した研究が盛んである。本論では、それらの内容を紹介し、歴史学の立場から気づいた点を述べたい。

松井『模型のメディア論』の問題意識は、「モノがメディアとして形成される様相を明らかにするためには、実際の社会的文脈のなかで、あるモノが特定のメディアとして人々に構想され、受容されてきた具体的な事例の分析が必要になってくる。そうした経験的分析のために、本書は日本社会における「模型」という対象にしていく」（一五頁）というものである。「模型は〈実物〉と私たちをつなぐメディア」（一七頁）とみなされる。その際、模型によって伝達される、近代的な知とは何であるのかも課題となろう。

同書は第一部「歴史」、第二部「現在」第三部「理論」という三部構成をとるが、本論ではこのうち第一部に限って論じることをご容赦願いたい。

第一部第一章「日本の近代化と科学模型」は、日本の模型史を概観する。江戸時代の雛人形や妖怪玩具をその源流として取り上げ、近代日本の模型は「構想から政策までをすべて自分でおこなうタイプが主流だった」（三三頁）、明治期の模型は飛行機や鉄道などの多様な題材の構造を近代科学的な視

点から捉える「科学模型」だった、とする。
大正から昭和にかけて、「子供の科学」などの科学雑誌や模型誌の創刊が相次いだ。模型は「現実に達成可能な「近き将来」」を学ぶ役割を果たした。模型の需要者層は、しだいに大人からしだいに少年たちへと広がっていった。松井は本章の締めくくりとして「明治から一九三〇年代の戦前期の模型は、近代化の中で科学と強く結びついたメディアとして誕生した」と述べ、当該期の模型を「〈未来の機能を実現するメディア〉」(五二頁)と位置づける。

第二章「帝国日本の戦争と兵器模型」によれば、一九三〇～四〇年代の総力戦体制のなかで、模型も飛行機をはじめとする軍事知識の「啓蒙媒体」としての役割を強めていく。一九四〇年成立の近衛内閣の掲げたスローガン「科学する心」にもとづき、模型航空教育が推進されていく。戦時下には「兵器模型」というジャンルが現れる。「少国民に戦争遂行の重要性を啓蒙するために、すでにその魅力が広く認知されていた模型メディアが利用された」(六五頁)という。戦前期の模型が「来たるべき未来」ではなく、「目下遂行中の戦争に関係する「現在」という位相を媒介するようになった」(六六頁)。一九四〇年代の戦時期の模型は「〈現在の理念を体現するメディア〉」(七五頁)だった。

第三章「戦後社会とスケールモデル／プラスチックモデル」は、戦後初期の模型には戦前からの強い連続性がみられると指摘する。占領下での自粛を経て、科学が重要という認識は変わらなかったため、建設的な科学知識の媒介物として推奨され、「未来の科学を媒介する模型というあり方が復活」(八五頁)する。朝鮮戦争の勃発により「現在の戦争を媒介するメディアとしてのミリタリー模型が受け入れられていた」(八七頁)。

一九五〇年代から戦艦大和などの趣味としてのミリタリー模型が登場していく。一九六〇年代に入ると「プラスチックの導入と相まって、模型の主流は「動く」模型から正確な縮尺設定をもつ「スケールモデル」へと移っていく」(九四頁)し、「「実用性」をもった戦時下の兵器模型から自らを切り離し、実際の殺傷につながる「機能」とは無縁の「趣味」となっていった」(九五頁)。戦後の模型は、「〈過去の形状を再現するメディア〉とまとめることができる」という。

松井は、近年「戦時下の兵器模型と空想兵器図解――戦後ミリタリーモデルの二つの起源」(大塚英志編『動員のメディアミックス――〈創作する大衆〉の戦時下・戦後』(思文閣出版、二〇一七年）でも、戦時下の模型趣味と戦後のそれとの連続性を論じている。

松井論文は、戦後のプラモデルの主な題材が長い間「兵器」であり続けているなかで、「いかにして模型と兵器は結びついたのだろうか」という課題に対して、戦時期の模型や兵器図解をその前提として挙げる。一九四〇年五月創刊の国防科学雑誌『機械化』を具体的な分析対象として、小松崎茂の空想兵器画に（近）未来性、ロマン性と現在性を見いだす。これらの合体は、戦後のミリタリーモデルにまで持続し、その起源のひとつとなっているという「暫定的な結論」が導かれる。

戦後の模型と軍事との関係については、佐藤彰宣「「科学」と「軍事」の呪縛——一九五〇年代の航空雑誌での模型工作の営み」[1]がある。佐藤は、一九五二年創刊の航空雑誌『航空ファン』初代編集長・野沢正（一九一六年生）に注目し、「模型や航空機を取り巻く社会構造や既存の価値観が揺らぐ五〇年代のなかで、どのような模型工作のあり方が模索され、その営みにどのような理由づけがなされていたのか」（二五六頁）を問う。

野沢は一九三五年から雑誌『子供の科学』の編集を手伝い、四二年に創刊された『航空少年』の編集主任になる。同紙は誌面を超えた航空模型イベントを開催し、模型は「少年飛行兵志願の第一歩」（二六一頁）と位置付けられていく。戦後の航空雑誌と模型工作は戦前のそれを素地として営まれていくが、軍用機趣味を「科学技術上の成果」と言わざるを得なかった。野沢は『航空ファン』でも航空模型の製作に「飛行機の形態」としての「航空知識」の習得につながると「科学性」を強調した（二六九頁）。

とはいえ、一九五五年九月号には航空自衛官の募集なども掲載され、戦前の軍事と科学との接続は形を変えて続いていた。同じく五〇年代の誌面には戦記ブームに乗っかる形で元パイロットの空戦手記が掲載される。六〇年代になると、野沢は戦記雑誌『丸』の論客となり、六六年創刊の日本初のプラモデル専門誌『モデルアート』の初代編集長になる。軍事的なものが忌避された五〇年代の戦後社会でも、航空雑誌上の模型は「科学」を大義とすることで「軍事」的なものと接続されていくと結論づける。

坂田謙司「プラモデルと戦争の「知」——「死の不在」とかっこよさ」[2]は、一九五〇年代末のプラモデル誕生からから六〇年代の戦記ブーム終焉までのプラモデルとその箱絵を分析する。

坂田は、「戦争画が戦争末期に「人の死」を「美しい死」として描くことで死の存在を捨象したのとは違い、ボックスアートにおける「人の死」は、描かないことで文字通り「人の死」を捨象したのである。兵器の「かっこよさ」や「わくわく感」」こそが内在的に求められているのであって、「人の死」は不要なのである。だからこそ、客観的な事実としての兵器史や戦史、火力が戦争の「知」として必要とされ、獲得される」(二〇九頁)という。この「戦争の「知」」とは、「兵器の火力を知ることで兵器開発の技術力と戦争の勝利、あるいは敗戦に関わる物語として戦争の「知」を獲得するのである」(二一一頁)という。

コメント

①模型が媒介した近代的な知とは何だったのか

近代における知の媒介装置といわれた時、日本近代史をかじった者がまず思い浮かべるのは、学校、博物館、博覧会である。そこではさまざまな模型が使われ、陳列されたはずである。松井『模型のメディア論』は江戸時代に「キンストレーキ」と呼ばれたオランダ由来の医学教育用人体模型に言及はするが、近代日本における模型の歴史を一足飛びに昭和戦時期の飛行機模型から始めている。しかし、明治以降の学校・博物館で教育手段として用いられた模型は、人びとが模型を知の媒介装置として認知していく前史として無視できないのではないだろうか。[3]
また、現下の軍事知識を媒介するメディアとしての模型は、昭和戦時期にはじまるものではない。明治期の模型と聞いて評者が想起するのは、一八九四年、日清戦争の戦勝祝賀会のさいに上野恩賜公園の不忍池に浮かべられ、多数の見物人の面前で爆破された清国軍艦・定遠の模型である。「定遠」は単なる張りぼてではなく、れっきとした模型である。観客はそこに現在の、本物の海戦の様子をみてとり熱狂したからだ。[4]
明治期——戦前期の模型を「〈未来の機能を実現するメディア〉」と位置付ける松井の整理は、拙速ではないだろうか。
同じことは昭和初期の海軍・航空知識普及のため各地で催された軍事展覧会に並べられた兵器の模型・ジオラマからもいえる。一例のみ挙げると、一九三六年に姫路市で開かれた「国防と資源大博覧会」では航空母艦を含む艦隊進撃のジオラマや「潜水艦魚雷発射模型」(艦が魚雷を放つ情景もしくはプロセスの模型とみられる）などの模型が展示されている。[5] 目的はいうまでもなく現在の軍事知識普及である。松井は「〈現在の理念を体現するメディア〉」としての模型は一九四〇年代のものというが、実際はそれより前からである。

模型と軍事に関する知の普及は、模型雑誌や模型飛行機教育だけではなく、はるかに多様な場所・手段により行われていたのである。それらを丁寧にみていかないと、過度な単純化との批判を招きかねない。

なお、前記の戦争・軍事に関する展覧会では、兵器の模型・ジオラマと飛行機をはじめとする各種の実物が並べて配置されることもあった。前記の姫路市『国防と資源大博覧会』では魚雷発射模型と実物の魚雷が同じ展示場に配置されていた。模型の歴史を考えるうえで、実物との補完関係の歴史は、松井も指摘するように重要な論点だと思うが、この点も軍事と模型の関係史研究の中でさらに詰めていく必要があると思う。

②戦後の模型とミリタリーの関係について

戦後の模型趣味について、佐藤論文は軍事に対する忌避感への配慮を、坂田論文は「死の不在」を指摘する。あたかも、戦後の模型がイデオロギーを脱色された無色無臭なものであったように読める。しかし、戦後の日本で大人気だった旧日本軍の兵器は、世界一の（ということになっていた）戦艦大和と零式戦闘機（零戦）である。その反面で、列国に比べて劣っていた戦車などの陸戦兵器は不人気であった。これは、模型の解説や箱絵から浮かび上がってくる、（かつての大日本帝国とは無縁の）ナショナリズムの一形態とはいえないだろうか。

さらにいうと、大和と零戦は戦後のいわゆる技術立国の〝起源〟として位置づけられるようになっていく。つまり大和と零戦は経済成長至上主義というイデオロギーを肯定する存在だった。両者は、高度成長を経て「経済大国」へと歩む日本のアイコンであった。評者の単なる誤解かもしれないが、戦後の模型がイデオロギーと無関係であったかのように読める両者の研究は今ひとつ納得しがたい。

戦後の模型についても、〈実物〉との関係という論点はある。旧日本軍の兵器は敗戦後に廃棄処分されたが、わずかに生き残った飛燕（戦闘機）などの機体が一九六〇年代まで各地自衛隊の主催するイベントに展示された。[6] さらに一九七〇年代以降、南方の島々や国内から回収された零戦や紫電改、爆撃機・彗星などの機体が日本国内で復元され、現在では国立科学博物館や大和ミュージアム（呉市海事歴史科学館）などの公立博物館とともに、私設博物館や航空自衛隊の資料館、靖国神社遊就館などで展示されている。

これらの〈実物〉は、遊就館などに展示されていることからみて、かつての大日本帝国イデオロギーと完全に無関係とはいえないだろう。彗星など残骸からの復元作業は今日の目から見て拙速であり、それ自体が実物大の〝模型〟とさえみることもできる。模型研究はこれらの〝実機〟について何がいえるだろうか。その縮尺模型であるプラモデルもまた、（大日本帝国と経済大国のいずれかは別としても）ナショナリズムとは無縁と言い切れないのではなかろうか。

〈実物〉と、趣味としてのプラモデルの関係についてもう少し述べると、戦後のプラモデル作りの歴史は、モーターを内蔵して走らせる模型作りから、泥や排気汚れ、酷使にともなう塗装のはがれを精緻に再現し、ときにジオラマ仕立てにする方向へとかわってきたと思う。つまり、ホビーとしての模型作りは、どこかで本物よりも本物らしい〝リアル〟を追及する技法の発展の歴史である。自ら走らせて楽しむ模型から、眺めて楽しむ模型への転換は、伊藤公雄いうところの「身体性なき傍観という奇妙なミリタリー・カルチャーの広がり」[7]そのものともいえる。

このような変化は趣味者たちのどのような心性の移り変わりを反映しているのだろうか。模型趣味の担い手側の意識とその変化も、模型をめぐる今後の論点たり得る。

注

（1）神野由紀、辻泉、飯田豊編著『趣味とジェンダー――〈手づくり〉と〈自作〉の近代』（青弓社、二〇一九年）第八章。

（2）高井昌吏編『「反戦」と「好戦」のポピュラー・カルチャー――メディア／ジェンダー／ツーリズム』（人文書院、二〇一一年）第六章。

（3）大貫洋介「日本の博物館における模型活用とその過程」（『國學院大學博物館學紀要』第三三号、二〇〇八年）は、明治期日本の模型について、歴史科、地理科、理科教育で児童の想像力を喚起する教具のひとつとして活用が唱えられていたことや、国内外の博覧会・展覧会で地理模型が植民地帝国日本の国力のアピール材料とされていたこと、帝室博物館で歴史美術品の展示充実のため模型が盛んに作られていたこと、大正元年設置の通俗教育館が鉄道や電信、天文地理、衛生の知識普及に本物と見まがう精密な模型を展示していた事実を紹介している。

（4）木下直之『戦争という見世物――日清戦争祝捷大会潜入記』（ミネルヴァ書房〈叢書・知を究める〉二〇一三年）。

（5）拙著『飛行機の戦争　一九一四―一九四五――総力戦体制への道』（講談社現代新書、二〇一七年）一九七〜二〇三頁。日中戦争以降の戦時博覧会が最新兵器の展示などの戦争の知を普及する〝メディア〟であった点については、福間良明「戦時博覧会と聖戦の綻び」（同『「聖戦」の残像――知とメディアの歴史社会学』人文書院、二〇一五年）も参照。

（6）飛燕は一九五三年三月一六日に米軍から返還され、二子玉川園で開かれた航空博覧会に展示された（『朝日新聞』同年三月一六日夕刊）。その後知覧特攻平和会館を経て、現在は岐阜かかみがはら航空宇宙博物館に展示されている。

（7）伊藤公雄『「戦後」という意味空間』（インパクト出版会、二〇一七年）二八六・二八七頁。

（8）佐藤・坂田論文は、模型を通じて語られる知は死やイデオロギーとは無関係の、兵器の性能や戦史であったという。しかし評者（一九七一年生）自身、模型趣味を通過することで日本近現代史やイデオロギーの問題と向き合わざるを得なくなり、現在に至っている。同じような人は他にもいるかもしれない。

書評論文

硫黄島認識の転換を迫り、日本政府の歴史的責任を追及する

石原俊『硫黄島――国策に翻弄された一三〇年』（中央公論新社、二〇一九年）

長島怜央（平安女学院大学）

本書の目的は、「はじめに」や「終章」で明示されているように、第一に「硫黄島をめぐるイメージを、長らく日本社会で支配的であった『地上戦』言説一辺倒から解放すること」、第二に「硫黄列島民の視点から、日本とアジア太平洋世界の近現代史を捉えていく」ことである。

本書がもつさまざまな可能性のなかで評者が強調しておきたいのは、その記録としての価値と現代日本社会への介入というふたつの側面である。本書が指摘するように、戦後の硫黄列島民についてマスコミも研究者も「ほとんど知らなかった」（一九五頁）。その一方で、本書は二〇〇七年頃から著者が積み重ねてきた硫黄列島民に関する文献資料調査とインタビュー調査の成果を随所に活かしている。とりわけ、硫黄列島民のライフヒストリーの記述は貴重であろう。また、後述のように、本書は日本政府の歴史的責任を問うてもいる。これらふたつの側面は、地道な調査に基づいた丹念な歴史記述によってこそ可能になっている。こうした点から、脇道に入らない硬派な著作という印象を評者は受けた。

ところで評者は、著者の一連の島嶼社会論をめぐる合評会企画の論考において、その研究の意義を太平洋の島々が被っている「二重の不可視性」問題への取り組みにあると指摘した。すなわち、評者は「コロニアルな冷戦空間」と「群島の想像力」というふたつの視座に着目し、著者の研究が太平洋

の島々を対象とする歴史研究に多大な貢献をしていると論じた。[1] 本書の第一の目的は「群島の想像力」と、第二の目的は「コロニアルな冷戦空間」と、完全にではないが、ほぼ対応しているように思われる。その意味で、本書では著者がこれまで培ってきた視座が存分に発揮されている。

以上のことから、やや手前味噌ではあるが、著者の研究に一貫する視座(評者の言葉では「二重の不可視性」問題)については拙稿も参照されたい。また、本書は本論執筆時点で約一年前に新書として世に出され、多くの読者を得ると同時に、多方面で書評・紹介がなされている。[2] そのため以下では、本書の主題である硫黄列島民の経験から少し離れて、脱線気味に雑感を連ねることをご寛恕願いたい。

前述のように、日本社会のほとんどの人びとは硫黄列島(民)についてまったく知らないか、一面的にしか知らない。この点について、本書が指摘していることではないが、評者が気になった箇所がある。本書に引用される戦前の『読売新聞』や『東京朝日新聞』の記事の見出しである。一九三二年の硫黄島拓殖製糖会社の独自金券流通に関する記事では、本文では「硫黄島」という名称は出てくるが、見出しでは「小笠原島」で一括されている。当時、硫黄島は東京府小笠原支庁の直轄下にあった。また、一九三三年の同社小作争議に関する記事の見出しの前半は「孤島の砂糖畑から小作争議の訴へ」とあり、そのあとに「硫黄島の代表上京」と続いている。同社の役員の横領事件に関する同年の記事の見出しは「離れ小島で三万円横領」である。しかも、本文の冒頭には「鳥も通はぬ離れ小島」とあり、島の孤絶性をいっそう感じさせる。つまり、これらの新聞記事の見出しでは、硫黄列島は「小笠原島」で済まされたり、固有名詞ではなく「孤島」や「離れ小島」と呼ばれたりしている。この時期のすべての硫黄島関連の記事ではなく、いくつかの記事に限定してのことではあるが、戦前の日本社会における硫黄列島に関する認識がうかがえる。

だが、アジア太平洋戦争で日米が激しく戦った地上戦のイメージとともに、戦中・戦後には硫黄島の認知度は多少高まる。これには、栗林忠道中将の「玉砕」神話も関係しているであろう。本書は、栗林中将が軍内の本土決戦派・徹底抗戦派のプロパガンダに用いられ、「立派に耐えた玉砕の島」という地上戦イメージが形成されていったことを指摘している。

硫黄島と他の戦場となった島々、たとえばサイパン、グアム、パラオなどとの日本におけるイメージの微妙な違いは、この点にあるのかもしれない。また、以下に見るように、このような栗林英雄史観が戦後六〇年経って米国人監督の映画作品によって再生産されていることは、米国における日本軍将兵に関する特定の英雄的イメージの存在を示唆しているように感じられる。

第四章は、ふたつの意味での歴史認識の更新の必要性を指摘している。硫黄島の地上戦を「虫の目」、つまり下級兵や島民の視点から描き直し、アジア太平洋戦争の各地での地上戦に目を向けるよう促す。

同章冒頭は、二一世紀の「硫黄島ブーム」を巻き起こし、日米の硫黄島認識に大きな影響をおよぼした、クリント・イーストウッド監督の「硫黄島二部作」（二〇〇六年）の可能性と限界を論じている。そのなかで評者が気になったのは、『父親たちの星条旗』における日本軍将兵の描き方や島民たちの不在を批判している箇所である。たとえば、実験的な表現手法の帰結として、「日本軍将兵は人間としての固有性を徹底的に剥奪されてしまう」ことが同作品の難点とされる。しかしながら、まさに米海兵隊員たちにとって硫黄島の地上戦がいかなるものであったかを再現しているとも言え、それこそがイーストウッドの狙いだったのではなかろうか。歴史家ジョン・ダワーの著作『容赦なき戦争』は、太平洋戦争中の日米双方の人種主義、つまりいかに敵を非人間化したかを論じている。米国側は日本人を殺すことを「害虫駆除」と捉えており、実際に硫黄島の海兵隊員たちはヘルメットに「ネズミ駆除業者」と刷り込んでいたという(3)。

また同章は、当時の日本軍や日本兵の硫黄島認識を示すものとして、『硫黄島からの手紙』のなかの「くそっ、こんな島、アメ公にやっちまえばいいんだよ」を含む一連の台詞を引用している。そして、それを裏付けるものとして、日本軍が硫黄島を「爆破して海に沈める構想」をもっていたことを紹介する。しかし、同作品中にも同様の発想に触れられる場面がある。西竹一陸軍中佐が硫黄島について、「もっとも賢明な措置は、海の底に沈めてしまうことだと思います」と語る部分である。ここからも、「硫黄島二部作」のなかの日米双方の軍や兵士の台詞が当時の認識とはそう隔たったものではないことがうかがえる。

本書の主題からは逸れてはしまうが、「硫黄島二部作」をめぐる議論を通じて、米国側の硫黄島認識の歴史、さらには第二次世界大戦の太平洋戦域の記憶、とくに太平洋の島々に関する多様なイメージへと評者の関心は広がる。米国においては、戦史上の重要性以上のものが硫黄島に付与されているようである。日本で栗林中将の「玉砕」神話がプロパガンダに用いられたのと同様に、米国では写真「硫黄島の星条旗」に写る摺鉢山に星条旗を立てる兵士たちが「国民的英雄」に仕立て上げられていったことが、その端緒なのであろう。

本書は硫黄列島民の経験を丹念に描き、日本政府に歴史的責任を突きつける。だが、読者はそれだけでなく、日本の国内外または国家の狭間で歴史的不正義を被ってきた多くの人びとが補償（リドレス）を受けないままであることにも改めて目を向けるようになるのではないか。たとえばミクロネシアにかぎっても、南洋群島で戦争被害を受けた沖縄出身者が戦後七〇年近く経って国に謝罪と補償を求めて提訴した南洋戦訴訟がある。また、日本軍の占領統治を経験したグアム住民は、長らく戦後補償を求め続け、戦後七五年経ってようやく賠償金を受け取ることになっているが、その補償の仕組みが新たなわだかまりを生んでいる。本書は、日本政府の「不作為の作為」、つまり硫黄列島民一世がこの世からいなくなるのを待っているかのような日本政府の姿勢を糾弾する。日本政府、そして日本社会のありようが直接的に問われているのだ。そして、戦後日本社会はなぜさまざまな戦争被害者、または数々の歴史的不正義に真摯に向き合ってこなかったのかという重い問いが、読後に残された。

注

（1）拙稿「不可視化されたミクロネシアの〈要石〉と〈捨て石〉――石原俊の群島研究をめぐって」（『クァドランテ』第二一号、二〇一九年三月、二三～三〇頁）。同号で著者の研究に関する特集が組まれ、高江洲昌哉、芹澤隆道、山内由理子、評者の論考と著者のリプライが掲載されている。そのほかに以下も参照。拙稿「二〇一七年度歴史学研究会大会報告批判　近代史部会　石原俊「島民からみた硫黄島史」」（『歴史学研究』第九六五号、二〇一七年一二月）四五～四七頁。

（2）各方面からの反響については、以下でも著者が触れている。「著者に聞く『硫黄島』／石原俊インタビュー」（web中公新書、二〇一九年四月二二日）（http://www.chuko.co.jp/shinsho/portal/112208.html）。

（3）ジョン・W・ダワー／猿谷要監修／斎藤元一訳『容赦なき戦争――太平洋戦争における人種差別』（平凡社、二〇〇一年）一七六～一八〇頁。

研究動向 日本の銃後

一ノ瀬俊也
（埼玉大学）

銃後とは、「戦場の後方。また、戦時に前線を支援するための一般の国民及び国内体制のこと」（松田英里「銃後」吉田裕ほか編『アジア・太平洋戦争辞典』吉川弘文館、二〇一五年）を指す。本論では、近代の日本においてこの銃後がいかに形成され、どのような形で前線の戦闘を「支援」してきたのかについての研究の動向を整理する。

松田のいう「一般の国民」は、歴史学上は「民衆」と呼ばれることが多いので、民衆と戦争・軍隊についての研究にも言及することが多い。当然同時期の外国にも「銃後（home-front）」が形成されており、この点についてはリチャード・リンゲマン（滝川義人訳）『銃後のアメリカ人――一九四一―一九四五　パールハーバーから原爆投下まで』（悠書館、二〇一七年）や敬和学園大学戦争とジェンダー研究会編『軍事主義とジェンダー――第二次大戦期と現在』（インパクト出版会、二〇〇八年）、あるいは北村陽子の第一次大戦期～現在のドイツ戦争障害者支援に関する研究などの成果があることは承知しているが、本論は対象を明治期から一九四五年までの日本に限定する。この点、あらかじめお断りしておく。

一、一九七〇～九〇年代までの銃後民衆史研究

一九七〇年代で注目されるのは、民衆史研究の活発化であ

る。一九六八年はいわゆる「明治一〇〇年」にあたり、明治維新以降の近代化政策に対する国家主導、上からの顕彰や美化が進められていった。これに対抗するかたちで、無名の民衆の生活史の掘り起こしが下から進められていったのである。明治百年を機に設置が進められた国立歴史民俗博物館の展示が民衆史に特化し、権力者の歴史を現在に至るまでほとんど扱っていないのは、当時の学界の空気を反映している。

　民衆の歴史にとっても軍隊の出現や戦争は重要であり、研究が進められた。主な成果として、秋元律郎『戦争と民衆――太平洋戦争下の都市生活』（学陽選書、一九七四年）、藤原彰編『戦争と民衆――日本民衆の歴史　九』（三省堂、一九七五年）、『季刊現代史　特集　日中戦争の全面拡大と民衆動員の展開』（現代史の会、一九七五年）などがある。ただ、この段階での民衆史研究は、民衆や銃後社会を組織化され動員される客体、被害者として描くことが多かった。

女性史

　女性史研究においても、戦争は重要な課題である。注目すべきは、この時期の女性史研究の描いた女性像が、戦争の犠牲者から、協力者・加害者でもあった女性像へといち早く変化していったことである。女たちの現在を問う会『銃後史ノート』№一〜三（女たちの現在を問う会、一九七七〜七九年）、同復刊一〜七号（一九八二〜八五年）、藤井忠俊『国防婦人会』（岩波新書、一九八五年）、加納実紀代『女たちの〈銃後〉』（筑摩書房、一九八七年）は、国防婦人会の急速な組織拡大や奥村五百子を初めとする女性指導者の群像、銃後の女性生活といった多様な論点を通じて、主体的に戦争に荷担していく女性たちを描いている。

日清・日露戦争と民衆

　アカデミズムにおける歴史学の王道は政治史とされてきた。権力者の主導する政治・外交史としての戦争史研究とは距離を置き、戦争に翻弄される存在としての民衆や、兵士の供給源としての「農村」に注目する研究もこのころから始まっている。

　佐々木隆爾「日本軍国主義の社会的基盤の形成」（『日本史研究』第六八号、一九六三年九月）、同「日本軍国主義の社会的基盤」（『日本史研究』第七一号、一九六四年三月）は、日本の軍国主義の社会的基盤としての尚武会（一九〇〇年前後に各地方で設立された徴兵支援組織）や在郷軍人会に注目した最初期の研究である。

前述の明治一〇〇年による明治維新顕彰への対抗もあり、この時期の研究には明治期、日清・日露戦争における民衆を扱ったものが多い。大濱徹也『明治の墓標――「日清・日露」埋れた庶民の記録』（秀英出版、一九七〇年）、大江志乃夫『戦争と民衆の社会史――今度此度国の為め　大河ドキュメント』（現代史出版会、一九七九年）などがその代表格である。大濱『明治の墓標』所収の「戦時下の村」は日露戦時の町村が作った、兵士留守家族の隣保互助組織に言及している。大江前掲書は、著者の住む茨城県勝田町の戦争と歴史を扱うもので、軍隊・戦争と地域社会の関係史研究の先駆けといえる。遠藤芳信「一八八〇～一八九〇年代における徴兵制と地方行政機関の兵事事務管掌」（『歴史学研究』第四三七号、一九七六年一〇月）はそれらの互助組織が日清戦争前から郡単位で作られたと指摘している。

中島三千男「日露戦争「出征軍人来翰」の分析」（『歴史と民俗』第一号、一九八六年四月）は日露戦争期の地域社会が兵士に送った慰問上を分析し、兵士に戦死を強いる「集団脅迫状」的な役割を果たしていたと述べた。大江志乃夫『兵士たちの日露戦争――五〇〇通の軍事郵便から』（朝日選書、一九八八年）は、ある村の有力者が兵士に送った慰問文とその返信に注目、彼らが帰依していたのは神仏であり、天皇や靖国ではなかったと指摘する。

飯塚一幸「日清・日露戦争と農村社会」（井口和起編『日清・日露戦争（近代日本の軌跡三）』吉川弘文館、一九九四年）は、上記の成果に基づく当該期の農村社会の的確な見取り図である。大谷正・原田敬一編『日清戦争の社会史――「文明戦争」と民衆』（フォーラム・A、一九九四年）は、民衆でも軍人でもない曖昧な存在としての「軍夫」に着目し、前近代から近代への過渡期としての日清戦争の特質を浮き彫りにした。

戦時社会論（国民の意識）

一九八〇年代から九〇年代にかけて、日中・太平洋戦争期の民衆の投書などからその戦意の推移を跡づける研究が出てきた。その基礎となったのは、アカデミズムではなく民間の歴史保存運動である。東京空襲を記録する会編『東京大空襲・戦災誌――都民の空襲体験記録集』全五巻（同会、一九七三・七四年）は、庶民の空襲体験記のみならず、米軍が占領下で行った日本民衆の意識調査の翻訳なども収めた先駆的なものである。戦時中の国民戦意の推移については、のちに川島高峰『銃後――流言・投書の「太平洋戦争」』（読売新聞社、一九九七年）が詳しい分析を行っている。

吉見義明『草の根のファシズム――日本民衆の戦争体験（新しい世界史七）』（東京大学出版会、一九八七年）、黒羽清隆『昭和史　上――戦争と民衆』（飛鳥〈発売・地歴社〉、一九八九年）は、それまで犠牲者・被害者として描かれることの多かった昭和期民衆の主体的・好戦的側面に言及した、ひとつの画期となる研究である。喜多村理子『徴兵・戦争と民衆』（吉川弘文館、一九九九年）は民俗学の立場から、徴兵避けや武運長久祈願といった民衆の反戦・避戦的側面に光を当てた。

戦時下の「少国民」教育

戦時中を通じてもっとも真剣に戦争と向き合い、大人を督励した存在としての「少国民」については、山中恒の『ボクラ少国民』（全五巻、一九七四〜八〇年）をはじめとする厖大な著作がある。そのうち銃後研究に関しては、山中・山中典子『間違いだらけの少年H――銃後生活史の研究と手引き』（辺境社〈発売・勁草書房〉、一九九九年）がある。

銃後の教育史については、紙幅の都合上多くを述べることはできないが、ここでは逸見勝亮「傷痍軍人小学校教員養成所の成立」（『北海道大学教育学部紀要』第四〇号、一九八二年三月、のち同『師範学校制度史研究――15年戦争下の教師教育』北海道大学図書刊行会、一九九一年に収録）、同「少年兵史素描」（『日本の教育史学』第三三巻、一九九〇年）を挙げる。前者は傷痍軍人の援護策として一九三九年以降設立された小学校教員養成所の、後者は半ば強制を含む志願をへて前線に赴いた陸海軍少年兵たちの基礎的研究として貴重。

二、二〇〇〇年代以降の銃後研究

この時期の銃後研究は、研究の常として、かつての総合史から個別課題への分散・精緻化がみられる。また、日中・太平洋戦争期研究のさらなる深化といった特徴を有する。これは、時間の経過と世代交代のなかで史料の公開が進み、歴史を良くも悪くも客観的にとらえる論者が増加したためである。

〈軍隊と地域〉論

一九九五年のいわゆる戦後五〇年を画期として、軍隊の存立基盤としての地域社会を受容と摩擦の両面から描こうとする研究が活発化していった。兵士や軍用地を（強制）提供させられる一方、その軍隊に経済的依存を強める地域社会像を描いた成果として、荒川章二『軍隊と地域（シリーズ日本近代からの問い六）』（青木書店、二〇〇一年）、上山和雄編『帝都と軍隊——地域と民衆の視点から（首都圏史叢書　三）』（日本経済評論社、二〇〇二年）、河西英通『せめぎあう地域と軍隊——「末端」「周縁」軍都・高田の模索（戦争の経験を問う）』（岩波書店、二〇一〇年）、松下孝昭『軍隊を誘致せよ　陸海軍と都市形成（歴史文化ライブラリー）』（吉川弘文館、二〇一三年）などがある。

シリーズ企画である『地域のなかの軍隊』全九巻（吉川弘文館、二〇一四〜一五年）、『軍港都市史研究』全七巻（清文堂、二〇一〇〜一八年）は、全国各地の師団・連隊や軍港と地域社会の関係を経済や動員、慰霊、さらには遊郭・慰安所といった諸問題を挙げ、詳細に解き明かした成果である。

植民地を含めた遊郭と軍隊の関係については、本康宏史「「軍都」金沢と遊廓社会」（佐賀朝・吉田伸之編『近世から近代へ——シリーズ遊廓社会二』（吉川弘文館、二〇一四年一月）、金富子・金栄『植民地遊郭——日本の軍隊と朝鮮半島』、松下孝昭「日露戦後期の軍隊立地と遊廓をめぐる社会状況——北海道旭川町の中島遊廓設置反対問題を中心に」（『歴史学研究』第九六八号、二〇一八年三月）がある。また、中野良『日本陸軍の軍事演習と地域社会』（吉川弘文館、二〇一九年）は、各地域で行われた陸軍特別大演習を素材として、軍隊の存在による地域の負担を明らかにした。中村江里『戦争とトラウマ——不可視化された日本兵の戦争神経症』（吉川弘文館、二〇一八年）は日中戦争下の新発田陸軍病院（新潟県）と地域社会の関係に注目している。このように、〈軍隊と地域〉研究は個別の事例・論点への細分化・精緻化に向かいつつある。

兵と銃後社会の関わり—軍事郵便論

日中・太平洋戦争期の軍事郵便は、従軍兵士の意識を解明する格好の史料として注目されてきた。菊池敬一『七〇〇〇通の軍事郵便——高橋峯次郎と農民兵士たち』（柏樹社、一九八三年）、岩手・和我のペン編『農民兵士の声がきこえる七〇〇〇通の軍事郵便から』（日本放送出版協会、一九八四年）はその先駆的な紹介である。藤井忠俊『兵たちの戦争——手紙・日記・体験記を読み解く』（朝日選書、二〇〇〇年）や鹿野政直『兵士であること——動員と従軍の精神史』（朝日選書、二〇〇五年）は兵士の郵便のみならず遺書、日記も駆使して、生活者としての兵士とその家族の意識に肉薄した。

『国立歴史民俗博物館研究報告一〇一　村と戦場（共同研究近現代の兵士の実像Ⅱ）』（二〇〇三年三月）は、前記の菊池と岩手・和賀のペンの著作が取りあげた岩手県旧和賀村（現・北上市）の軍事郵便と兵士に送られた銃後通信『真友』の分析である。

その後、新井勝紘「パーソナル・メディアとしての軍事郵便――兵士と銃後の戦争体験共有化」（『歴史評論』第六八二号、二〇〇七年二月）、後藤康行「メディアに描かれた軍事郵便――イメージにみる戦地と銃後」（『専修史学』第四五号、二〇〇八年一一月）、後藤康行「戦時下における軍事郵便の社会的機能――メディアおよびイメージの視点からの考察」（『郵政資料館研究紀要』第二号、二〇一〇年）がある。新井の研究は、検閲により削除されたと考えられてきた前線での残虐行為が検閲を通過して銃後の家族まで届いた事例を紹介し、検閲の非厳格性を指摘した。日中戦争期の軍事郵便研究には、神村透「日中戦争中の出征兵士と軍事郵便――木曽旧日義村役場兵事資料より（上）」（『信濃』第六二巻三号、二〇一〇年三月）もある。

兵事係・兵事文書論

戦前日本の市区役所、町村役場において、徴兵などの兵事行政を担当したのが兵事係である。その回想に依拠した徴兵・銃後社会の実態を明らかにしたものとして、黒田俊雄編『村と戦争――兵事係の証言』（桂書房、一九八八年）、小澤眞人・NHK取材班『赤紙――男たちはこうして戦場へ送られた』（創元社、一九九七年）、吉田敏浩『赤紙と徴兵――一〇五歳最後の兵事係の証言から』（彩流社、二〇一一年）、

併行して、兵事係が作成していた兵事書類の発掘・分析も進んでいる。山本和重「自治体史編纂と軍事史研究――十五年戦争期の町村兵事書類を中心に」（『戦争責任研究』第四五号、二〇〇四年）、山本和重「利尻島の「兵事資料」は何を物語るのか」（『望星』第四〇巻四号、二〇〇九年四月）、神村透「徴兵事務　昭和二十年の壮丁他・戦死者・傷痍軍人の扱い――木曽旧日義村役場兵事資料より（下）」（『信濃』第六二巻八号、二〇一〇年八月）、神村透「徴兵検査　壮丁連名簿と国民兵役名簿から――木曽旧日義村役場兵事資料より（中）」（『信濃』第六二巻七号、二〇一〇年七月）、小松芳郎「村の召集令状――長野県北安曇郡社村の兵事文書から」（『信濃』第六五巻九号、二〇一三年九月）、小林啓治『総力戦体制の正体』（柏書房、二

〇一六年）など。

軍事援護

戦前日本では、従軍兵士の士気を維持するため、遺家族への金銭的・精神的援護（軍事援護）が拡大していった。その際、明治以来の「隣保相扶」、すなわち援護は国家に頼らず近隣の手で行えという建前は堅持されたが、日中・太平洋戦争期の兵力動員拡大という現実の前に、国家の金銭的扶助はなし崩し的に拡大していった。軍事援護に関する研究は多い。山本和重「満州事変期の労働者統合――軍事救護問題について」（『大原社会問題研究所雑誌』第三七二号、一九八九年一一月）、佐賀朝「日中戦争期における軍事援護事業の展開」（『日本史研究』第三八五号、一九九四年九月）、一ノ瀬俊也『近代日本の徴兵制と社会』（吉川弘文館、二〇〇四年）、郡司淳『軍事援護の世界――軍隊と地域社会（同成社近現代史叢書七）』（同成社、二〇〇四年）、一ノ瀬俊也『銃後の社会史――戦死者と遺族（歴史文化ライブラリー）』（吉川弘文館、二〇〇五年）、郡司淳『近代日本の国民動員――「隣保相扶」と地域統合』（刀水書房、二〇〇九年）など。

軍事援護の主要な対象のひとつが傷痍軍人（昭和初期まで廃兵と呼称された）である。生瀬克己「日中戦争期の障害者観と傷痍軍人の処遇をめぐって」（『桃山学院大学人間科学』第二四号、二〇〇三年一月）、石井裕「東京癈兵院の創設とその特質――日露戦期の傷痍軍人対策」（『日本歴史』第六九三号、二〇〇六年二月）などの研究がある。近年、恩給増額運動などにみられる廃兵の意識に注目した研究に、松田英里『近代日本の戦傷病者と戦争体験』（日本経済評論社、二〇一九年）がある。

軍事援護に関する一般向けの平易な概説として、山本和重「軍事援護」（林博史・原田敬一・山本和重編『軍隊と地域社会を問う（地域のなかの軍隊　九　地域社会編）』吉川弘文館、二〇一五年）がある。山本には近年の「アジア・太平洋戦争期の出征兵士家族生活保障――新潟県中頸城郡和田村の事例から」（『軍事史学』第五三巻四号、二〇一八年三月）もある。

戦死者の慰霊・顕彰

戦死者慰霊は、遺族を慰撫して反戦思想の拡大を防ぐという一種の治安対策として、銃後社会では盛んに行われた。主要な研究成果として、本康宏史『軍都の慰霊空間――国民統合と戦死者たち』（吉川弘文館、二〇〇二年）や『国立歴史民俗博物館研究報告第一〇一号　慰霊と墓（共同研究　近現代の兵士の実像Ⅱ）』（二〇〇三年三月）がある。後者は「旧真田山陸軍墓地変遷史」をはじめとする仙台や金沢の陸海軍墓地の調査報告を収録。原田敬一『兵士はどこへ行った——軍用墓地と国民国家』（有志舎、二〇一三年）は、大阪はじめ全国の軍用墓地の変遷史。

個別の陸軍・海軍墓地に注目した成果としては、大阪の旧真田山陸軍墓地の歴史を詳細に解き明かした小田康徳・堀田暁生・横山篤夫・西川寿勝『陸軍墓地がかたる日本の戦争』（ミネルヴァ書房、二〇〇六年）、小田康徳編『旧真田山陸軍墓地、墓標との対話』（阿吽社、二〇一九年）がある。

戦死者の遺体・遺骨の扱いについては、波平恵美子『日本人の死のかたち——伝統儀礼から靖国まで』（朝日選書、二〇〇四年）、浜井和史「「英霊の凱旋」から「空の遺骨箱」へ——遺骨帰還をめぐる記憶の形成」（『軍事史学』第五一巻二号〈特集　戦争と記憶〉、二〇一五年九月）、同『海外戦没者の戦後史——遺骨帰還と慰霊』（歴史文化ライブラリー）』（吉川弘文館、二〇一四年）などがある。

その他の戦死者慰霊に関する研究として、小幡尚「高知県における戦没者慰霊」（坂根嘉弘編『西の軍隊と軍港都市　中国・四国（地域のなかの軍隊　五）』吉川弘文館、二〇一四年）、森下徹「慰霊・追悼と民衆——遺骨・墓・仏教」（原田敬一編『古都・商都の軍隊　近畿（地域のなかの軍隊　四）』吉川弘文館、二〇一五年）、白川哲夫「慰霊・追悼と公葬」（林博史・原田敬一・山本和重編『軍隊と地域社会を問う（地域のなかの軍隊　九　地域社会編）』吉川弘文館　二〇一五年）がある。白川は『「戦没者慰霊」と近代日本——殉難者と護国神社の成立史』（勉誠出版、二〇一五年）において、地域の靖国というべき存在の各道府県護国神社における慰霊・顕彰を考察している。

戦死者慰霊に関する民俗学の成果として、日露戦後にさかのぼる「英霊」概念の成立を追った田中丸勝彦『さまよえる英霊たち——国のみたま、家のほとけ』（柏書房、二〇〇二年）は重要。宗教学からの成果には、村上興匡・西村明編『慰霊の系譜——死者を記憶する共同体（叢書・文化学の越境二一）』（森話社、二〇一三年）や國學院大學研究開発推進センター編『慰霊と顕彰の間——近現代の戦死者観をめぐって』（錦正社、二〇〇八年）、同編『霊魂・慰霊・顕彰——死者への記憶装置』（同社、二〇一〇年）などの論文集がある。川村邦光『聖戦のイコノグラフィ——天皇と兵士・戦死者の図像・表象（越境する近代一）』（青弓社、二〇〇七年）は戦死者遺影などの表象と国民動員との関連性に迫ったユニークな研究。

戦時社会論

その論点は多様である。板垣邦子『日米決戦下の格差と平等――銃後信州の食糧・疎開』（歴史文化ライブラリー）（吉川弘文館、二〇〇八年）は、昭和「重苦」（一九）年、大都市からの疎開先としての長野県をフィールドに、都市と農村間の格差縮小を指摘した。荻野富士夫『「戦意」の推移――国民の戦争支持・協力』（校倉書房、二〇一四年）は米軍が占領下で行ったヒアリング史料などから、銃後国民の戦意が本土空襲の開始後、急速に低下していったと指摘する。山口睦『贈答の近代――人類学からみた贈与交換と日本社会』（東北大学出版会、二〇一二年）は人類学の立場から出征祝や慰問袋などの銃後社会で行われた贈与行為の諸相を扱い、それらが「国民的贈与」と化していたことを指摘する。

佐々木啓『「産業戦士」の時代――戦時期日本の労働力動員と支配秩序』（大月書店、二〇一九年）は、戦時下で徴用された人々（少年を含む）とその待遇の変化を通じて戦時社会の実像に迫る。同「垣根越しの「聖戦」――身体・環境・技術」（服部伸編『「マニュアル」の社会史』人文書院、二〇一四年）は一九四〇年代銃後社会の基礎となった隣組の運営マニュアルを渉猟し、生活改善と平等性というふたつの要素に注目する。

女性と戦争

二〇一〇年代に、女性史研究の草分けとなった研究者の集大成ともいえる論文集が二点刊行された。折井美耶子『近現代の女性史を考える――戦争・家族・売買春』（ドメス出版、二〇一五年）は戦時下女性の日常生活などを考察。加納実紀代『「銃後史」をあるく』（インパクト出版会、二〇一八年）は戦争における「女の加害性」に注目する。

胡澎・莊嚴訳『戦時体制下日本の女性団体』（こぶし書房、二〇一八年）は愛国婦人会や国防婦人会、連合婦人会、それらの統合された大日本婦人会など「戦時体制に奉仕」する女性団体の通史的研究として貴重。

おわりに

二〇〇〇年代以降の銃後史研究は、戦死者慰霊や軍事援護、地域社会との関連など、個別の論点に分かれて進められてきた。今後否応なしに進むであろう日本社会の軍事化の行方を占ううえで、その示唆するところは大きいと考える。

大串潤児は『「銃後」の民衆経験――地域における翼賛運動』(岩波書店、二〇一六年)(銃後の文化運動(戦争の経験を問う)』に注目)、「日常生活と戦争――銃後社会史研究の課題をめぐって」(『歴史評論』第八二〇号、二〇一八年八月)において、戦時中の帰還兵は銃後社会でどう生きたか、彼らの戦場体験は社会にどのような影響を与えたか、敗戦後の「冷戦」は日本社会にどのような影響を与えたか(新たな「銃後」は形成されたか)といった、注目すべき論点を提示している。一九四五年までの日本に形成された〝銃後〟の諸要素のうち、何が敗戦後も残り、あるいは残らなかったのかは、今後の銃後研究の課題となろう。

編集後記

今号の企画では、「軍事研究」および「未来の戦死」を扱いました。いずれも現代および未来を考えるうえで、（過去の）戦争をどう捉えるのかに関わるテーマです。論文の投稿も徐々にではありますが、号を重ねるごとに増加しています。次号以降も、会員のさらなる積極的な投稿をお待ちしています。

編集の大詰めの段階で、新型コロナウィルス感染症が全世界的に広がり、日本でも緊急事態宣言が出されました。統制や相互監視など、見ようによっては、戦時を思わせる面も少なくなかったかと思います。テレワークの導入は一定程度進みましたが、そのメリットを享受できた層とそうでなかった層の乖離も浮かび上がっていました。休業補償や生活支援の問題も含めて、戦時体制の不平等や「受忍論」を想起するむきもあったのではないでしょうか。

二〇二〇年四月に予定されていた戦争社会学研究会は感染拡大を受けて中止となりましたが、今後の例会や以降の研究会、次号以降の機関誌を通じて、これらを念頭に置いた戦争社会学の議論が活性化することを期待しています。

二〇二〇年五月

戦争社会学研究編集委員会
福間良明

執筆者一覧（五〇音順）

青木秀男（あおき・ひでお）
特定非営利活動法人社会理論・動態研究所所長。福井県生れ。大阪市立大学大学院文学研究科社会学専攻博士課程単位取得退学。博士（社会学、筑波大学）。専門は都市下層（寄せ場とホームレス）研究、部落問題研究。主著に『現代日本の都市下層――寄せ場と野宿者と外国人労働者』（明石書店、二〇〇〇年）など。

蘭　信三（あららぎ・しんぞう）
上智大学総合グローバル学部教授。一九五四年、佐賀県生まれ。京都大学大学院文学研究科（社会学専修）博士課程中退。博士（文学）。専門は歴史社会学、国際社会学。主著に『「満州移民」の歴史社会学』（行路社、一九九四年）、『日本帝国をめぐる人口移動の国際社会学』（編著、不二出版、二〇〇八年）、『中国残留日本人という経験』（編著、勉誠出版、二〇〇九年）、『帝国以後の人の移動』（編著、勉誠出版、二〇一三年）など。

石原　俊（いしはら・しゅん）
明治学院大学社会学部教授。一九七四年、京都市生まれ。京都大学大学院文学研究科（社会学専修）博士後期課程修了。博士（文学）。専門は社会学、歴史社会学。主著に『近代日本と小笠原諸島――移動民の島々と帝国』（第七回日本社会学会奨励賞、平凡社、二〇〇七年）、『〈群島〉の歴史社会学――小笠原諸島・硫黄島、日本・アメリカ、そして太平洋世界』（弘文堂、二〇一三年）、『群島と大学――冷戦ガラパゴスを超えて』（共和国、二〇一七年）、『硫黄島――国策に翻弄された一三〇年』（中公新書、二〇一九年）など。

一ノ瀬俊也（いちのせ・としや）
埼玉大学教養学部教授。一九七一年、福岡県生まれ。九州大学大学院比較社会文化研究科博士後期課程中退。博士（比較社会文化）。専門は日本近現代史。近著に『特攻隊員の現実（リアル）』（講談社現代新書、二〇二〇年）など。

伊藤公雄（いとう・きみお）
京都産業大学客員教授、京都大学・大阪大学名誉教授。一九五一年、埼玉県生まれ。専門は文化社会学、政治社会学、ジェンダー論。主著に『光の帝国・迷宮の革命』（青弓社、一九九三年）、『〈男らしさ〉のゆくえ』（新曜社、一九九三年）、『「戦後」という意味空間』（インパクト出版会、二〇一七年）、『社会学ベーシックス』（共編著、全一〇巻別巻一、世界思想社）など。近刊に『ミリタリーカルチャー研究』（共編著、「「朝ドラ」と戦争」「歌の中の戦争と平和」執筆、青弓社、二〇二〇年）がある。

井上義和（いのうえ・よしかず）
帝京大学共通教育センター准教授。一九七三年、長野県生まれ。京都大学大学院教育学研究科博士後期課程退学。修士（教育学）。専門は教育社会学、歴史社会学。主著に『日本主義と東京大学――昭和期学生思想運動の系譜』（柏書房、二〇〇八年）、『未来の戦死に向き合うためのノート』（創元社、二〇一九年）など。

井野瀬久美惠（いのせ・くみえ）
甲南大学文学部教授。第二三期日本学術会議副会長。一九五八年、愛知県生まれ。京都大学大学院文学研究科（西洋史学専攻）博士課程単位取得退学。博士（文学）。専門はイギリス近現代史、大英帝国史。主著に『大英帝国はミュージック・ホールから』（朝日選書、一九九〇年）、『植民地経験のゆくえ――アリス・グリーンのサロンと世紀転換期の大英帝国』（人文書院、二〇〇四年）、『大英帝国という経験』（講談社、二〇〇七年：講談社学術文庫、二〇一七年）など。

小川実紗（おがわ・みさ）
立命館大学大学院社会学研究科博士後期課程。一九九三年、大阪府生まれ。同大学院社会学研究科博士前期課程修了。修士（社会学）。専門は観光社会学、歴史社会学。主論文に「博覧会と都市の空間編成――京都市岡崎における『モダン』と『伝統』へのまなざし」（修士論文、二〇一七年）。

荻野昌弘（おぎの・まさひろ）
関西学院大学社会学部教授。一九五七年、千葉県生まれ。パリ第七大学大学院社会科学研究科博士課程修了。博士（社会学）。専門は社会学理論、歴史社会学。主著に『資本主義と他者』（関西学院大学出版会、一九九八年）、『零度の社会』（世界思想社、二〇〇五年）、『開発空間の暴力』（新曜社、二〇一二年）など。

喜多千草（きた・ちぐさ）
京都大学大学院文学研究科教授（シンポジウム当時は、関西大学総合情報学部教授）。一九六二年、東京都生まれ。京都大学大学院文学研究科博士課程修了。博士(文学)。専門はコンピューティング史、現代技術文化史。主著に『インターネットの思想史』（青土社、二〇〇三年）、『起源のインターネット』（青土社、二〇〇五年）など。

本号に掲載されたシンポジウムでの発表は、ＪＳＰＳ科研費 18K18480 の成果のひとつである。

小谷七生（こたに・ななみ）
神戸市外国語大学博士課程。一九八〇年、兵庫県生まれ。専門は社会学。主論文に「今井正作品と「リアリズム」――『青い山脈』『また逢う日まで』『どっこい生きてる』の分析を通して」（『神戸市外国語大学研究科論集』第二二号、二〇一九年）。

角田　燎（つのだ・りょう）
立命館大学大学院社会学研究科博士後期課程。一九九三年、東京生まれ。同大学院社会学研究科博士前期課程修了。修士（社会学）。専門は歴史社会学。主論文に『特攻隊戦没者慰霊顕彰会の歴史』（修士論文、二〇一九年）。

長島怜央（ながしま・れお）
平安女学院大学助教。一九八〇年、山口県生まれ。法政大学大学院社会学研究科博士後期課程修了。博士（社会学）。専門は国際社会学、アジア太平洋地域研究。主著に『アメリカとグアム――植民地主義、レイシズム、先住民』（有信堂高文社、二〇一五年）、「標的のアメリカ植民地――北朝鮮の核・ミサイル問題におけるグアムと北マリアナ諸島の人びと」（『アジア・アフリカ研究』第五八巻第二号、二〇一八年）など。

中山　郁（なかやま・かおる）
皇學館大学教授。一九六七年、東京都生まれ。國學院大學大学院文学研究科博士課程満期退学。博士（宗教学）。専門は修験道研究、戦争慰霊研究。主著に『修験と神道のあいだ――木曽御嶽信仰の近世・近代』（弘文堂、二〇〇七年）、共著に『木曽のおんたけさん――その歴史と信仰』（岩田書院、二〇〇九年）など。

那波泰輔（なば・たいすけ）
一橋大学大学院社会学研究科博士後期課程。一九八九年、東京都生まれ。一橋大学大学院社会学究科修士課程修了。修士（社会学）。専門は戦後史、社会学。主論文に「ハチ公像が時代によってどのように表象されたのか――戦前と戦後以降のハチ公像を比較して」（『年報カルチュラル・スタディーズ』二巻、二〇一四年）など。

西村　明（にしむら・あきら）
東京大学大学院人文社会系研究科・文学部准教授。一九七三年、長崎県生まれ。東京大学大学院人文社会系研究科博士課程単位取得退学。博士（文学）。専門は宗教学、慰霊論。主著に『戦後日本と戦争死者慰霊――シズメとフルイのダイナミズム』（有志舎、二〇〇六年）、『いま宗教に向きあう2　隠される宗教、顕れる宗教』（編著、岩波書店、二〇一八年）、訳書にキース・L・カマチョ『戦禍を記念する――グアム・サイパンの歴史と記憶』（町泰樹との共訳、岩波書店、二〇一六年）など。

野上　元（のがみ・げん）
筑波大学人文社会系准教授。一九七一年、東京都生まれ。東京大学大学院人文社会系研究科修了。博士（社会情報学）。専門は歴史社会学。主著に『戦争体験の社会学――「兵士」という文体』（弘文堂、二〇〇六年）、『戦争社会学の構想――制度・体験・メディア』（共編著、勉誠出版、二〇一三年）、『歴史と向きあう社会学――資料・表象・経験』（共編著、ミネルヴァ書房、二〇一五年）など。

浜井和史（はまい・かずふみ）
帝京大学共通教育センター准教授。一九七五年、北海道生まれ。京都大学大学院文学研究科博士後期課程指導認定退学。博士（文学）。専門は日本現代史、日本外交史。主著に『海外戦没者の戦後史――遺骨帰還と慰霊』（吉川弘文館、二〇一四年）、「冷戦下の慰霊と外交――一九六〇年代の墓参問題を中心に」（『軍事史学』第五三巻第三号、二〇一七年）、「旧帝国圏における日本人戦没者の遺骨処理問題――『国の責務／責任』に関する歴史的考察」（『戦争社会学研究』第二巻、二〇一八年）など。

堀川優奈（ほりかわ・ゆな）
東京大学大学院博士課程。一九九二年、静岡県生まれ。東京大学大学院人文社会系研究科修士課程修了。修士（社会学）。専門は歴史社会学。

山本昭宏（やまもと・あきひろ）
神戸市外国語大学准教授。一九八四年、奈良県生まれ。京都大学大学院文学研究科博士課程修了。博士（文学）。専門は日本近現代文化史、歴史社会学。主著に『核エネルギー言説の戦後史 1945～1960――「被爆の記憶」と「原子力の夢」』（人文書院、二〇一二年）、『核と日本人――ヒロシマ・ゴジラ・フクシマ』（中公新書、二〇一五年）、『教養としての戦後〈平和論〉』（イースト・プレス、二〇一六年）、『大江健三郎とその時代――「戦後」に選ばれた小説家』（人文書院、二〇一九年）など。

【編者】

戦争社会学研究会

戦争と人間の社会学的研究を進めるべく、社会学、歴史学、人類学等、関連諸学の有志によって設立された全国規模の研究会。故・孝本貢（明治大学教授）、青木秀男（社会理論・動態研究所所長）の呼びかけにより2009年5月16日に発足し、以後、年次大会をはじめ定期的に研究交流活動を行っている。

〈戦争社会学研究編集委員〉
福間良明（委員長）、山本昭宏（副委員長）、赤江達也、一ノ瀬俊也、野上元、浜井和史

戦争社会学研究 第4巻 軍事研究と大学とわたしたち

2020年6月15日　初版発行

編　者　戦争社会学研究会
発行者　岡田林太郎
発行所　株式会社 みずき書林
〒150-0012　東京都渋谷区広尾1-7-3-303
TEL：090-5317-9209　FAX：03-4586-7141
E-mail：rintarookada0313@gmail.com
https://www.mizukishorin.com/

印刷・製本　シナノ・パブリッシングプレス
組版　江尻智行
装丁　宗利淳一

ISBN 978-4-909710-12-3 C3030

「戦争社会学研究」バックナンバーのご案内

1 ポスト「戦後70年」と戦争社会学の新展開

A5判並製・184頁／定価：本体2200円＋税／978-4-909710-01-7 C3030／品　切

戦争や軍事は、人文社会科学にとって、私たち「人間」が群れを作り、他者と関わりながら自由と平等、秩序や安全を折りあわせる場である「社会」の存立そのものに関わる根本的な領域である。あまりに重要すぎて、すべてに透徹する真理、すべての人を納得させる原理・原則はないと考えた方がよい。私たちが自由な社会にいる以上、様々な立場があって当然な対象領域である。

それゆえ、ここで求められているのは、巨大な社会問題としての戦争と軍事を、市民が討議するための題材の提供や論点の整理であり、討議をより活発にし有意義にするための創発となることである。

2 戦争映画の社会学

A5判並製・304頁／定価：本体3200円＋税／978-4-909710-02-4 C3030

大岡昇平による『野火』は市川崑と塚本晋也によって2度映画化された。同一作品は、表現形式によって、時代によっていかに変奏され、受容されるのか。また、山本五十六の表現から『戦艦ヤマト』『この世界の片隅に』まで、娯楽作品において戦争はどのように表現され、消費されてきたのか。社会学・歴史学・人類学のアプローチから、文学と映画に描かれた戦争を読み解く「特集1　戦争映画の社会学」。「特集2　旧戦地に残されたもの」では、ニューギニアを舞台にした戦友会の活動、マーシャルでの朝鮮人軍属の問題、遺骨収集や戦後保障の問題を考える。

3 宗教からみる戦争

A5判並製・280頁／定価：本体3000円＋税／978-4-909710-09-3 C3030

宗教と戦争は、人の生死に関わる。戦争は人間にとって限界状況として立ち現れる事態である。多くの宗教では殺生に対する戒律を有し、相互に殺害し合う事態をもたらす戦争を「悪」と捉えて、平和を好むと考えられてきた。

しかし他方で、宗教や信仰者は戦う主体でもあった。宗教が戦争の道義性を担保して「正戦」として後押ししたり、さらには宗教的世界観、教義から戦いそのものを「聖戦」として積極的に推進することもある。

近代戦で宗教が担ってきた役割とは。信仰と暴力の関係に迫る。